미치게
친절한
동양
철학

미치게 친절한
동양철학

개념과 맥락으로 독파하는
동양철학 이야기

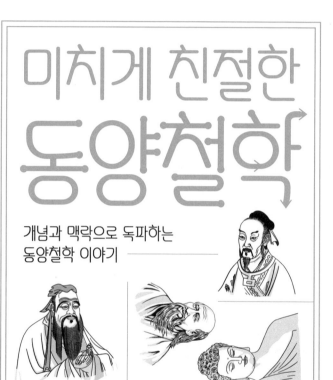

안상헌 지음   행성B

차례

서문

고복격양(鼓腹擊壤), 배를 두드리고 땅을 치면서 노래를 부른다는 뜻입니다. 배부르게 먹고 유유자적하는 태평성대를 일컫는 말이죠. 예전부터 동양은 등 따뜻하고 배부른 이상적인 삶을 꿈꿔왔습니다. 도가(道家)의 무릉도원(武陵桃源), 유가(儒家)의 대동사회(大同社會), 불교(佛教)의 열반(涅槃)이 그것입니다. 어떻게 하면 그곳에 도달할 것인가? 동양철학은 오랫동안 이 문제를 고민해왔습니다. 고달픈 현실에서 이상 세계를 실현하려는 치열한 고민의 흔적이 동양철학이라고 해도 과언이 아닙니다. 진리라는 관념에 천착했던 서양과 달리 동양은 현실 문제 해결에 집중했습니다.

이런 고민의 결과들이 동양 고전에 고스란히 남아 있습니다. 예나 지금이나 사람이 바라는 삶은 다르지 않죠. 고전이 의미 있는 것은 난세라는 역사 현장에서 인간 본성과 세상의 원리를 발견하고 그에 따른 삶의 해법들을 제시했기 때문입니다. 그 결과가 동양을 대표하는 도가, 유가, 법가(法家), 불교의 철학이죠. 그런 점에서 동양철학은 '어떻게 살 것인가?'라는 질문에 대답하는 구체적인 안내서입니다.

철학은 논리적 사고를 바탕으로 합니다. 세계를 분석해 원리를 발견하고, 현실의 문제를 찾아 원인을 밝혀 해결책을 모색합니다. 그 과정에서 우주와 세상에 대한 관찰과 분석이라는 구조적 사고는 필수적입니다.

구조를 알게 되면 좋은 점이 있습니다. 사물의 구성을 알 수 있게 되고, 작동 원리도 이해할 수 있습니다. 부서지거나 잘못되었을 때 수리하거나 바로잡을 수 있죠. 원리를 응용하면 창의성을 발휘해 새로운 물건을 만들거나 다른 곳에 활용할 수도 있습니다.

구조적으로 생각한다는 것은 전체 구성 요소를 살펴보고, 작동 원리를 이해하면서 각 구성 요소가 어떻게 상호작용하는지를 살펴볼 줄 안다는 뜻입니다. 세상은 서로 연관되어 움직입니다. 하나만으로는 세상을 알 수는 없죠. 서로의 관계를 알아보고 그 원리를 생각할 때 제대로 이해할 수 있습니다. 유가, 도가, 법가 등은 사람과 세계를 보는 관점이 다릅니다. 그들의 사유를 구조적으로 살펴볼 수 있다면 인간관과 세계관을 넓히는 데 큰 도움이 될 겁니다.

도가는 인간을 자연의 일부로 봅니다. 자연의 원리에 따라 흐르는 삶을 추구했죠. 무위자연, 이것이 도가가 제시하는 길입니다. 시작은 노자였고, 열자와 장자가 뒤를 이었습니다. 1부와 3부에서 노장사상을 대표하는 《도덕경》과 《장자》를 통해서 도가 철학에 접근합니다.

유가는 공맹 사상이라고 일컫습니다. 공자와 맹자로 대표되는 유가는 인간은 자연에서 왔지만 다른 면이 있음을 강조합니다. 사회를 구성하고 공동체 생활을 한다는 점에서 차이가 있죠. 공동체적 삶에서 중요한 것은 함께 사는 데 필요한 역량입니다. 그런 점에서 유가는 사회적 삶의 길을 제시했다고 할 수 있습니다. 2부와 4부에서 공자와 맹자를 다루고, 5부에서 공맹 사상을 기반으로 형이상학적인 면을 보완한 성리학에 대해 살펴봅니다. 특히 성리학은 고려 말 기존 체제를 비판하면서 새롭게 건국된 조선을 이끄는 철학이 되었습니다. 이후 교조화되어 현실성을 잃고 발전의 걸림돌이 되죠. 문제 해결 능력을 잃은 철학의 위험성을 조선 성리학을 통해 알아봅니다.

법가는 현실적인 철학입니다. 6부에서 법가를 대표하는 한비자의 핵심 철학을 살핍니다. 유가가 가족 윤리를 사회로 확장하려 했다면, 법가는 가족과 사회의 윤리가 다르다는 점을 강조합니다. 가족은 사랑, 조직에는 이익이라는 논리죠. 이기적 인간관에 기초해 조직과 국가를 운영하는 원리를 제시합니다. 현대 조직 경영에 활용되어도 손색이 없죠.

불교는 어떤 종교보다 철학적 성격이 강합니다. 삶이 괴로운 근본 원인을 찾아내고 그에 따른 해법을 밝히는 과정에 논리적 사유가 담겼습니다. 7부에서 고타마 싯다르타가 얻은 깨달음의 내용을 철학적으로 접근해 불교 교리를 명쾌하게 이해할 수 있도록 풀었습니다.

철학은 개념이 중요합니다. 인간은 개념을 언어로 표현해 세계를 포착하고 사유하죠. 동양철학에서도 무위, 도, 인과 예, 왕도정치, 이기론, 제행무상, 연기 등 다양한 개념이 펼쳐집니다. 친숙하지 않은 개념을 쉽게 이해할 수 있도록 친절하게 풀려고 노력했습니다. 도가, 유가, 법가, 불교의 여러 개념을 체득하는 과정에서 철학적 사유가 확장됨은 물론 사물과 인생을 보는 우리의 인식 지평도 넓어지리라 믿습니다.

이 책은 순서대로 읽지 않아도 좋겠습니다. 공부는 시작도 없고 끝도 없습니다. 어디에서 시작하든 공부에 도움을 얻을 수 있다면 충분할 겁니다. 동양철학에 익숙하지 않으신 분들에게 작은 길잡이가 될 수 있기를 기대해봅니다.

안상헌

1부
—

노자,
무위자연의 길

1강. 도란 무엇인가?

도를 아십니까?

버스 정류장에서 어떤 분이 물어왔습니다.

"혹시 도(道)를 아십니까?"

모른다고 했더니 알고 싶으면 자기를 따라오라고 했습니다. 얼떨결에 따라갔습니다. 자그마한 건물 2층에서 세 시간 동안 도에 관한 설명을 들었습니다. 이해할 수가 없었습니다. 나오려고 하니 제단에 기도를 올리고 가라고 했습니다. 또 얼떨결에 절만 하고 나왔습니다.

그날 이후 '도'라는 말은 듣고 싶지도 않았습니다. 가끔 길에서 '도를 아십니까'를 묻는 사람을 만나도 못 들은 척 무시했습니다. 그렇게 도에 대한 부정적 편견이 생겼습니다. 이런 편견은 《도덕경》을 만나 벗어날 수 있었습니다. 노자의 도를 공부하면서 너무 즐겁고 유익했습니다. 노장사상 강의를 요청받으면 이런 말로 시작합니다.

"혹시 도를 아십니까?"

노자와 《도덕경》

노자는 노장사상 선구자로 알려져 있습니다. 중국 춘추시대를 살았던 사람으로 공자보다 나이가 조금 많았다고 추측합니다. 주나라에서 지금의 도서관 관장 격인 '사(史)'를 지냈던 사람인데 천하가 혼란해지자 관직을 버리고 자연으로 들어갔습니다. 소를 타고 세속을 떠날 때 함곡관에 이르러 관리인 윤희(尹喜)의 요청으로 남긴 글이 《도덕경道德經》입니다.

사마천의 《사기》는 노자의 본명을 이이(李耳), 자를 담(聃)이라 기록하고 있습니다. 노자(老子)라고 불리게 된 것도 어머니 뱃속에서 70년을 버티다가 태어났기 때문이라는 이야기가 있습니다. 물론 후대에 창작된 이야기일 겁니다. 워낙 알려진 게 없는 전설적인 인물이었기 때문에, 추측만 있을 뿐 노자의 삶이 확실히 어떤 모습이었는지 알기는 어렵습니다.

도의 의미

《도덕경》을 이해하려면 '도'의 의미를 이해해야 합니다. 노자는 우주 만물의 원리를 도라는 말로 표현하고 있습니다.

모든 것이 뒤섞여 뭉친 것,

하늘과 땅보다도 먼저 있었다.

소리와 형태도 없이,

홀로 우뚝 서 변함이 없고,

두루 펼쳐져 움직이니 위태롭지 않다.

가히 세상의 근원이라 할 만하다.

나도 그 이름을 알지 못하니

그저 '도'라고 부르고,

굳이 말한다면 그저 '크다'라고 하겠다.

크다는 것은 무한히 뻗어간다는 것,

무한히 뻗어감은 연이어져 있다는 것,

연이어져 있다는 것은 되돌아온다네.

그러므로 도는 크고, 하늘과 땅, 왕 역시 크다.

세상에는 네 가지 큰 것이 있으니, 왕도 그중 하나라.

사람은 땅을 본받고,

땅은 하늘을 본받으며,

하늘은 도를 본받고,

도는 스스로 그러함이로다.

—《도덕경》〈25장〉

태초에 '모든 것이 뒤섞여 뭉친 것'이 있었습니다. 이것은 우주의

근원으로 모든 것을 담고 있지만 분화되지 않은 무엇입니다. 현대 과학의 빅뱅우주론이 말하는 모든 에너지가 모여 있는 한 점과 비슷합니다. 이것은 분화되기 이전의 완전한 것으로 소리도 없고 형태도 없이 홀로 독립적으로 존재합니다. 그것에서 우주가 분화되어 나왔으니 가히 세상의 어머니라고 할 수 있을 겁니다. 하지만 그 이름을 알 수 없고 이름 붙일 수도 없으므로 편의상 '도'라고 부르기로 합니다.

도는 무한하기에 끝없이 뻗어나가 이어져 있습니다. 모든 것이 연결되고 이어지니 자기에게 되돌아옵니다. 그래서 '크다'라는 말로 표현할 수밖에 없습니다. 모든 사물은 이 도를 본받아 태어나고 자라고 사라지기를 반복하니 위대하다 할 수 있겠지요.

조금 어렵게 표현되었지만, 노자가 말하는 도가 무엇인지 감을 잡을 수는 있는 글입니다. 우주 만물이 창조되고 운영되는 원리, 그것이 도입니다. 노자는 도가 '스스로 그러함'이라고 말합니다. 스스로 그러한 것, 우리는 이것을 자연(自然)이라고 부르죠. 도는 자연의 원리이자 자연 그 자체입니다.

도가도비상도

도라고 말할 수 있는 도는 고정불변한 도가 아니다[道可道非常道].
이름 붙일 수 있는 이름은 고정불변한 이름이 아니다[名可名非常名].
—《도덕경》〈1장〉

《도덕경》은 경전입니다. 경전은 상징과 비유를 사용하는 경우가 많습니다. 이해하기는 어렵지만, 잘 풀어보면 생각을 깨치는 데 큰 도움을 줍니다.

도는 우주의 원리라고 했습니다. 우주의 원리에 이름을 붙이고 도라고 부릅니다. 만유인력의 법칙, 인과법칙 같은 것이 모두 도입니다. 그런데 도가 적용되지 않을 때가 있습니다. 왜 그럴까요? 상황에 따라 도가 달라지기 때문입니다. 우리는 해가 동쪽에서 뜨는 것을 고정불변하는 진리라고 생각합니다. 도라고 할 수 있겠지요. 하지만 해가 동쪽에서 뜨지 않을 수도 있습니다. 태양계에 큰 변화로, 해가 서쪽에서 뜰 수도 있는 일이니까요.

세상에 고정불변하는 것은 없습니다. 모든 것이 변화 속에 있습니다. 도를 도라고 하면 오늘은 옳지만, 내일은 그른 게 될 수 있습니다. 사람에 대해서, 사물에 대해서, 우주에 관해서 설명할 수는 있지만, 그 설명은 일부만 옳을 뿐 전체를 말해주지는 못합니다. 그래서 도라고 말할 수 있는 것은 도가 아니라고 한 것이죠. 궁극적으로 도는 이름을 붙일 수 없는 무명(無名) 혹은 무(無)입니다.

이것은 언어가 가진 한계 때문이기도 합니다. 언어는 생활을 편리하게 만들어주는 역할을 합니다. 돌, 나무, 선생님, 물고기 같은 언어를 만든 이유는 그것으로 의사소통을 할 수 있기 때문입니다. 물에서 헤엄치는 생명을 물고기라고 칭하는 것은 인간이 서로 약속한 것입니다. 하지만 이렇게 개념을 정리해버리면 곤란한 점이 생깁니다. 물에서 헤엄치지만, 물고기가 아닌 것도 있기 때문입니다. 언어는 편리한 도구이지만, 언어 때문에 생각이 갇히게 됩니다.

서양 철학자 니체는 언어를 '생각의 감옥'이라고 했습니다. 말은 구체적인 것을 추상적인 언어로 표현한 것입니다. 말이 확고부동한 것으로 정해지면 생각을 가두는 감옥이 될 수도 있습니다.

명가명비상명

이름 붙일 수 있는 이름은 항상 그러한 이름이 아니라는 말도 비슷하게 이해될 수 있습니다. 우리는 사물에 이름을 붙이고 그것으로 세상을 이해합니다. 하지만 그것이 그 사물의 전부일 수는 없습니다. 제 이름은 안상헌입니다. 하지만 안상헌이라는 이름이 저일 수는 없습니다. 제 몸과 마음을 이름 세 글자에 담을 수는 없으니까요. 게다가 어제의 안상헌과 오늘의 안상헌은 다릅니다. 머리카락이 조금 길었고, 손톱도 눈에 보이지 않지만 자랐습니다. 10년 전 제 모습을 생각해보면 확연히 다른 점이 보이죠. 하지만 10년 전이나 지금이나 제 이름은 안상헌입니다. '명가명비상명(名可名非常名)'의 의미는 사물을 이름으로 파악할 수는 없다는 것, 세상 만물은 변하기 때문에 언어로 포착해서 그것을 모든 것으로 생각해서는 안 된다는 뜻입니다.

말을 사용하지 말자는 게 아닙니다. 말을 사용하면서 그 말에 사로잡혀서는 안 된다는 것입니다. 말이나 개념에 사로잡히지 않을 때 새로운 생각의 가능성이 열립니다. '책은 지식을 얻는 수단이다.' 이런 개념에 사로잡히면 갇힌 사람이 됩니다. 책은 베개 대용으로 쓸 수도 있고, 뜨거운 냄비 받침으로 쓸 수도 있고, 바퀴벌레 잡는 용도로 쓰일 수도 있습니다. '이것이 도'라는 말에 붙들리지 말아야 합니다.

있음과 없음

> 이름 없는 것이 천지의 시작이고[無名天地之始],
> 이름 있는 것이 만물의 어머니다[有名萬物之母].

《도덕경》〈1장〉에서 이어지는 내용입니다. 여기서 무는 '없다'라는 뜻이 아닙니다. 근본적이고 궁극적이라는 의미입니다. 존재하는 것이 있다면 존재를 가능하게 하는 근거가 있을 것입니다. 그 존재가 '유'라면 존재의 근거가 '무'입니다. 유와 무는 도의 두 측면입니다.

이름을 붙이지 않은 상태, 우주가 시작되기 전 혹은 우주 전체는 원래 이름이 없었습니다. 그것에 이름을 붙인 것은 사람이었습니다. 그래서 이름 없는 것이 천지의 시작이라고 한 것입니다. 유는 있다는 뜻입니다. 있다는 것은 사람이 그것을 인식하고 이름 붙였다는 의미입니다. 사물을 인식하고 이름 붙이는 활동으로 만물이 의미를 얻기 때문에 유를 만물의 어머니라고 한 것입니다. 결국, 우리는 말로 표현할 수 없는 거대한 무에서 구체적인 사물에 이름을 붙이는 유를 통해 세상을 이해합니다. 무와 유는 하나입니다.

도대체 노자는 〈1장〉에서 무슨 말을 하고 싶었던 것일까요? 크게 보면 거대한 우주의 도에 대해서 말하고 있는 것 같습니다. 그런데 이런 광대하고 무한한 우주에서 우리 인간은 너무 작습니다. 얄은 지식으로 세상을 다 아는 것처럼 어깨에 힘을 주지만, 실제로 우리가 아는 것은 먼지같이 보잘것없는 지식에 불과하죠. 지구가 어떻게 탄생했는지, 우주는 끝이 있는지, 죽으면 어떻게 되는지 알지 못합니다. 광대한 우주를 움직이는 원리인 도는 사람의 말이나 생각으로 포착할 수 없는 것인데, 눈앞에 보이는 작고 사소한 지식에 매달려 서로 다투고 싸우는 것이 사람입니다. 노자는 우주를 보는 큰 생각을 이야기하고 있는 것입니다.

이렇게 큰 생각을 얻으면 무엇이 좋을까요? 작은 문제로 다투지 않게 됩니다. 진보와 보수, 옳음과 그름, 성공과 실패, 행복과 불행이라는 이분법적 한계를 넘어설 수 있습니다. 오늘의 보수가 내일의 진보가 되기도 하고, 어제 옳았던 생각이 오늘 틀린 생각이 되기도 합니다. 세상 만물이 변하기 때문입니다. 만물이 변하기 때문에 상황도 달라집니다. 상황이 달라지면 어제 효과적인 방법이 오늘 소용없는 것이 될 수 있죠. 그것을 안다면 좀 더 큰 눈으로 세상을 보고, 옳고 그름을 넘어 큰 지혜로 살아갈 수 있을 것입니다.

2강. 아무것도 하지 않고
모든 것을 하려면

무위자연

노자는 도법자연(道法自然), 도는 자연을 본받는다고 했습니다. 도에 따른다는 것은 자연의 순리를 따른다는 의미죠. 억지로 하지 않는 자연스러운 삶을 무위자연(無爲自然)이라고 합니다. 무위자연은 노장사상을 대표하는 말입니다. 무위(無爲)를 '하는 것이 없다'라는 뜻으로 오해하면 안 됩니다. 무위는 자연의 순리를 따르는 것, 도에 따르는 것입니다. 그래서 무위와 상대되는 말이 유위(有爲)가 아니라 인위(人爲)입니다.

사람은 자연을 이용해서 무엇인가를 만들고, 건설합니다. 사람의 욕망이 담긴 인위적인 활동인 셈이지요. 그에 비해 무위는 욕망이 아닌 자연의 순리에 따르는 것입니다. 봄이면 씨 뿌리고, 여름에는 피를 뽑고, 가을에는 수확하고, 겨울에는 쉽니다. 이것이 자연의 순리에 따르는 삶의 방식입니다. 인위는 더 많은 생산물을 위해 논을 개간하고, 비료를 주고, 겨울에도 비닐하우스로 땅을 쉬게 하지 않습니다. 더 많은 것을 얻기 위해 자연을 거스르는 것이 인위입니다.

노장사상은 순리에 따를 것을 권합니다. 도에 따르면 몸과 마음이 편안해집니다. 현대인들이 겪는 온갖 스트레스의 원인이 어디에 있을까요? 더 많은 것, 더 좋은 것을 얻으려는 욕망에 있습니다. 그것이 곧 인위적 삶입니다.

비틀스 노래 〈렛잇비Let it be〉의 가사에 등장하는 '마더 메리(Mother Mary)'는 폴 매카트니의 어머니입니다. 아들이 삶의 문제로 고민하고 어둠 속에서 헤맬 때 살며시 다가와 지혜의 말씀을 해주셨는데, 그것이 '그냥 내버려 두렴[Let it be]'입니다. 노자식으로 바꾸면 어떻게 될까요? '순리를 따르라', '순리대로 흘러가게 두라'가 될 듯합니다. 한마디로 '무위'죠.

우리는 순리를 거스르는 데 익숙합니다. 더 많은 것을 얻고 더 큰 행복을 누리기 위한 노력이 어릴 적부터 몸에 붙었습니다. 자연의 순리가 아니라 자기가 세운 목적과 방식에 따라 살려고 합니다. 삶에 괴로움이 많은 이유가 이것 때문입니다.

상선약수

도는 억지로 하지 않습니다. 하지만 하지 않는 것이 없습니다. 늘 그러하면서 순리를 행합니다. 이것이 도의 참모습입니다. 약한 것 같지만 강하고, 하지 않는 것 같지만 합니다. 도에 따라 행하면 지극히 부드러운 것으로 단단한 것을 이길 수 있습니다.

노자는 무위의 삶을 설명하기 위해 탁월한 비유를 사용합니다. 그 주인공은 물입니다.

> 가장 좋은 것은 물과 같다[上善若水].
> 물은 만물을 이롭게 하면서도 다투지 않고, 모두가 싫어하는 낮은 곳에 즐겨 존재한다.
> 그런 까닭에 물은 도에 가깝다.
> —《도덕경》〈8장〉

물은 만물을 이롭게 합니다. 생명은 물이 없으면 살아갈 수 없습니다. 농사를 지을 때도, 공장을 돌릴 때도 물은 필수적입니다. 고대 그리스 철학자 탈레스가 물을 만물의 근원이라고 주장했던 이유를 알 것 같습니다. 이렇게 세상에 중요한 역할을 하는 물인데도 모두가 싫어하는 가장 낮은 곳에 자신을 둡니다. 잘난 척하지도 어깨에 힘을 주지도 않습니다. 그러면서도 자신을 잘 보존합니다.

물은 고집하지 않습니다. 둥근 그릇에 담으면 그것에 맞게, 네모 그릇에 담으면 그것에 어울리게 변합니다. 다투는 일이 없기에 다치지 않고 허물도 남기지 않습니다. 외부 간섭으로 흙탕물이 되어도 시간이 가면 저절로 맑아집니다. 산기슭 작은 개울이 아래로 흘러 강이 되고 결국 광대한 바다에 이릅니다. 아무리 작은 물줄기도 거부하지 않고 받아들입니다.

노자는 물의 비유를 통해 삶의 길을 제시하고 있습니다. 요즘같이 변화가 빠른 세상에서는 물 같은 삶의 태도가 더욱 중요할 듯합니다. 어제의 지식이 오늘 쓸모없게 되고, 세상이 요구하는 능력도 금방 바뀝니다. 이럴 때는 하나의 지식이나 생각에 머무는 것이 아니라 흐름에 몸을 맡기는 것이 낫습니다. 변화에 몸을 맡기면 의외로 재미있습니다. 갈등과 다툼에서 벗어나 다름의 유쾌함과 낯섦의 신선함을 맛볼 수 있습니다.

본성을 따라서

물이 도를 닮은 진짜 이유는 흐르기 때문입니다. 물의 본성은 흐름입니다. 세상에 고정불변하는 것은 없습니다. 변화는 만물의 존재양식입니다. 그 상태를 가장 잘 보여주는 것이 물이고, 흐름을 본성으로 합니다.

물이 흐르지 않고 오래 막히면 홍수가 납니다. 농작물은 물론 사람에게도 피해를 줍니다. 혈관이 막히면 동맥경화를 일으킵니다. 물자가 막히면 유통이 끊어지고 경제가 힘겨워집니다. 길을 막은 마을은 황폐해지고, 연결을 끊은 나라는 멸망합니다. 모두 흐르지 못한 결과입니다.

막힘의 문제는 사람 관계와 직접 연관됩니다. 사람은 관계의 동물입니다. 관계를 통해서 존재하며 관계로 정체성을 부여받습니다. 집에서는 아버지, 출근하면 과장님, 호프집에서는 친구가 됩니다. 내가 누구인지는 나와 관계하는 사람이나 상황에 따라 달라집니다. 그

관계가 막히면 어떻게 될까요? 내가 누구인지, 어떤 존재인지 알 수가 없게 됩니다. 정체성에 혼란이 옵니다.

더 큰 문제는 소외입니다. 관계의 막힘은 혼자라는 소외를 불러옵니다. 은둔형 외톨이는 소외된 사람입니다. 관계가 막혔기 때문에 감정을 풀고 마음을 다스리기 어렵습니다. 사람은 관계를 통해서 사물을 판단하고, 상황을 이해하고, 어떻게 풀어야 하는지 갈피를 잡습니다. 힘겨운 문제로 괴로워하다가 친구의 한마디에 마음이 풀리는 것이 사람입니다. 소외는 관계가 막혀 감정과 생각이 갇히는 것입니다. 소외가 오래 지속되면 갇힌 물처럼 홍수가 되어 터져버립니다. 사람 관계도 흘러야 합니다.

물의 경지

물은 만물을 이롭게 합니다. 그러면서도 이롭게 했다는 생각이 없습니다. 한마디로 유유자적합니다. 내가 이롭게 했다고 생각하는 순간, 무위는 깨집니다. 자신을 의식하고, 업적을 자랑하며 어깨에 힘이 들어갑니다.

인위는 욕망입니다. 욕망 가득한 삶은 무위를 깨뜨리고 삶을 위험으로 몰고 갑니다. 가진 것을 즐길 여유도 없이 새로운 것을 얻으려고 달려갑니다. 핸드폰을 어디에 두었는지, 점심 메뉴가 무엇이었는지도 기억하지 못합니다. 욕망을 좇으면 한시도 마음이 고요할 날이 없습니다.

행복한 사람의 특징이 있습니다. 현재에 있다는 것입니다. 일이 생기면 하고 일이 없으면 쉽니다. 순간을 살기 때문에 마음이 멀리 가지 않습니다. 심지어 행복하다는 생각조차 없습니다. 얼굴에 조용한 미소가 머뭅니다. 힘든 일이든, 돈이 안 되는 일이든, 재미없는 일이든, 개의치 않습니다. 욕망을 넘어 눈앞의 것을 묵묵히 합니다. 그야말로 순리를 따릅니다. 그들은 하지 않으면서 합니다.

〈렛잇비〉는 폴 매카트니가 비틀스를 탈퇴하기 직전에 나온 곡입니다. 비틀스를 떠나야 할지, 그룹을 해체해야 할지 깊은 고민에 빠져 있었습니다. 힘든 시절이자 어둠의 시간이었습니다. 그때 어린 시절 꿈속에서 어머니가 찾아와 지혜로운 말을 속삭였던 것을 떠올립니다. 그리고 그것을 노래합니다.

천하의 비틀스도 해체에서 벗어날 수 없었습니다. 시작이 있는 모든 것은 끝이 있기 마련입니다. 그것이 순리입니다. 폴 매카트니는 비틀스를 떠난다는 마음의 짐을 벗었습니다.

지금 중요한 문제로 고민이 깊다면 지혜의 말에 귀를 기울여보시기를 바랍니다.

'Let it be.'

3강. 삶의 만족도를 높이는
놀라운 방법

공성이불거

도에 따라 무위의 삶을 산다는 것은 쉽지 않습니다. 우리가 문명 속에 있기 때문입니다. 어떻게 해야 할까요? 노자는 현실을 살아가는 사람들이 무위할 수 있는 길을 다양하게 제시합니다.

> 하고 기대지 않고, 이루고 머물지 않는다[功成而弗居].
> 머물지 않기에 사라지지 않는다.
> —《도덕경》〈2장〉

순리를 따르는 사람은 머물지 않습니다. 무엇인가를 한 후 그것에 의존하지 않고, 일을 이룬 후에 대가를 바라지 않습니다. 그는 떠나기에 머무르고, 흐르기에 사라지지 않습니다.

대단한 일을 해냈습니다. 자랑하고 싶습니다. 높은 자리에 올랐습니다. 으스대고 싶습니다. 금의야행(錦衣夜行), 비단옷을 입고 밤에 돌아다니는 것은 부질없는 짓이라고들 합니다. 자랑할 만한 일이 생기면 남에게 보이려는 것이 사람 마음입니다. 노자는 기대거나 머물지 말라고 합니다. 내려놓고 떠나라고 합니다. 성공을 자랑하면 질투하는 사람이 생기고, 높은 자리에 머물면 위험하기 때문입니다.

토사구팽(兎死狗烹)은 그냥 생긴 말이 아닙니다. 토끼 사냥이 끝나면 사냥개는 쓸모가 없어집니다. 식량만 축낼 뿐이죠. 목적을 달성할 때까지는 '덕분이다', '최고다' 칭찬 일색이지만, 막상 일이 끝나면 나 몰라라 하는 경우는 흔합니다. 사람이 악해서 그런 것이 아니라, 세상의 인심이 그렇습니다. 이것을 안다면 사냥개로 삶겨 죽는 일은 없겠지요.

노자는 공수신퇴(功遂身退)를 처세 기본으로 제시합니다. 공을 이루었으면 물러나라는 말입니다. 존경받을 때 물러나고, 성공했을 때 내려놓아야 합니다. 그러면 본래의 자기를 보존할 수 있습니다.

퇴직한 중소기업 사장님이 있습니다. 대표이사로 일하는 동안 이런저런 모임과 일로 눈코 뜰 새 없이 바빴습니다. 그런데 대표이사직을 내려놓고 나니 전화 한 통 울리지 않는다고 서운한 마음을 드러냅니다. 그동안 그분께 연락해왔던 사람들은 온전한 한 사람으로서 그분이 아닌 그분의 지위, 돈, 힘을 원했습니다. '정승 집 개가 죽으면 가도, 정승이 죽으면 문상을 안 한다'라는 속담이 현실을 잘 대변합니다.

성공과 성취는 본래 내 것이 아닌 외물(外物)입니다. 외물이 나를 대신하고 있다는 것을 알아야 합니다. 마음을 채웠으면 다시 비워야 합니다.

안분지족

> 만족할 줄 아는 사람은 부끄러움을 당하지 않고
> 적당할 때 그칠 줄 아는 사람은 위태롭지 않으니
> 오래오래 삶을 누린다.
> —《도덕경》〈44장〉

탐욕은 인생을 망치는 주요 원인입니다. 사람 사이가 무너지고, 잘 나가던 사람이 몰락하고, 투자에 실패하는 이유는 멈추지 못했기 때문입니다. 멈춰야 할 때, 내려와야 할 때를 놓치면 문제가 생기게 마련입니다. 박수받을 때 떠나야 하는데, 박수에 심취해서 타이밍을 놓치면 끌려 내려올 수밖에 없습니다. 《도덕경》이 '만족'과 '멈춤'을 반복해서 말하는 이유입니다.

《명심보감》은 이것을 '안분지족(安分知足)'이라는 말로 정리합니다. 안분지족은 자신의 처지를 알고 만족하며 편안하게 사는 태도입니다. 이런 태도가 몸에 붙으면 자기 삶을 보존할 수 있죠. 하루하루 걱정 가득한 위태로운 삶을 겪지 않아도 됩니다.

요순시대 전설상의 인물, 요임금이 자기보다 훌륭한 허유라는 사람에게 왕의 자리를 물려주려고 했습니다. 허유가 해와 달 같은 존재이고, 자신은 횃불 같은 존재이기 때문에, 당연히 훌륭한 허유가 나라를 다스려야 한다는 것이 이유였습니다. 이런 요임금의 권유를 허유는 일언지하(一言之下)에 거절합니다. 오히려 그 말을 들은 귀가 더러워졌다며 계곡물에 귀를 씻었다지요. 왕이 될 기회를 왜 마다했을까요? 그는 평소 새들이 둥지를 지어도 나뭇가지 하나로 족하고, 짐승이 큰 강의 물을 마셔도 배가 차면 그만이라는 지족의 태도를 말하곤 했습니다. 자기 위치와 그릇을 잘 파악하고 만족할 줄 알면 자기를 보존할 수 있는 법입니다. 왕의 길은 부귀영화가 아닌 번뇌 가득한 괴로움의 길임을 허유는 잘 알고 있었습니다.

금옥만당

〈금옥만당金玉滿堂〉이라는 영화가 있습니다. 서극 감독이 연출을 맡았고, 장국영, 원영의, 조문탁 같은 유명 배우들이 대거 출연해서 요리 대결을 펼치는 추억의 작품입니다. 영화 제목 '금옥만당'은 노자의 《도덕경》 9장에서 따온 것입니다.

> 금은보화가 집에 가득하면 이것을 지킬 수가 없다[金玉滿堂 莫之能守].
> 부귀로 교만해지면 스스로 재앙을 초래한다[富貴而驕 自遺其咎].

금옥만당은 금은보화가 가득하다는 뜻입니다. 부유하게 권세를 누리면서 사는 것은 누구나 바라는 일입니다. 하지만 집에 돈이 많으면 노리는 사람이 많아집니다. 지키기 위해 의심하는 마음도 생기죠. 가족들끼리 다툼이 일어나기도 합니다. 게다가 교만해지기 쉽습니다. 돈이 많으면 그것 때문에 겪지 않아도 되는 골치 아픈 문제로 괴롭습니다.

영화는 '만한루'라는 식당을 지키기 위해 주인공이 노력하는 내용입니다. 악당들을 물리치고 주인공이 요리 대회에서 우승하며 해피 엔딩으로 끝납니다. 이 과정에서 사랑하는 사람을 위해 욕심을 내려놓고 요리에 전념합니다. '만한루'를 지킬 수 있었던 것은 욕심을 버렸기 때문이었습니다.

노자는 "자신을 드러내려는 사람은 밝지 않고, 자기를 내세우는 사람은 도드라지지 않는다"라고 말합니다. 자기 입으로 자랑하면 잘난 척한다며 미움받고, 으스댄다고 공격당하는 법입니다. 도를 따르는 사람은 이런 행동을 하지 않지요. 돈이든, 명성이든, 관계든, 뭐든 심하면 문제가 생기는 법입니다. 노자는 만물의 흐름, 세상의 이치를 따르는 지혜를 말하고 있습니다.

총애를 경계하라

안분지족의 도를 깨치려면 어떻게 해야 할까요?

> 총애도 수모도 놀랍고 두려운 일로 대한다[寵辱若驚].
> 큰 근심을 내 몸처럼 귀하게 여긴다[貴大患若身].
> —《도덕경》〈13장〉

누군가의 총애를 받으면 조심하라는 경고로 받아들여야 합니다. 내가 총애를 받으면 그것을 시기하는 사람이 있을 것이고, 곧 나를 모함해 위험에 빠뜨릴 것입니다. 인기가 높아진 성공한 연예인이 대중들의 악성 댓글에 시달리는 것을 보면 쉽게 이해할 수 있습니다. 인정받고 싶다는 욕망에 사로잡히면 삶이 위태로워집니다. 누군가에게 인정받기 위해 더 노력하고 더 신경을 씁니다. 인정받지 못할까 불안합니다. 그렇게 평생 타인의 시선을 의식하며 살게 됩니다.

수모를 당해도 그것을 신기한 것으로 여기고 좋아해야 합니다. 수모를 통해서 자신을 돌아볼 수 있기 때문입니다. 누군가가 나에게 험담을 한다면 내게 무엇이 부족한지 돌아볼 수 있습니다. 다른 사람의 비난이나 험담에 신경 쓰는 자기를 통해 아직 도에 이르지 못했음을 확인할 수 있지요. 총애와 수모, 근심은 도를 따르는 일에 도움을 줍니다.

공자는 "군자를 평온하고 너그럽지만, 소인은 늘 근심에 싸여 있다"라고 했습니다. 왜 그럴까요? 소인이 이익을 좇기 때문입니다. 이익을 좇으면 불안과 걱정이 생깁니다. 얻지 못하면 어쩌나, 잃으면 어쩌나 온통 걱정입니다. 그래서 강조하는 것이 이익을 보면 의를 생각하는 '견리사의(見利思義)'입니다. 물론 노자는 의마저도 잊으라고 할 겁니다.

좋은 삶은 자연스러운 삶입니다. 자연스러움은 주변과 잘 어울립니다. 잘 어울리기에 빛납니다. 스스로 자랑하는 사람은 돋보이지 않고, 스스로 인정받으려 하면 외면당하고, 스스로 높이려 하면 천박해집니다. 어디서든 자연스럽게 머물고 부드럽게 흐르는 사람은 빛나지도 쇠하지도 않습니다. 그래서 오래갑니다.

어려운 일은 쉬울 때 한다

어려운 일을 하려면 쉬울 때 해야 하고, 큰일을 하려면 작을 때 해야 한다[圖難於其易 爲大於其細].

천하의 어려운 일은 반드시 쉬운 일에서 시작되고[天下難事 必作於易],

천하의 큰일은 반드시 작은 일에서 시작된다[天下大事 必作於細].

―《도덕경》〈63장〉

큰돈을 벌고 싶은 사람이 있습니다. 어떻게 해야 할까요? 적은 돈부터 벌어야 합니다. 사업을 벌여 크게 성공하고 싶으면 어떻게 해야 할까요? 작고 사소한 일부터 잘해야 합니다. 큰일을 해내는 방법은 그것이 작을 때 하는 것입니다. 작은 것을 잘하면 큰 것도 이루어집니다. 우리는 이것을 이미 알고 있습니다. 그런데 왜 안 될까요? 조급하기 때문입니다. 하루아침에 일확천금을 바라기 때문입니다.

작은 것에 집중하지 않으면 큰일을 이루기 어렵습니다. 작은 것이 모여서 큰일이 이루어집니다. 낙숫물이 바위를 뚫는 것처럼 사소하고 작은 일을 오랫동안 하면 그것이 쌓여 놀라는 결과를 가져옵니다. 물론 시간이 걸립니다. 그래서 대기만성(大器晚成)입니다.

서양 근대를 대표하는 철학자 임마누엘 칸트는 단순한 하루를 산 것으로 유명합니다. 그의 하루를 살펴보겠습니다.

- 4시 55분: 하인 람페가 '일어나실 시간입니다'라는 말로 칸트를 깨웁니다. 칸트가 자신이 어떤 말을 하더라도 들어주지 말라고 미리 명령해두었기 때문에, 그가 일어나기 전까지, 람페는 자리를 떠나지 않습니다.
- 5시: 홍차를 마시고 강의를 준비합니다.
- 7~9시: 학교에서 강의합니다.
- 9시~12시 45분: 집으로 돌아와 글을 씁니다.
- 12시 45분: 초대한 손님들과 대화를 나눕니다.
- 오후 1시~3시 30분: 점심시간입니다. 친구들과 식사를 하며 토론을 합니다. 칸트는 하루에 점심 한 끼만 먹었습니다.
- 오후 3시 30분: 산책하러 갑니다. 비가 오나 눈이 오나 언제나 그 시간입니다.
- 저녁 7시: 독서 시간입니다.
- 밤 10시: 잠자리에 듭니다.

칸트는 이런 생활을 평생 반복했습니다. 마을 사람들이 칸트가 산책할 때 시계를 맞췄다는 말이 있을 정도죠. 방은 항상 깨끗하게 정돈되어 있었고 약속을 어기는 일도 없었습니다. 쾨니히스베르크라는 작은 도시에서 태어나 줄곧 그곳에서 살다가 묻혔습니다. 반복되는 일상에 지치지 않았고 평생 독신으로 살면서도 외로움을 몰랐으며 친구들과 유쾌하게 대화를 즐겼습니다.

칸트가 근대를 대표하는 철학자가 될 수 있었던 것은 이런 단순한 생활 덕분이었습니다. 하루에 30쪽을 읽으면 한 달에 세 권을 읽을 수 있습니다. 1년이면 서른여섯 권입니다. 하루에 한 쪽씩 글을 쓰면 1년이면 책 한 권이 됩니다. 큰일을 하려면 작을 때 해야 하고, 어려운 일을 하려면 쉬울 때 해야 합니다. 그래서 일상이 중요합니다. 큰일을 해내는 비결은 일상에 있습니다.

4강. 비어 있음의
참된 의미

비어 있음

> 도는 비어 있기에 그 쓰임이 있다[道沖而用之].
> —《도덕경》〈3장〉

흙으로 그릇을 만들었습니다. 가운데가 텅 비어 있습니다. 그래서 그릇으로 쓸 수 있습니다. 속이 꽉 찬 그릇은 쓸모가 없지요. 문을 내고 창을 뚫어 방을 만들었습니다. 방이 제 역할을 하려면 비어 있어야 합니다. 꽉 찬 방에는 그 무엇도 들지 못합니다.

물건을 만드는 이유는 생활에 쓰기 위함입니다. 이때, 쓰임이 생기려면 있음만으로는 안 됩니다. 없음이 있어야 합니다. 우리는 있음을 좋게 여기고 없음에는 소홀합니다. 채우려고만 하고 비울 줄을 모릅니다.

마음도 마찬가지입니다. 마음이 비어 있어서 채울 수 있습니다. 꿈이 없는 청소년을 보면 어른들은 걱정부터 합니다. 하지만 꿈이 없기에 꿈을 가질 수 있습니다. 꿈이 정해졌다면 그것을 위해서 달려야 하므로 다른 생각을 할 겨를이 없습니다. 꿈이 있으면 목표를 향해 달려갈 수 있어서 좋고, 꿈이 없으면 미래가 가능성으로 열려 있어 좋은 것입니다.

플랫폼과 실존

요즘 플랫폼 기업이 대세라고 합니다. 구글, 아마존, 유튜브, 네이버 등이 플랫폼 기업입니다. 플랫폼은 비어 있습니다. 누구나 유튜브에 영상을 올릴 수 있습니다. 아마존에서 제품을 판매할 수 있습니다. 네이버에 블로그를 만들고 운영할 수 있습니다. 이런 활동이 가능한 것은 비어 있기 때문입니다.

서양의 실존철학은 인간을 빈 존재로 봅니다. 인간은 의식을 가졌습니다. 의식은 대상을 필요로 합니다. '의식은 무엇인가에 대한 의식'입니다. 그래서 의식은 무(無)입니다. 내부가 텅 비어 있기에 대상을 품을 수 있습니다. 눈앞에 무엇인가가 나타나면 의식이 그것을 감지하고 자신을 대상으로 채웁니다. 다른 대상이 나타나면 이전의 것을 버리고 새것을 받아들입니다.

의식은 고정된 자기를 가질 수 없습니다. 의식이 지향하는 대상이 바뀌기 때문입니다. 평생 한 가지만 생각하는 사람은 없습니다. 항상 새로운 것을 지향합니다. 의식은 결핍입니다. 내부가 비어 있으므로 새로운 것으로 끊임없이 채우려 합니다.

결핍된 존재인 인간은 하나의 정체성으로 자기를 고정할 수 없습니다. 내가 누구인지 나는 모릅니다. 이것은 영원히 알 수 없을 겁니다. 내가 있는데 내가 누구인지 알 수 없다니……. 정체성이 고정되지 않았다는 것은 인간의 본질 또한 정해지지 않았다는 의미고 이것은 곧 자유를 의미합니다. 정해지지 않았기 때문에 무엇이든 할 수 있는 자유의 길이 열립니다. 이것을 사르트르는 '실존이 본질에 우선한다'라는 말로 정리합니다. 내가 누구인지 모르는 것은 당연한 일이고 그렇기에 뭐든 될 수 있습니다. 꿈은 변하는 것이고, 이루었다고 해도 새로운 꿈으로 대체됩니다.

성인의 마음

> 성인에게는 고정된 마음이 없다.
> 백성의 마음을 자기 마음으로 삼는다.
> —《도덕경》〈49장〉

성인(聖人)의 마음도 고정된 것이 없습니다. 백성의 마음을 자기 마음으로 삼습니다. 그래서 성인입니다. 노자의 성인은 사르트르의 실존과 다릅니다. 가장 큰 차이는 '모든 것을 포용하고 일체의 분별심이 없다'라는 것입니다. 사르트르 철학은 '인간'을 대상으로 삼지만, 노자 철학은 '자연'이 주제입니다. 자연과 다른 인간을 사르트르가 철학의 주제로 삼았다면 자연의 일부, 자연과 하나로서의 인간을 노자는 철학의 주제로 삼았습니다. 노자의 성인은 공자의 성인과 다릅니다. 자연의 도를 따르는 사람이 성인입니다. 자연에 분별심이 없기에 성인도 분별심이 없습니다. 열려 있고 비어 있습니다.

비어 있다는 것은 고정된 무엇이 없다는 말입니다. 다시 말해, 무엇이든 들어올 수 있고, 무엇이든 가능하다는 것입니다. 그래서 중요한 게 기준을 세우지 않는 것입니다. 인간은 가치를 따지는 동물입니다. 가치란 '무엇이 더 중요한지' 판단하는 일입니다. 돈, 친구, 건강, 성공 등 여러 가치 중에서 무엇이 우선인지 따집니다. 우리 사회는 이런 기준을 세우고 제시하는 데 열심입니다. 학생에게는 공부, 직장인에게는 실적, 친구에게는 우정이 그렇습니다.

이렇게 기준을 세우면 사람들이 그것을 좇게 됩니다. 기준을 잘 지키는 사람에게 상을 주고 칭찬하고 박수를 보냅니다. 나도 모르게 기준을 따르게 되고 점점 무위에서 멀어집니다. 칭찬이나 인정을 받았을 때 깜짝 놀라야 하는 이유가 여기에 있습니다. 공부를 잘하는 아이에게 상을 주면 모든 아이가 공부에 매달립니다. 그러는 동안 자기 삶을 살 기회는 멀어지죠. 기준을 세우면 더 중요한 것을 잃기 쉽습니다.

요즘은 아이들에게 '네가 하고 싶은 것이 있으면 뭐든 하라'는 자유를 주는 분위기입니다. 그런데 이것이 더 혼란을 줍니다. 무엇을 해야 하는지 알려줬으면 좋겠다는 아이도 있습니다. 에리히 프롬 말처럼 인간은 '자유로부터 도피'하는 존재입니다. 스스로 판단하고 결정하고 행동하는 것은 버거운 일입니다. 처음에는 자유가 즐겁지만, 점점 누군가 알려주기를, 시켜주기를 바라게 됩니다. 니체의 말처럼 '자신에게 명령하는 것은 어려운 일'이죠. 뭐든 하라는 것 또한 무위적이지 않습니다. '뭐든 해도 된다'라는 말속에 이미 '뭔가 해야 한다'라는 당위가 존재합니다. 무엇을 해야 한다는 것을 잊은 상태, 해도 좋고 하지 않아도 좋다는 것이 무위의 경지입니다.

아름다움은 추하다

기준을 세우지 않는 이유는 원래 세상에 기준이 없기 때문입니다.

> 천하가 다 아름답다고 하는 것은 이미 추한 것이다[天下皆知美之爲美, 斯惡已].
> 천하가 다 선하다고 하는 것은 이미 선하지 않은 것이다[皆知善之爲善, 斯不善已].
> ─《도덕경》〈2장〉

사람들이 아름답다고 말하는 것은 추합니다. 왜 그럴까요? 아름다움이 추함을 전제로 하기 때문입니다. 아름다움과 추함은 상대적입니다. 누구와 어느 것과 비교하느냐에 따라 미추는 달라집니다. 게다가 아름다움의 기준도 변합니다. 지금 아름다운 것도 좀 더 아름다운 것에 밀려나겠지요. 사람들이 선하다고 말하는 것도 더 선한 것이 나타나면 선하지 않은 것이 됩니다. 언제 어떻게 바뀔지 알 수가 없습니다.

노자는 세상은 상대적이므로 절대적인 기준을 가지고 보지 말 것을 권하고 있습니다. 긴 것은 짧은 것과 비교해야 길다고 말할 수 있습니다. 공부를 잘하는 아이는 자기보다 떨어지는 아이가 있으므로 '잘한다'라는 말을 듣게 되죠. 실적이 낮은 사람이 있어서 내 실적이 높아 보입니다.

기준이 없다는 것은 모든 것이 기준이 될 수 있다는 의미이기도 합니다. 중요한 것이 없다면 무엇이든 가능합니다. 이것은 어른의 윤리에 포획되지 않은 아이의 마음이기도 합니다. 아이는 순수하고 순박합니다. 옳고 그름의 분별이 없습니다. 맑은 눈으로 세상을 보고 기쁜 마음으로 사물을 만납니다. 벌이나 전갈, 뱀이 공격하지 않습니다. 상대를 공격할 생각이 없기 때문입니다. 인위적으로 상대방을 이용하거나 인정받으려 하거나 굴복시킬 의도가 없죠. 모든 사물이 친구입니다. 아이는 무위합니다.

무위는 부드럽습니다. 억지로 하지 않습니다. 살아 있는 사람의 몸은 부드럽습니다. 죽으면 단단해지죠. 풀과 나무도 살아 있을 때는 부드럽지만 죽으면 딱딱해집니다. 부드러움은 살아 있음이고, 단단함과 강함은 죽음입니다.

가끔 옳은 것은 옳고 그른 것은 그르다는 흑백논리를 주장하는 분을 만납니다. 칼을 뽑았으면 끝을 봐야 한다며 강한 주장을 드러냅니다. 마음이 약한 분입니다. 내면이 약하기 때문에 어떤 기준으로 세상의 봐야 안심이 됩니다. 진정으로 강한 사람은 부드럽습니다. 부드럽기에 다른 사람과 잘 어울리고 어디에서나 환영받습니다. 그래서 강합니다. 진정한 강함은 힘이 아니라 어디서나 조화되고 어디서나 환영받는 유연함입니다.

유무상생

있음은 없음을 전제로 합니다. 있음과 없음은 서로 의존합니다. 노자는 이것을 '유무상생(有無相生)'이라고 합니다. 있음과 없음이라는 대립 개념이 함께 어울려 살아갑니다. 세상은 독립된 개체의 집합이 아닙니다. 서로 대립하는 것들의 관계입니다. 빛이 존재할 수 있는 것은 어둠이 있기 때문입니다. 긴 것은 짧음 덕분에, 행복은 불행 덕분에 가능합니다. 세상은 유와 무의 관계로 존재하며 이를 통해 제 기능을 합니다. 이것이 노자가 말하는 비어 있음의 존재론적 의미입니다.

5강. 지식을 넘어 밝음으로

진리는 없다

배움을 끊으면 근심이 사라진다.

—《도덕경》〈20장〉

절학무우(絕學無憂), '아는 것이 병'이라는 속담과 상통하는 말입니다. 아는 것이 많으면 그것 때문에 걱정이나 근심이 많아집니다. 걱정 안 해도 될 일을 미리 걱정하고 있으니 답답한 노릇입니다. 게다가 배움은 끝이 없습니다. 요즘 아이들은 기본 과목인 국어, 수학, 과학, 사회조차도 세부 과목으로 쪼개 예전보다 훨씬 많은 것을 배워야 합니다. 배울수록 배울 것이 많아지는 이 역설을 어떻게 이해해야 할까요? "끝이 있는 삶에서 끝이 없는 앎을 추구하는 것은 위험하다"라는 노자의 말이 설득력 있게 들립니다. 배우지 말자는 이야기가 아닙니다. 지식만 얻으려 말고 세상을 꿰뚫는 혜안을 얻으라는 말입니다.

우리는 과학이 문명을 발전시켜서 지금의 편리한 세상을 만들었다고 생각합니다. 그래서 역사는 발전한다고 믿지요. 노자는 인간의 역사를 그렇게 보지 않습니다. 과학이 발전해서 새로운 지식을 알게 되고 우리 생활이 편리해진 것은 분명한 사실입니다. 그런데 그것이 과연 우리를 행복하게 만들었을까요? 신석기 시대보다 지금의 우리가 행복하다고 말할 수 있을까요? 옛날 사람들이 성적 때문에 비관하는 청소년, 실적 문제로 괴로운 직장인, 기후 위기에 처한 현대인들의 모습을 부러운 눈으로 바라볼까요? 노자는 과학 발전과 인간의 행복은 다를 수 있음을 말하고 있습니다.

노자가 지적하는 배움은 인간이 만든 지식을 기반으로 합니다. 지식은 분별을 가져옵니다. 옳고 그름, 맞고 틀림으로 나누는 것이 지식입니다. 이런 분별지로 인해 생각이 좁아지고 다툼이 생깁니다. 게다가 지식은 쉽게 고철화되어 무용 지식이 됩니다. 요즘처럼 지식의 생성과 소멸이 빠를 때는 더욱 그렇습니다.

지식은 흘러야 합니다. 머무는 지식은 변할 수 없습니다. 변하지 못하는 지식은 고인 물처럼 썩어갈 뿐입니다. 서양철학을 진리 탐구의 역사라고 합니다. 소크라테스에서 포스트 구조주의까지 고정불변하는 지식을 발견하기 위한 2500년의 과정이었습니다. 이 긴 과정을 통해서 서양철학은 '진리는 없다', '지식은 상대적이다'라는 것을 깨달았습니다.

위도일손

노자는 "웃음거리가 되지 않으면 도라고 할 수 없다"라고 했습니다. 도는 말로 설명할 수 없이 크고 끊임없이 변하는 것입니다. 우리가 알고 있는 지식으로는 도를 포괄할 수 없습니다. 프랑스 철학자 알랭 바디우는 진리를 '기존의 지식으로 설명될 수 없는 낯선 것'이라고 봅니다. 지식은 말로 설명된 것이고 우리에게 익숙한 것입니다. 고정된 지식으로 열린 진리를 설명할 수는 없습니다. 그래서 지식은 진리를 모릅니다.

진리는 뜻밖의 사건에서부터 옵니다. 기존 질서를 파괴하고 새로운 진리를 드러내는 것이 사건입니다. 사건은 이전의 질서에 반하기 때문에 무시되거나 거부당합니다. 이때 사건 속에 숨은 미세한 진실성을 살펴보고 그것을 꺼내는 존재가 주체입니다. 사건에 대한 충실을 통해 사건에서 진리를 드러냅니다.

어떻게 진실을 찾을 수 있을까요? 노자는 덜어내라고 합니다.

> 학문의 길은 하루하루 쌓아가는 것이고
> 도의 길은 하루하루 덜어내는 것이다.
> ─《도덕경》〈48장〉

'위도일손(爲道日損)', 도는 날마다 덜어냅니다. 더 많이 아는 것보다 아는 것을 덜어내는 편이 낫습니다. 좋은 삶은 단출합니다. 법정 스님의 무소유 정신이 그것을 잘 말해주죠. 단순해지면 무엇이 중요한지 선명하게 보입니다.

인위적이고 문명적인 삶에 익숙한 우리는 많이 가지려고 합니다. 돈도 많이, 친구도 많이, 인기도 많아야 합니다. 과연 많이 가진 게 좋을까요? 많이 가지면 복잡합니다. 복잡하면 혼란합니다. 가진 것을 즐기지도 못합니다.

돈을 잘 모으는 사람이 있습니다. 아끼고 아껴서 큰돈을 모았습니다. 이제 넉넉하게 누리고 살면 될 텐데 그게 잘 안 됩니다. 힘들게 벌었다는 생각에 쓸 수가 없습니다. 돈 자랑만 할 뿐 밥 한번 사지 않는다며 주변에서 고개를 내젓습니다. 위도일손하지 못하는 삶이지요.

평생 김밥을 팔아 모은 돈을 대학에 기부하는 할머니 이야기가 언론에 보도됩니다. 어린 시절 못 먹고 살아 돈 벌어서 힘든 사람을 돕고 싶었다고 합니다. 돈이 귀한 줄 알기 때문에 다른 사람에게 돈이 얼마나 도움이 되는지도 압니다. 그래서 남을 돕습니다. 도움이 되는 일을 했다는 생각에 행복합니다. 기사를 읽은 친구가 이런 말을 남겼습니다.

"참으로 돈 쓸 줄 아시는 분이네."

잃을 줄 알아야 합니다. 사랑은 주는 것이고, 지식은 덜어내는 것이고, 도는 잊는 것입니다.

지식, 지혜, 밝음

지(知), 지(智), 명(明). 노자는 이 셋을 구분합니다. 지(知)는 아는 것입니다. 지식이지요. 지(智)는 지혜입니다. 지식을 활용해서 현실의 문제를 해결하는 능력을 말합니다. 명(明)은 밝음입니다. 세상이 훤히 보이는 득도의 경지입니다.

학교에서 배우는 공부가 지식입니다. 지식은 지혜가 되지 못하고 사라집니다. 공부가 괴로운 이유가 여기에 있습니다. 공부가 즐거워지려면 생활에 활용되어야 합니다. 배움이 삶과 연결될 때 지혜가 됩니다. 노자는 그 너머의 밝음을 말합니다.

밝음은 지식의 축적이 아닙니다. 덜어내고 덜어내서 무위에 이르는 것입니다. 지식 축적은 욕망의 확장입니다. 많이 알면 잔머리만 늘어갑니다. 온갖 욕망이 꿈틀거리고 허위의식에 지배당합니다. '지자'는 어깨에 힘이 들어간 사람입니다. 배움을 끊으면 근심이 사라집니다. 배움은 옳고 그름을 가립니다. 옳음을 위해 싸웠는데 지나고 보니 옳은지 의심스럽습니다. 배움을 끊으면 중요한 것도 중요하지 않은 것도 없습니다.

소크라테스는 "내가 안다는 생각이 지혜를 가린다"라고 했습니다. 지식을 쌓지 말고 질문하는 법을 배우라고 권했습니다. 중요한 것은 답이 아니라 질문입니다. '나는 모른다'라는 사실을 아는 것이야말로 지혜의 시작입니다. 모른다는 것을 알아야 질문할 수 있습니다. 노자는 남을 아는 사람은 지혜롭고, 자기를 아는 사람은 밝다고 했습니다.

밝은 사람은 문을 나가지 않고도 천하를 압니다. 멀리 나갈수록 아는 것이 적어집니다. 전문가의 딜레마입니다. 작고 지엽적인 것에 사로잡혀 큰 지혜를 잃은 사람들이죠. 아는 것이 많을수록 사물을 그대로 보지 못합니다. 이론과 편견에 사로잡혀 선입견으로 봅니다. 노자가 "아는 사람은 박식하지 않고 박식한 사람은 알지 못한다"라고 하는 이유입니다.

6강. 생선만 잘 구워도

최고의 이상향, 고복격양

《도덕경》은 우주 만물의 도와 이에 따른 삶을 풀어낸 경전입니다. 당연히 나라를 다스리는 통치 철학도 담고 있습니다. 도는 개인을 넘어 조직 운영에도 통용되는 법입니다.

> 최상의 지도자는 백성들이 그 존재 정도만 아는 것이다.
> 그다음은 그 지도자를 친근하게 여기고 칭찬하는 것이다.
> 그다음은 그 지도자를 두려워하는 것이다.
> 최하의 지도자는 사람들이 그를 업신여기는 것이다.
>
> 믿음이 부족하면 불신이 있게 된다.

아득히 멀구나, 그 말을 소중히 여김이여.

(중략)

할 일을 다해 일이 이루어지면

백성들은 말한다.

모두가 저절로 그런 것이라고.

―《도덕경》〈17장〉

노자는 최고의 지도자는 있는 듯 없는 듯한 존재라고 말합니다. 세상일이 잘 풀리기 때문에 지도자가 무엇을 하는지 신경 쓸 필요가 없는 상태입니다. 그럴 때 백성들은 누군가 노력해서 이루어진 것이 아니라 자연스럽게 그렇게 된 것으로 여깁니다. 이것이 노자가 생각한 최고의 정치입니다.

중국 요임금이 백성들의 생활이 어떠한지 직접 확인하기 위해 잠행을 나왔습니다. 그때 강구라는 거리에서 아이들이 노래를 부르고 있었습니다.

"우리 백성들 살림살이가 편안한 것은, 임금님의 지극함 덕분이라네. 느끼지도 못하고 알지도 못하면서, 그저 임금님의 법에 따르고 있다네."

임금이 백성을 잘 인도하기 때문에 법이나 제도를 알지 못하면서도 자연스럽게 잘 살아가고 있음을 청송하는 노래였습니다. 요임금이 다시 길을 가는데 이번에는 한 노인이 길가에 앉아 한 손으로 배를 두드리면서 노래를 부르고 있었습니다.

"해가 뜨면 일하고, 해가 지면 쉰다네. 우물 파서 마시고, 밭을 갈아먹으니, 임금의 덕이 내게 무슨 소용이 있으랴."

일하고 쉬고 물 마시고 밭 가는 태평성대이기에 임금의 덕을 느끼지 못한다는 노래였습니다. 노래를 들은 요임금이 크게 만족했다고 하지요. 이것이 격양가(擊壤歌)입니다. 배를 두드리며 태평성대임을 즐거워하는 고복격양(鼓腹擊壤)이라는 사자성어도 여기에서 나왔습니다.

약팽소선

고복격양은 노자가 생각한 이상적인 정치의 모습을 보여줍니다. 그럼 어떻게 해야 태평성대에 이를 수 있을까요?

> 큰 나라를 다스리는 것은
> 마치 작은 생선을 굽는 것과 같다.
> ─《도덕경》〈60장〉

약팽소선(若烹小鮮), 작은 생선을 구울 때는 가만히 두어야 합니다. 이리저리 뒤집거나 손을 대면 쉽게 부서지고 맙니다. 그렇다고 아무것도 하지 않으면 곤란합니다. 좋은 요리사는 자신의 손길이 필요할 때를 정확히 압니다.

정치하는 사람들은 자꾸 무엇인가를 하려고 합니다. 그래야 자기 역할을 하고 있다는 생각이 들기 때문입니다. 그러면 어떻게 될까요? 법령이 많아지고 세상은 복잡해집니다. 법이란 무엇인가를 못하도록 하는 것입니다. 금지는 금지 너머에 있는 것을 자극합니다. '하지 말라고 하면 더한다'고들 하죠. 평소 생각하지도 않던 것을 금지가 일깨워줍니다. 결국, 법을 만들어 금지하면 그것을 이용해서 이익을 얻으려는 사람과 죄짓는 사람만 늘어납니다.

기술이 발달해서 새로운 도구가 만들어지면 어떨까요? 기이한 물건들이 늘어날수록 생활은 더 어지러워집니다. 새로운 무기가 생산되면 나라는 더 혼란스러워지죠. 위정자가 일을 없애고 할 것을 줄이면 백성들이 스스로 고요해지고 순박해져서 순리에 따라 살 수 있게 됩니다.

아이들을 키운 부모라면 쉽게 느낄 수 있는 부분입니다. '게임 하지 마라', '핸드폰 하지 마라' 이런 말은 대부분 소용이 없습니다. 오히려 아이에게 게임과 핸드폰에 관한 관심만 키워줄 뿐입니다. '숙제 해라', '학원가라' 시키는 것보다 가만히 내버려 두는 편이 낫습니다. 알아서 하도록 두면 판단력이 생기고 독립성도 강해집니다. 성급한 부모는 아이의 자발성을 죽이고 자연스러운 성장을 저해합니다. 정치도 이와 같습니다.

치수의 의미

예부터 다스림은 치수(治水)에 비유되었습니다. 물을 다스릴 수 있는 사람은 하늘의 선택을 받은 사람이었고, 아무리 힘 있는 왕이라도 치수에 실패하면 덕망을 잃었습니다. 노자는 물처럼 다스릴 것을 권합니다. 이유는 두 가지입니다.

치수는 물꼬를 터주는 것입니다. 홍수로 제방이 무너지는 이유는 물길을 터주지 못해서 그런 것입니다. 물이 한곳에 모이면 엄청난 일이 벌어집니다. 그러기 전에 길을 터주고 잘 빠지게 해야 합니다. 다스림이란 길을 열어주고 잘 흐르게 하는 것입니다.

순자는 "물은 배를 띄워주기도 하지만 뒤집기도 한다"라고 했습니다. 이때 물이 의미하는 것이 무엇일까요? 바로 민심입니다. 백성은 군주를 띄워주기도 하지만 뒤집어 내쫓기도 합니다. 물과 같은 백성이 잘 흐르지 못하면 그 화가 위정자에게 미칩니다. 그런 점에서 정치란 백성이 잘 살 수 있도록 길을 터주는 것입니다.

물은 자기를 낮추고 낮은 곳에 머무릅니다. 그러면서 모든 것을 받아들입니다. 나라와 조직을 다스리는 것도 같습니다. 자신을 낮추면 천하의 사람들이 모여 교류가 이루어집니다. 수입과 수출의 장벽을 낮추고 무역을 개방하면 여러 나라 사람이 오가게 됩니다. 나를 낮추면 다른 이들을 포용할 수 있습니다.

로마 제국이 오랫동안 번성한 이유가 무엇일까요? 역사가들은 그 이유 중 하나로 개방성을 강조합니다. 로마는 점령지에 '로마 가도'로 불리는 길을 만들었습니다. 길은 물자와 사람의 이동을 자유롭게 합니다. 다른 나라의 문화를 인정하고 받아들이겠다는 정신의 반영이 '길'입니다. 실제로 로마는 그리스의 철학과 신화는 물론 다른 나라의 종교까지 수용했습니다. 덕분에 경제가 성장했고 오랫동안 번영을 누릴 수 있었습니다.

소국과민

> 나라는 작고 백성은 적어야 한다.
> 사람의 열 배, 백 배의 쓰임을 하는 기기가 있어도 쓰지 않는 것이
> 좋다.
> 백성으로 하여금 죽음을 중하게 여겨
> 멀리 이사 가지 않도록 하라.
> 배와 수레가 있어도 탈 일이 없고,
> 갑옷과 병기가 있어도 싸울 일이 없다.
> ─《도덕경》〈80장〉

나라는 작고 백성은 적을수록 좋습니다. 소국과민(小國寡民)입니다. 나라가 크면 사람도 많아집니다. 사람이 많아지면 서로의 목소리가 섞이고 다툼이 생깁니다. 그렇다고 큰 나라를 작게 만들 수는 없습니다. 큰 나라를 작은 나라처럼 생각하고, 백성이 많아도 적은 것처럼 단순하고 명쾌하게 한다면 문제가 없습니다. 좋은 도구나 새로운 발명품이 생겨도 사용하지 않는 이유도 이것 때문입니다. 기술이 발전할수록 복잡성만 증대될 뿐 삶의 질이 좋아지는 것은 아니니까요.

우리 시대는 복잡성이 최고조에 이른 시대입니다. 법령은 헤아릴 수가 없고, 도로는 꽉 밀렸고, 인간관계는 얽혔습니다. 이렇게 복잡한 세상에서 우리가 만나게 되는 현실은 티엠아이(TMI, Too Much Information), 과잉의 역습입니다. 너무 과도한 정보는 혼란만 가중할

뿐입니다. 인스타그램의 많은 팔로워가 자랑거리는 아닙니다. 왜 그리 복잡하게 사는지 생각해볼 필요가 있습니다.

흔히 '도를 넘었다'라고 합니다. 너무 지나칠 때 쓰는 말입니다. 도를 넘어오는 사람은 누구나 싫어합니다. 지나친 친절, 지나친 사랑, 지나친 업무, 지나친 음주, 지나친 관계, 지나친……. 지나치면 줄여야 합니다. 그것이 순리입니다.

기업도 이런 경향을 감지한 지 오래입니다. 단순함을 강조한 아이폰의 디자인을 선두로, 몬드리안 그림에서 아이디어를 얻은 삼성전자 비스포크까지 '심플함'이 호평받고 있습니다. 애플 수석 디자이너 조너선 아이브는 "더 많은 것을 넣기보다 어떻게 뺄 것인지를 고민한다"라고 말하기도 했습니다.

단순함이 주는 명쾌함을 2500년 전의 노자는 이미 알고 있었습니다. 핸드폰에 저장된 연락처 중에서 실제로 연락하는 사람은 불과 10퍼센트 남짓입니다. 우리에게 필요한 것은 많은 친구가 아니라 좋은 친구입니다. 책장에 꽂힌 책도, 옷장의 옷도, 그릇도, 지식도 모두 그러합니다. 우리에게 정말 필요한 것은 '갖기'가 아니라 '갖지 않기', '하기'가 아니라 '하지 않기'인지도 모릅니다.

노자는 백성을 귀하게 여기라고 합니다. 귀하게 여긴다는 것은 자연스러운 삶을 영위하도록 하는 것입니다. 지시하고, 금지하고, 강제하는 방식은 인위적입니다. 우리 시대 위정자들이 새겨들어야 할 대목입니다. 인위적인 방법으로는 자발성을 기를 수 없습니다. 누가 가르쳐주는 것이 아니라 자기 스스로 해야 합니다. 무엇을 할지 스스로 결정하고, 행동하고, 결과를 공유할 때 자족하는 삶이 가능합니다. 그렇게 된다면 다른 사람이나 다른 나라를 부러워하지 않고 자기 풍속을 즐길 수 있겠지요. 노자의 가르침이 현재까지 의미 있는 지점입니다.

7강. 노자의 시대,
   공자의 정신

무위의 시대

충남 부여 초촌의 조용한 산야에 작은 농장이 있습니다. '암탉에게 자유를'이라는 슬로건을 내걸고 자연 방생을 통해 닭을 기릅니다. 비슷한 계군의 닭들을 같은 곳에 두어 잘 지내게 하고, 넓은 야외 방사장을 두어 닭들이 풀을 뜯으며 따사로운 햇볕을 듬뿍 쬐게 합니다. 배터리 케이지 안에서 사육되는 암탉들은 좁은 공간에 갇혀 평생을 알 낳는 기계로 살아야 하지만, 이곳의 닭들은 본능과 습성에 맞게 아늑한 공간을 찾아 알을 낳습니다.

이처럼 자연 친화적으로 동물을 사육하는 곳이 늘고 있습니다. '동물복지'라는 말도 익숙해진 지 오래죠. 동물도 존중받아야 할 생명임을 인식한 덕분입니다. 동물복지는 휴머니즘과도 연관이 있지만, 인간 건강과도 밀접합니다. 우리 몸에 가장 크게 영향을 미치는 것 중 하나가 먹거리니까요. 자연 방사와 동물복지로 탄생한 달걀을 찾는 이유입니다.

이런 방식은 노장사상이 말하는 도에 따르는 삶과 관련이 깊습니다. 닭을 좁은 닭장에 움직일 공간도 없이 알 낳는 기계로 사육하는 방식은 인위적입니다. 반면 넓은 마당에서 자기 본능과 습성에 따라 기르는 것은 무위에 가깝습니다. 과학이 발달할수록 자연의 순리를 따르는 '무위'의 중요성이 강조되고 있습니다. 21세기에 노자와 장자가 소환되는 이유입니다.

도가와 유가, 차이점과 공통점

오랫동안 노자와 도가는 비주류였습니다. 반면 공자와 유가는 2000년 동안 주류의 지위를 누렸습니다. 이제 상황이 달라지고 있습니다. 다양한 가치를 인정하고 자연과의 공생을 모색하는 시대가 왔기 때문입니다.

그렇다고 공자와 유가의 시대가 끝났다고 볼 수는 없습니다. 역사적으로 도가와 유가는 서로 대립하면서도 상호보완하면서 발전했고, 덕분에 동아시아의 핵심 철학으로 자리를 잡았습니다. 개인주의가 만연한 분위기에 공자의 목소리는 나를 성찰하고 함께 살아가는 삶의 태도를 얻는 데 도움을 줄 수 있습니다.

그런 점에서 노자와 공자를 함께 살펴보는 것은 중요한 의미가 있습니다. 무엇인가를 잘 이해하는 방법은 대비되는 것과 비교하는 것입니다.

노자는 자연의 이치인 도를 따를 것을 권했습니다. 공자는 자연의 도가 아닌 인간의 도를 말합니다. 물론 공자가 말하는 인간의 도는 하늘, 즉 자연이 부여한 인과 예입니다. 두 사람 모두 자연의 도를 말하지만, 도의 내용에서 차이를 보입니다. 노자가 자연은 인하지 않다[天地不仁]고 보지만, 공자는 하늘이 부여한 인과 예가 하늘의 도에 따르는 것이라 보았습니다.

노자가 자연과 일체가 되는 무위의 삶을 좇았다면 공자는 사회공동체 속에서 도덕적 삶을 위한 수양과 노력이라는 인위를 강조했습니다. 노자는 물질문명에 대한 거부감을 드러내지만, 공자는 문명을 바르게 하려고 합니다.

도가가 중심부를 비판하는 변방에 속해 있었다면, 한 대 이후 유가는 지배층이 누리는 학문이 되면서 중심의 지위를 차지합니다. 노자가 서민들의 힘겨운 삶을 위로했다면, 공자의 사상은 위정자들의 논리가 되어 통치에 활용되었습니다.

도달하려는 목적지도 달랐습니다. 도가가 우주 만물의 근원인 도에 따른 무위자연의 삶에 이르려고 했다면, 유가는 인의예지에 의해 왕도정치가 실현된 태평성대를 꿈꾸었습니다. 도가가 강조하는 인간상이 진인(眞人)이라면 유가의 인간상은 군자 혹은 대장부라고 할 수 있습니다.

그렇다고 노자와 공자가 전혀 다른 것은 아닙니다. 모두 하늘, 자연의 이치에 기초해 있습니다. 무엇보다 좋은 삶을 모색하는 철학이라는 점에서 근본적으로 같습니다. 춘추전국시대의 혼란함을 어떻게 극복할 것인가? 이것이 노자와 공자의 문제의식이었고 다만 그들이 얻은 해법, 답이 달랐을 뿐입니다.

답이 다른 것은 좋은 것입니다. 덕분에 우리는 도가와 유가라는 해법 두 가지를 얻게 되었습니다.

공자와 노자의 만남

사마천은 《사기》에서 공자가 노자를 만난 이야기를 기록하고 있습니다. 노자를 만난 공자는 예에 관해서 이야기를 나누고 싶었던 모양입니다. 노자는 '예를 말한 사람은 이미 뼈가 썩었고 그 말만 남았다'라고 하면서 그것이 중요한 문제가 아님을 지적합니다. 그리고 '군자는 큰 덕을 지녔음에도 겉모습은 어리석은 듯하다고 했으니 그대도 교만한 기운과 욕심, 잘난 체하는 태도와 잡념을 버리는 것이 좋다'는 충고만 던집니다.

거대 담론과 깊이 있는 대화를 기대했던 공자는 다소 실망했을 듯합니다. 노자를 만난 후 공자는 이렇게 말합니다.

"새는 날 수 있고 물고기는 헤엄칠 수 있고 짐승들은 뛸 수 있다는 것을 나는 안다. 뛰는 것은 그물로 잡으면 되고, 헤엄치는 것은 낚시해서 잡으면 되고, 날아가는 것은 화살로 맞춰 잡을 수 있다. 그러나 용에 대해서 말하자면, 나는 알지 못한다. 그것은 바람과 구름을 타고, 하늘로 오르기 때문이다. 내가 오늘 만난 노자는 마치 용과 같은 사람이었다."

—《사기》〈노자한비열전老子韓非列传〉

공자는 노자의 큰 철학을 인정합니다. 그렇다면 공자가 노자를
따랐을까요? 뒷이야기를 자세히 알 수는 없지만 아마 공자는 이렇
게 말했을 것입니다.

'노자의 뜻은 좋으나 나에게는 나름의 길이 있다. 나는 나의 길을
갈 것이다.'

공자의 길이 무엇인지 이제부터 살펴보겠습니다.

8강. 나를 팔아
천하를 구한다

춘추전국의 시작

기원전 770년, 주나라 수도 호경이 불타오릅니다. 원인은 신후(申侯)의 반란. 당시 주나라는 유왕(幽王)이 통치하고 있었습니다. 신후는 유왕의 장인입니다. 유왕이 포사에게 빠져 황후를 내쫓자, 화가 난 황후 아버지 신후가 견융족을 데리고 반란을 일으킨 것입니다. 반란으로 유왕은 죽고, 평왕이 왕위를 잇게 되죠. 문제는 강성해진 견융족이었습니다. 수도를 약탈하고 주나라를 압박합니다. 힘에 부친 평왕은 어쩔 수 없이 호경을 버리고 낙읍으로 천도합니다. 이로 인해 주나라의 권위는 땅에 떨어지게 됩니다.

주나라가 수도를 호경에서 낙읍으로 천도한 이후를 춘추전국시대라고 부릅니다. 역사적으로 보자면 주나라 시대입니다. 하지만 이전의 주나라와는 확연히 다른 분위기입니다. 황제 권위가 실추되고, 제후들의 힘이 강해져 서로 패권 다툼을 벌이게 되었으니까요. 역사가들은 낙읍 천도 이전을 '서주 시대', 이후를 '동주 시대'라고 부릅니다. 춘추전국시대가 곧 동주 시대죠. 춘추전국시대는 진(秦)나라가 천하를 통일하는 기원전 221년까지 계속됩니다.

구슬을 파는 사람

> 자공이 공자에게 물었습니다.
> "아름다운 구슬이 있다면 상자에 넣어서 보관해 두시겠습니까? 아니면 좋은 상인에게 파시겠습니까?"
> 공자가 대답합니다.
> "팔아야지. 팔아야 하고말고. 하지만 나는 제값을 기다리고 있다네."
> —《논어》〈자한子罕〉

공자는 적극적인 사람이었습니다. 좋은 상인을 만나 자신의 재능을 팔려고 했습니다. 좋은 상인은 뜻을 알아주는 제후를, 구슬은 공자 자신을 말합니다. 그는 왜 천하를 돌며 제후를 찾아다녔을까요? 제자들의 보필을 받으며 편하게 지낼 수 있었을 텐데 말입니다. 그 의문을 풀면 그의 사상은 물론 인간 공자의 진면모를 알 수 있을 것입니다.

춘추시대

공자가 살았던 시대는 춘추시대 말기였습니다. 전쟁은 끝이 없었고, 권력자들은 백성의 고혈을 짜 자기 배를 채우는 데 여념이 없었습니다. 철학은 시대와 긴밀한 연관이 있습니다. 시대의 문제에 응답하기 위한 노력에서 철학이 탄생하기 때문입니다. 공자와 그의 철학을 살피면서 시대를 함께 봐야 하는 이유이기도 합니다.

주나라는 문왕과 그의 아들 무왕이 상나라의 폭군 주왕을 몰아내고 세운 나라입니다. 그때 도움을 준 사람이 유명한 강태공이었지요. 주나라는 독특한 봉건제도를 확립합니다. 천자는 전국을 여러 지역으로 나눈 후, 제후를 임명해 대리 통치했습니다. 땅이 넓어 행정력이 미치지 못하는 문제도 해결하고, 나라를 세우는 데 공이 있는 사람들을 달래는 카드이기도 했습니다. 이것을 분봉(分封)한다고 합니다. 임명된 제후들 대부분은 황제가 믿을 수 있는 친인척이었고 일부는 공이 있는 신하였습니다.

주나라 초기에는 황제와 제후 관계가 좋았습니다. 황제는 책봉하고 제후는 황제에게 충성을 다했습니다. 시간이 지나면서 문제가 생깁니다. 아들의 아들로 이어지면서 황제와 제후 사이가 사돈의 팔촌쯤으로 멀어져 버렸습니다. 힘이 약해진 황제의 말을 따를 이유가 사라진 셈이죠.

아침에 도를 들으면

이렇게 혼란한 시기에 공자는 자기를 팔려 했습니다. 자기를 팔아 혼란에 빠진 나라를 안정시키고 백성을 도탄에서 구하려 했던 것입니다. 이쯤 되면 '자기가 뭔데 나라를 구해'라는 말이 나올 법도 하지요. 하지만 공자는 그런 것에 연연하는 사람이 아니었습니다. 자기가 할 수 있는 것이 있다면 마땅히 하는 사람입니다.

장저와 걸익이라는 은자가 밭을 갈고 있었습니다. 마침 공자 일행이 그곳을 지나다가 자로가 나서서 나루터로 가는 길을 물었습니다.

장저가 수레에서 고삐를 쥔 사람이 누구냐고 묻자, 자로가 공자라고 알려줍니다.

그러자 걸익이 말합니다.

"천하가 큰물처럼 거세게 흘러가는데 누가 그것을 바꿀 수 있겠소? 당신도 나쁜 사람이나 피해 다니는 사람을 따라다닐 것이 아니라 혼란한 세상을 피해 우리와 함께하는 것이 어떻겠소?"

자기 마음에 드는 사람만 찾아다니는 짓은 그만두고 자기들처럼 은둔하는 것이 어떻겠냐는 권유였습니다.

자로가 돌아가 그 일을 공자에게 말하자 공자는 이렇게 말합니다.

"짐승들과 더불어 살 수는 없는 일이다. 내가 세상 사람들과 함께하지 않는다면 누가 함께하겠느냐? 천하에 도가 이루어졌다면 내가 구태여 나서서 애쓸 필요도 없을 것이다."

—《논어》〈미자微子〉

이것이 노자나 장자 같은 도가 사상과 다른 점입니다. 도가가 혼란한 세상에서 벗어난 자연 친화적 삶을 대안으로 삼았다면, 유가는 인간 사회 질서를 다시 세우는 것으로 문제를 해결하려 했습니다. 문제는 같은데 푸는 방법이 달랐습니다.

공자는 힘이 센가 약한가, 힘을 쓰는 게 가능한가 불가능한가를 중요하게 생각하지 않았습니다. 세상이 혼란할 때 작은 힘이라도 보태서 제대로 세우려고 노력하는 것이 올바른 사람의 태도이기 때문입니다. "아침에 도를 들으면 저녁에 죽어도 좋다[朝聞道 夕死可矣]"라는 말에서 그의 의연하면서도 간절한 열망을 읽을 수 있습니다. 이점이 공자의 매력이며 《논어》가 2500년을 내려올 수 있었던 이유겠지요. 올바른 길을 찾아 무슨 일이 있더라도 그 길을 가는 실천가의 온전한 모습이 《논어》에 담긴 공자입니다.

9강. 공자의 핵심, 인과 예

난세의 원인

공자는 노(魯)나라에서 태어났습니다. 약소국이었던 노나라는 주변 제(齊)나라의 위협을 받는 상황이었습니다. 주나라를 건국한 무왕의 아우이자 많은 사람에게 존경받는 주공(周公)이 분봉 받은 땅이라는 후광으로 나라를 유지해왔지만, 현실은 힘없고 초라했습니다.

힘은 약했지만, 노나라는 주나라의 전통을 잘 보존하고 있었습니다. 공자가 주나라 역사와 전통을 깊이 공부할 수 있었던 배경이기도 했습니다. 공자가 "옛것을 익히고 새것을 알면 스승이 될 수 있다"라고 한 말에서 그가 역사와 전통을 얼마나 중요하게 생각했는지 알 수 있습니다.

공자는 열다섯 살에 학문에 뜻을 두었다고 했습니다. 스무 살이 넘자 따르는 제자도 생겼죠. 서른에 홀로 섰다고 했으니 그때는 나라 안에 이름이 알려졌을 때라고 보아도 무방할 것입니다. 공자는 어떤 공부에 집중했을까요? 역사와 예(禮)였습니다. 당시 노나라에서는 전통 예법인 예를 익히고 가르치는 사람들이 있었습니다. 공자도 그런 사람 중 하나였지요.

공자가 오랫동안 역사와 예를 연구한 끝에 내린 난세의 원인과 대안은 무엇이었을까요?

> "주나라는 하나라와 은나라, 이 둘을 거울로 삼고 더 아름다운 문화를 갖추었다. 나는 주나라를 따를 것이다."
> —《논어》〈팔일八佾〉

여기서 주나라는 서주를 말합니다. 황제와 제후의 관계가 돈독해 질서가 잡힌 시대였습니다. 그 시대를 이상사회로 보고 전통을 회복하려는 것이 공자의 의도였습니다.

인과 예

공자가 주나라의 문화가 아름다웠다고 한 것은 인(仁)과 예(禮)가 잘 갖추어져 있었다는 뜻입니다. 인과 예는 공자의 핵심 사상으로 《논어》를 관통하는 키워드입니다. 세상이 혼란스러운 이유도 주나라의 덕이라고 할 수 있는 인과 예가 사라졌기 때문입니다. 그렇다면 인과 예는 도대체 무엇을 뜻하는 것일까요?

공자는 인은 '사람을 사랑하는 것'이라고 말합니다. 한자로 '어질 인'입니다. 어짊은 다른 사람을 배려하고 돕는 마음이죠. 어진 마음은 인간에게 부여된 본성으로 부모가 자식을 돌보고, 신하가 주어진 일에 충실하고, 친구가 서로를 살필 때 드러납니다. 한마디로 인을 행해야 사람입니다. 그런 점에서 인은 사람답게 사는 핵심이라고 할 수 있습니다.

예는 예절입니다. 우리가 다른 사람과 관계를 맺을 때를 생각해보세요. 어른을 보면 인사를 드리고, 친구를 보면 손을 내밀고, 반가운 사람을 보면 웃습니다. 이런 작은 하나가 모두 예입니다. 사람 사이에 지켜야 할 기본적인 태도죠. 예절이 없다면 어떻게 될까요? 서로 잘 지낼 수 없습니다. 상대방을 존중하는 마음이 예절로 나타나고 그것을 통해 상대방 마음을 알 수 있기 때문입니다. 예절이 무너지면 관계도 무너지죠. 아무리 가까운 사이라도 지켜야 할 선이 있고, 그 선은 예절을 통해 유지됩니다.

예의 확장된 모습이 규범입니다. 아리스토텔레스 말처럼 인간은 사회적 동물입니다. 함께 살아야 자기를 실현할 수 있습니다. 사람답게 살려면 사람과 함께 살아야 합니다. 자기를 실현하면서 타인과 공존의 길을 찾아야 하죠. 서로 자기 이익만 앞세우면 어떻게 될까요? 사회는 무너집니다. 그것을 방지하는 것이 규범입니다. 사람으로서 해야 할 것과 하지 말아야 할 것을 정해둔 것입니다. 그것을 가르치는 것이 교육이죠.

인이 마음이라면 예는 행동입니다. 인이 내용이라면 예는 형식입니다. 인이 인간성이라면 예는 그것의 드러남입니다. 인과 예가 무너졌다는 의미는 상대방을 아끼고 돌보려는 마음, 인간이 지켜야 할 태도가 무너졌음을 뜻합니다. 공자는 춘추전국시대가 인과 예가 무너져 혼란스러웠다고 분석했습니다.

그의 분석은 설득력이 있습니다. 제후가 황제를 무시하는 것, 위정자들이 백성들을 수탈하는 것은 인이 사라졌기 때문입니다. 인이 사라졌다는 점은 제후가 황제에게, 대부가 제후에게 올바른 예를 취하지 않음으로써 드러납니다. 공자는 노나라 세력가 계씨가 팔일무(八佾舞)를 즐겼다는 것을 알고 "팔일무를 자기 집 정원에서 즐길진데 무슨 일인들 못 할까"라며 비판합니다. 팔일무는 여덟 명이 여덟 줄을 만들어 예순네 명의 무희가 추는 춤입니다. 천자가 주관하는 행사에서만 허락된 춤인데 신하인 대부가 자기 힘을 믿고 즐기는 모습에서 예의 붕괴를 목도한 것입니다. 실제로 당시 노나라는 계손(季孫) 씨, 맹손(孟孫) 씨, 숙손(叔孫) 씨의 대부 집안 셋이 권력을 휘두르며 제후를 압박하고 있었습니다.

정명론

> **자로** 위나라 임금이 선생님을 모시고 정치를 한다면, 선생님께서는 장차 무엇을 먼저 하시겠습니까?
>
> **공자** 반드시 이름을 바르게 하겠다.
>
> **자로** 세상 물정 모르시는 말씀입니다. 어째서 이름 같은 것을 바로 잡겠다고 하십니까?
>
> **공자** 경솔하구나, 자로야. 군자는 자기가 알지 못하는 것에 대해서

는 함부로 말하지 않는 법이다. 이름이 바르지 못하면 말이 사리에 맞지 않고, 말이 사리에 맞지 않으면 일이 이루어지지 않는다. 일이 이루어지지 않으면 예악(禮樂)이 흥하지 못하고, 예악이 흥하지 못하면 형벌이 적절하지 않게 되고, 형벌이 적절하지 않으면 백성들은 손발 놓을 곳이 없게 된다.

—《논어》〈자로子路〉

공자는 올바른 정치를 위해서는 이름을 바로잡아야 한다[正名]라고 말합니다. 그가 말하는 이름은 무엇일까요? 이름은 자신의 위치에 맞게 따라야 하는 도의를 뜻합니다. 사람은 세상에서 차지하는 위치가 있기 마련이고 그 위치에는 마땅히 따라야 할 도리가 있습니다. 그것이 지켜지지 않으면 어떻게 될까요? 권위가 무너집니다. 아무도 그의 말을 따르려 하지 않습니다. 겉으로는 "예. 알겠습니다"라고 하지만 속으로는 "너 혼자 잘해봐"라고 할 겁니다. 자신의 지위에서 필요한 도의를 행할 때 말이 다른 사람에게 먹히는 법입니다.

작은 조직만 봐도 알 수 있습니다. 리더의 말이 그를 따르는 사람에게 먹히지 않는다는 것은 그가 자신의 도의를 다하지 못하고 있기 때문입니다. 말이 사리에 맞지 않는다는 것은 다른 사람에게 설득력 있게 들리지 않는다는 의미입니다. 당연히 일도 이루어지지 않습니다. 예악(禮樂)은 질서와 조화입니다. 예는 규범이며, 악은 조화입니다. 조직에 질서가 무너지고 서로의 역할이 조화롭지 않다면 상벌에 관한 판단도 어려워집니다. 구성원들은 무엇을 어떻게 해야 할지 막막할 뿐입니다.

타인과 함께 살아가야 하는 인간에게 이름은 중요합니다. 함께 산다는 것은 사회를 이룬다는 것이고 사회에는 각자의 지위와 역할이 있기 마련입니다. 이름은 자신의 역할을 제대로 수행하는 것입니다. 그것을 잘 따를 때 사회는 안정적으로 움직입니다.

예부터 동양은 사람을 관계로 이해했습니다. 서양이 '나는 누구인가'를 고민했다면, 동양은 '나는 누구와 어떤 관계인가'를 생각했습니다. 우리는 태어날 때부터 누구의 아들 또는 딸입니다. 학교에 가면 누구의 짝꿍이고, 직장에 가면 대리 혹은 과장입니다. 내가 누구인지보다 어느 직장에서 어떤 일을 하는지가 때로 나를 더 잘 설명해줍니다. 사람은 사회적 존재이기 때문에 사회에서 차지하는 지위도 중요한 의미를 지닙니다. 사람들과의 관계를 통해 나를 더 잘 알 수 있습니다.

동양적 사고에서 집단은 중요한 의미가 있습니다. 서양이 개체와 진리를 중요하게 여겼다면 동양은 가족과 집단, 현실에 집중했습니다. 누구네 둘째 아들, 어느 집 셋째 딸이 동양적 인간론이죠. 이에 따라 사람은 주어진 지위와 역할이 있고 그것을 잘 지키는 것이 중요하다는 결론에 자연스럽게 도달합니다.

"임금은 임금답고, 신하는 신하답고, 어버이는 어버이답고, 자식은 자식다워야 한다."

—《논어》〈안연顔淵〉

〈그림1〉주나라 종법 질서

공자의 정명론(正名論)을 대표하는 말입니다. 그 사람의 역할이 이름이나 직분과 일치하는가를 따지는 것이 정명입니다. 임금은 임금다운 모습을 실천해야 합니다. 신하는 신하답게 일하고, 어버이는 어버이답게 자식을 아끼고, 자식은 부모를 공경해야 합니다. 이것만 잘해도 세상은 큰 어려움이 없습니다. 춘추전국시대는 이것이 무너졌습니다.

〈그림 1〉은 주나라 종법 질서를 피라미드 형태로 나타낸 것입니다. 천자는 황제입니다. 그 아래 봉토를 받은 제후들이 해당 지역을 통치했습니다. 제후는 지역의 실력자라고 할 수 있는 대부들의 도움을 받았습니다. 실제로 춘추전국시대가 되면 제후가 천자를 무시하고, 대부가 제후를 죽이거나 쫓아내는 일이 흔했습니다. 서인은 피지배층인 백성들이죠.

원인을 뒤집으면 해법이 됩니다. 인과 예의 붕괴가 원인이니 그것을 회복하는 것이 해법입니다. 임금과 신하, 어버이와 자식이 자신의 역할을 충실히 하자는 것입니다. 이를 위해 군자가 먼저 모범을 보이고 다른 사람을 교화합니다. 사람은 다른 사람의 모습을 보고 따릅니다. 공자가 "임금은 예로써 신하를 부리고, 신하는 충으로써 임금을 섬겨야 한다"라고 강조한 이유입니다.

인의 실천, 충과 서

인은 사람 관계에서 여러 가지 모습으로 나타납니다. 부모와 자식 사이, 군주와 신하 사이, 친구 사이, 이웃 사이의 성격에 따라 인의 모습은 달라집니다. 그것이 효(孝), 자애(慈愛), 의(義), 신(信)과 같은 유학의 덕목들입니다. 그리고 이런 덕목의 실천은 충(忠)과 서(恕)를 통해서 가능합니다.

어느 날 공자가 "나의 도는 하나로 관통한다"라고 말하자 다른 제자들이 뜻을 몰라 의아해합니다. 그러자 증자가 명쾌하게 공자의 말을 풀어냅니다.

"선생님의 도는 충과 서입니다."

충(忠)은 충실한 마음입니다. 글자 그대로 풀자면 마음이 중심에 자리 잡은 것이죠. 중심이란 자신의 지위에 최선을 다하는 태도입니다. 인과 예에 따라 명분에 맞게 하는 것이 충입니다. 일에 열성을 다하는 것, 부모 봉양에 노력하는 것, 동료에게 친절한 것, 고객을 속이지 않는 것 등이 충의 모습이죠.

서(恕)는 무슨 의미일까요?

자공이 "평생 실천할 한 마디가 있습니까"하고 묻자 공자가 이렇게 답했습니다.

> "서(恕)다. 자기가 원하지 않는 일은 남에게도 시키지 않는 것이다."
> —《논어》〈위령공衛靈公〉

기소불욕 물시어인(己所不欲 勿施於人). 자기가 원하지 않으면 남도 원하지 않습니다. 내가 원하면 남도 원하겠지요. 내 마음을 잘 살피면 타인의 마음도 알 수 있습니다. 이것이 서입니다. 서는 같을 여(如)에 마음 심(心) 자가 붙은 것입니다. 다른 사람과 마음이 같아지는 것이죠. 타인의 마음을 알고 행동하라는 것입니다.

세상은 반대로 움직이는 듯합니다. 내가 하기 싫으니 상대방에게 시킵니다. 공자의 시대가 그랬습니다. 군주들은 부국강병을 위해 백성들을 가혹하게 수탈했고 전쟁터로 내몰았습니다. 신하들은 힘을 숨긴 채 웅크리며 제후를 칠 기회만 엿보았습니다. 사정이 이러니 인과 예는 무너지고 자기 이익을 좇아 아귀다툼을 벌일 수밖에 없었습니다.

서는 현대인의 인간관계에도 중요한 메시지를 던집니다. 타인의 마음을 생각하면서 행동하는 것이야말로 좋은 관계를 맺는 근본적인 태도니까요. 그때 필요한 것이 상상력입니다. 타인의 마음을 짐작하려면 상상력이 필요합니다. 타인의 마음을 상상하는 적은 노력이 좋은 관계를 낳고 세상을 아름답게 하는 것이죠.

정리하자면 공자는 인과 예가 확립된 세상을 재건하려고 했습니다. 인은 다른 사람을 사랑하는 것이고 예는 사회적 규범을 확립하는 것입니다. 인의 마음으로 예를 실천하며 맡은 바 임무에 충실할 때 사회는 안정을 찾을 수 있습니다. 이때 인과 예를 실천하는 방법이 충과 서입니다. 진실한 마음으로 일과 관계에 충실하고 상대를 이해하고 배려심을 발휘한다면 조화로운 음악같이 아름다운 세상을 만들 수 있습니다.

10강. 철학이 필요한 이유,
곤궁할 때 빛나는 철학

인번거노

공자와 제자들이 뜻을 알아줄 제후를 찾아 천하를 주유하다 채나라와 진나라 사이에서 곤란한 상황에 빠집니다. 군사들에게 쫓기다 양식이 다 떨어지고 제자들도 병이 들어 드러눕고 말았습니다. 그런 상황에서도 공자는 거문고를 타고 시를 읊었습니다. 성질 급한 자로가 화가 났는지 스승에게 퉁명스럽게 묻습니다.

"군자도 곤궁할 때가 있습니까?"

공자가 답합니다.

"군자는 곤궁해도 동요하지 않지만, 소인은 곤궁하면 무슨 짓이든 한다."

―《논어》〈위령공〉

공자의 의연함이 돋보이는 이야기입니다. 공자는 소크라테스, 석가모니, 예수 그리스도와 함께 세계 4대 성인에 이름이 올라 있습니다. 위대한 인물임이 분명하지요. 하지만 척박한 삶의 현장에서 어찌할까 고뇌하는 평범한 인간이기도 했습니다. 세 살 때 아버지를 잃고 열여섯 살 때 어머니마저 돌아가셨으니 삶이 얼마나 고단했을지 짐작이 갑니다. 학문에 뜻을 두었음에도 생존을 위해 일거리를 찾아다녀야 했습니다. 당시 권력자 계손 씨의 집에서 창고지기, 가축 관리를 맡아 생계를 잇기도 했습니다.

　나이가 들면서 공부로 자리를 잡아갑니다. 서른이 되면서 홀로 섰다고 자부할 정도가 됩니다. 능력과 인품을 인정받아 노나라 정공이 발탁해 중도(中都)의 재(宰, 지금의 서울시장 같은 지위) 자리에 오릅니다. 그때가 쉰한 살이었습니다. 관직에 나아간 공자는 본격적으로 능력을 발휘합니다. 법을 공정하게 집행하고, 인재를 널리 구했으며, 덕을 실천하여 백성들의 칭송이 자자했습니다. 덕분에 노나라는 점차 안정을 찾아가죠. 길거리에 물건이 떨어져도 줍는 사람이 없었고, 상인들은 저울을 속이지 않게 되었습니다. 그 공로를 인정받아 쉰다섯 살 때 대사구(大司寇, 지금의 법무부 장관) 벼슬에 오르게 됩니다.

　그러자 공자 때문에 노나라가 강력해질까 불안해진 제나라가 방해 공작을 펼칩니다. 아름다운 무희 여든 명과 준마 예순 필을 노나라에 선물로 보낸 것입니다. 노나라 실권자였던 계환자는 제나라 선물에 눈이 휘둥그레졌습니다. 눈치를 보던 정공도 민생순찰을 평계로 나가서 무희들과 사흘을 즐기고 돌아오죠.

아, 이런! 공자는 노나라에 미래가 없음을 직감하고 마음이 상했습니다. 스승을 지켜보던 자로가 말합니다.

"스승님, 노나라를 떠날 때가 된 것 같습니다."

공자는 며칠 후 하늘에 제를 지내는 의식이 있는데 만약 정공이 대부들에게 제사 지낸 고기를 나누지 않으면 그때 떠나겠다고 대답합니다. 옛 전통에 따르면 제후가 하늘에 제사를 지낸 후에는 그 음식을 대부들과 나누는 것이 예였습니다. 그런데 정말로 무녀에게 빠진 정공은 제사를 지내고도 음식과 고기를 나누지 않았습니다. 공자는 "군주가 여인을 좋아하면 군자는 떠나고, 군주가 여인을 너무 가까이하면 나라는 망한다"라는 말을 남기고 제자들과 함께 노나라를 떠납니다. 이것이 인번거노(因膰去魯), 제사 고기를 보내주지 않아 노나라를 떠난 이야기입니다. 13년 동안 이어지는 주유천하의 시작입니다.

위나라에서

사람이 뜻을 이루려면 사회 속에서 역할을 찾아야 합니다. 요즘 말로 일자리를 찾아야 하죠. 공자의 주유천하는 자기 뜻을 펼칠 곳을 찾아 떠난 고달픈 여정이었습니다. 그렇게 도착한 곳이 위나라였습니다. 공자를 높이 인정한 위나라 군주 영공은 공자가 노나라에서 받던 만큼의 녹봉을 주며 일을 맡기려고 합니다. 그러자 위나라 신하들이 반대합니다. 굴러온 돌을 경계하는 것은 박힌 돌의 한결같은 모습입니다. 신하들 견제에 흔들린 영공이 부하를 시켜 공자를 감시하게 합니다. 감시당하는 사람의 기분이 좋을 리 없지요. 토라진 공자는 위나라를 뒤로합니다.

　다음 목적지는 진나라. 가는 도중에 무뢰배 무리로 오해받아 길이 막히기도 하고 제자 안연을 놓치기도 했습니다. 힘들게 진나라로 가는데 실권자였던 조간자의 사람됨을 알게 된 후 진나라행을 포기합니다. 어쩔 수 없이 위나라로 돌아오죠. 위나라 영공이 마중을 나올 정도로 환대를 받고, 위령공 부인 남자(南子)에게 만나자는 제안도 받습니다. 남자는 행실이 음험하기로 널리 알려진 데다가 위령공을 뒤에서 조종할 정도로 정치에 적극적이었습니다. 처음에는 거절하던 공자가 마음을 바꿔 초대에 응합니다. 괜찮은 기회를 얻을 수 있지 않을까 하는 생각이었을 겁니다. 공자를 만난 남자의 태도는 실망스러웠습니다. 군자라고 알려진 공자를 슬쩍 떠보고 유혹까지 했던 모양입니다. 유명 연예인과 밥 먹고 팔짱 끼고 사진 찍는 그렇고 그런 초대 행사 정도로 보면 될 듯합니다. 결국, 별 소득도 없이 돌아오고 말았지요.

　공자가 남자를 만났다는 사실을 알게 된 자로가 스승의 모습이 마음이 들지 않았는지 투덜거렸습니다. 머쓱해진 공자가 변명 아닌 변명을 합니다.

> "만일 내가 조금이라도 사악한 마음이 있었다면 하늘이 나를 용서하지 않을 것이다. 하늘이 나를 용서하지 않을 것이야!"
> ―《논어》〈옹야雍也〉

공자의 인간적인 면이 엿보지 않나요? 혹시 좋은 자리라도 얻을 수 있지 않을까 해서 갔다가 괜히 제자들 눈총만 받게 되었으니 얼마나 무안했을까요. 아무 일도 없었다고, 자신은 결백하다고, 목청을 높여 하늘을 끌어들입니다. 그 장면을 머릿속에 그려보면 웃음이 쏟아집니다.

얼마 후, 남자가 영공을 통해 공자를 다시 초대합니다. 영공의 부름을 받고 달려가 보니 야외로 나갈 수레가 준비되어 있었습니다. 군주와 정치에 관한 이야기를 할 기회를 기다리던 공자는 힘이 쏙 빠집니다. 돌아갈 수도 없는 노릇이라 뒤를 따랐습니다. 앞에서는 영공과 남자 부부가 화려한 수레로 나아가고, 그 뒤를 공자의 수레가 따랐습니다.

군주가 행차하니 백성들이 잔뜩 구경을 나왔습니다. 영공과 남자는 한껏 어깨에 힘을 주고 백성들 사이를 누볐습니다. 공자와 친분을 과시하며 자신의 위상을 높이는 기회로 삼았던 것입니다. 그날 공자는 그들의 들러리에 불과했습니다. 분통이 터졌겠지요. 등용될 기회를 얻으려 기웃했던 자신이 미웠을 겁니다. 인과 예를 지키는 군자의 길을 말하면서도 제후들에게 자기를 팔아야 하는 현실, 그것이 공자 앞에 놓인 고단한 길이었습니다.

재능을 팔아 뜻을 이루는 것은 지식인의 영원한 과제입니다. 공자는 자신을 확실하게 믿어주는 제후를 만나 기량을 한껏 발휘하여 천하를 안정시키는 멋진 이상을 품었습니다. 그러자면 재능을 펼칠 기회가 있어야 합니다. 그런데 그것이 쉽지 않습니다. 면접이 이만저만 까다롭지 않지요. 면접에 통과되어도 기득권 선배들의 견제가 엄청났습니다. 시원하게 사표를 던지고 싶지만, 또 면접 보러 다닐 생각에 망설이게 됩니다. 그러다 보니 더욱 간절해지는 것이 자신을 후원해줄 확실한 제후였습니다.

상갓집 개

위나라에서 두 번이나 찬밥 신세가 된 공자는 그곳에서 기대할 것이 없음을 확신합니다. 갈 곳도 정하지 못하고 출발합니다. 그렇게 도착한 곳은 송나라였습니다. 송나라 대부 중에 환퇴라는 사람이 있습니다. 그는 영생을 누리기 위해 자신의 무덤을 돌로 만들고 있었는데 3년이 지나도 완성이 되지 않았습니다. 공자가 그 이야기를 듣고 환퇴를 비난합니다.

이에 앙심을 품은 환퇴가 공자를 죽이겠다며 엄포를 놓았고, 공자와 제자들이 토론하는 곳으로 달려와 그들이 의지하고 있는 큰 나무를 뽑아버렸습니다. 제자들은 환퇴의 무력이 무서우니 급히 송나라를 탈출하자고 합니다. 공자는 "하늘이 나에게 덕을 주셨는데 환퇴가 날 어찌할 수 있겠느냐?"는 말로 대범함을 보이지만, 실제로는 제자를 다그쳐 달아나듯 떠나왔습니다.

서둘러 정나라에 도착했으나 너무 황급히 오는 바람에 제자들과 헤어지게 되었습니다. 공자는 혼자 떨어져 성 외곽에 있는 동문 밑에 있었습니다. 공자를 찾아 헤매던 자공이 이리저리 수소문하고 다녔는데, 정나라 사람이 자공이 말하는 인상착의와 비슷한 사람이 동문에 서 있는 것 같다면서 일러줍니다.

"헐벗은 모습이 마치 상갓집 개와 같았습니다."

자공이 급히 달려가 보니 정말 공자였습니다. 자공이 정나라 사람이 한 말을 그대로 전하니 공자가 웃으며 이렇게 대답했습니다.

"내 꼬락서니가 그랬을 것이다. 상갓집 개와 같을 것이다. 그랬을 거야. 그랬을 거야!"

송나라를 정신없이 탈출하다 보니 제자들과 헤어지고 날은 저물어 어두운데 오갈 데가 없이 처량한 신세가 되었습니다. 비라도 내렸는지 바짓가랑이는 젖어 늘어졌고 날씨는 싸늘해서 옷깃을 여미고 오들오들 떨고 있습니다. 큰 뜻을 품고 천하를 주유하는 대학자가 상갓집 개처럼 웅크리고 앉은 모습, 그것을 흔쾌히 받아들이고 인정하는 공자의 호기. 짠한데 웃음이 납니다. 그릇이 큰 사람은 자기를 가지고 놀 수 있는 사람입니다.

상갓집 개 이야기는 당시 공자의 상황을 비유적으로 보여주는 것이기도 합니다. 손님맞이로 분주한 상갓집에 개는 귀찮은 존재일 뿐입니다. 자신의 집마저 내어주고 의지할 곳 없이 떠도는 것이 상갓집 개의 처량한 모습입니다. 천하를 안정시키겠다는 원대한 꿈으로 주유를 떠났지만 받아주는 사람 없이 떠돌아야 하는 초라한 지식인의 모습이 겹쳐집니다.

발분망식

공자의 주유는 계속되어 진나라, 채나라, 초나라로 이어집니다. 당시 강대국 초나라의 소공은 영특한 인물로 알려져 있었습니다. 이제 예순한 살이 된 공자는 초나라 섭(葉) 땅에 도착합니다.

> 초나라의 대부 섭공(葉公)이 자로에게 공자에 관해 물었습니다. 자로가 대답하지 못하고 돌아옵니다. 그러자 공자가 자로를 불러 말합니다.
> "너는 어찌하여 '그는 무엇인가에 분발하는 마음이 생기면 밥 먹는 것도 잊고, 그것이 즐거워 근심을 잊으며, 늙음이 다가오는 것도 알지 못한다'라고 말하지 않았느냐?"
> —《논어》〈술이述而〉

공자의 안타까운 목소리가 여기까지 들리는 듯합니다. 섭공에게 자신을 잘 소개했다면 등용의 기회를 얻을 수 있었을지도 모르는데 자로가 망쳤다는 아쉬움의 탄식입니다. 자로는 왜 스승을 자랑하지 않았을까요? 지금까지 스승의 품격을 지켜주려는 자로의 행동으로 봤을 때 일부러 그런 것이 아닐까 하는 생각도 듭니다. 급하다고 상대방이 어떤 사람인지 알아보지도 않고 의탁할 수 없는 노릇입니다. 고지식한 자로라면 그럴 수도 있을 겁니다.

여기서 멋진 사자성어가 등장합니다. 발분망식(發憤忘食), 무엇인가 열심히 하느라고 밥 먹는 것을 잊는다는 말입니다. 요즘 말로 몰입입니다. 사람은 자기 일에 깊이 빠져 있을 때 멋지게 보이는 법입니다. 그 일이 무엇이든 하나에 몰두하고 있는 모습은 숭고하기까지 합니다. '낙이망우(樂以忘憂)', 그것이 즐거워 근심도 잊을 정도라니 대단한 몰입력입니다. 재미있는 것은 이런 말을 공자가 자기 입으로 했다는 것입니다. 일종의 자기소개입니다. 자기 자랑이 경지에 오른 모습이지요. 부러운 점은 공자가 자기를 안다는 것입니다.

드디어 공자는 초나라 소왕을 만납니다. 배포가 컸던 소왕은 700리의 땅을 내려주겠다며 그를 중용할 뜻을 비칩니다. 그러자 초나라 영윤 자서(子西)가 왕을 설득합니다. 왕의 신하 중에 공자의 제자들에 비견될 만한 사람이 몇이나 있느냐고 묻습니다. 사실 공자 제자들은 실력이 출중했습니다. 만약 그들이 초나라 주요 관직을 차지한다면 공자에게 초나라를 넘겨주는 꼴이 될 것이라고 간언합니다. 여기서도 박힌 돌의 견제가 먹혔습니다. 공자는 절호의 취업 기회를 또 놓치고 맙니다. 게다가 소왕이 이내 죽고 말았으니 등용은 완전히 물 건너간 셈입니다.

공자의 천하 주유는 로드 무비 같습니다. 길 떠난 사람은 수많은 모험을 통해 자기를 발견하고 깨달음을 얻습니다. 출발하기 전과 돌아온 후의 겉모습은 같지만 속은 다릅니다. 모험이 그를 성장시키죠. 제자들이 그랬습니다. 자공, 자로, 염유 등 많은 제자가 여러 나라로 진출해서 실력을 발휘합니다. 그중 염유는 노나라 계손 씨 밑에서 나랏일을 보고 있었습니다. 활약이 대단했죠. 계강자에게 스승 공자를 추천해서 초빙하게 합니다. 계강자의 초빙을 받은 공자는 지친 몸을 이끌고 고향으로 돌아옵니다. 그때 나이 예순여덟 살

이었습니다. 13년간의 천하 주유가 끝났습니다. 참으로 고단하고
질긴 여정이었네요.

진정한 도

처음 이야기로 돌아가 보겠습니다.

> 초나라로 가던 공자 일행이 채나라와 진나라 사이에서 길이 막히고
> 군사들에게 쫓겨 일주일 동안 굶주리고 지쳐 병에 시달렸습니다. 이런
> 상황에서 자로가 '군자도 곤궁할 때가 있냐'고 묻습니다. 제자들의 불
> 안과 동요를 감지한 공자가 말합니다.
> "너희들은 내가 무슨 잘못이 있어서 이 고생을 하고 있다고 생각하
> 느냐?"
> 자로는 '우리의 인덕이 부족하여 사람들이 믿지 못하는 것 같다'라
> 고 하고, 현실적인 자공은 '사부님의 이상이 너무 높으니 보통 사람들
> 에게 맞도록 이상과 현실을 절충하면 어떻겠냐'고 합니다. 마지막으
> 로 안연이 말합니다.
> "스승님의 도는 너무 커서 사람들이 알아보지 못하는 것입니다. 받
> 아들여지지 않아야 진정한 도가 아니겠습니까?"
> —《논어》〈위령공〉

쇼펜하우어는 진리가 인정받는 데 세 단계를 거친다고 했습니다.
처음에는 말도 안 되는 소리라고 조롱당하고, 두 번째는 안 된다며

거부당하고, 마지막에는 자명한 진리로 인정받습니다. 당시 공자의 철학이 그와 같았습니다. 말도 안 된다며 조롱당하고, 안 된다며 거부당하면서도 자기 길을 가는 사람, 그 사람은 자기 철학으로 사는 사람입니다.

11강. 공자의 도를 네 글자로 말하면, 극기복례

삶의 질을 높이는 두 가지

공자가 제나라 경공을 만났습니다. 경공이 사람 보는 눈이 있었는지 공자를 대부로 삼아 나랏일을 시키려고 했습니다. 그러자 재상 안영이 반대하고 나섰습니다. 안영은 청렴하고 강직한 데다 제나라를 잘 다스려 존경하지 않는 사람이 없는 인물이었습니다. 그런 그가 왜 공자 등용을 반대했을까요?

"공자는 언변이 좋고 융통성이 많아 감당하기 어렵습니다. 공자는 산 사람을 섬기듯 죽은 사람을 섬길 것을 주장하면서 장례를 후하게 치러야 한다고 하는데 그러면 백성들에게 피해가 돌아갈 것입니다. 주나라가 무너지고 예악(禮樂)이 유명무실해진 상황인데 옛 주나라 규범을 중요시하는 것은 맞지 않습니다."

—《사기》〈공자세가孔子世家〉

안영이 공자 등용을 반대한 이유는 '현실성에 맞지 않는다'라는 것이었습니다. 실제로 당시 어떤 제후도 공자를 등용하지 않았습니다. '말은 맞는 말인데……', 이것이 공자 사상의 현실이었죠.

재미있는 사실은 공자가 찾아간 나라 제후들이 그를 무척 반겼다는 점입니다. 당시 제후들이야 나라를 부강하게 만들어줄 실력 있는 사람을 널리 구하고 있었으니 현실적인 이유가 컸을 겁니다. 물론 공자는 단순한 유세객이 아니었습니다. 대접받는 손님이었습니다. 등용되지는 못했지만 홀대받지는 않았다는 말입니다. 물론 견제 세력들 때문에 죽을 고비를 여러 번 넘겼고, 식량이 떨어져 굶기도 했지만, 그것은 정치적 상황이 그렇게 만든 것이었을 뿐 어디까지나 공자는 존경받는 대학자였습니다.

삶의 질을 높이려면 두 가지를 갖추어야 합니다. 하나는 경제적 여유이고, 다른 하나는 인간적 존중입니다. 공자는 경제적으로 풍족하지는 않았지만, 사회적으로는 세인의 존경을 받았습니다. 현실성 없는 주장을 하는 그가 존경받은 이유가 무엇일까요? 그가 보여준 품격 때문이었습니다. 품격이란 한 사람의 품성과 인격을 말합니다. 공자에게는 남들이 범접할 수 없는, 제후들조차 쉽게 다루기 어려운 품격이 있었습니다. 이런 품격을 갖춘 사람을 공자는 군자(君子)라고 불렀습니다.

"군자는 의(義)에 밝고 소인은 이익에 밝다."

—《논어》〈이인里仁〉

군자는 지배계층을 지칭하기도 하고, 정치하는 사람 혹은 지도자를 뜻하기도 합니다. 요즘 말로 리더죠. 리더는 의를 따릅니다. 무엇이 올바른지 생각하고 그것에 충실하다는 말입니다. 반면 소인은 이익을 따르죠. 군자는 큰돈을 벌 수 있다고 해도 올바르지 않다면 하지 않습니다. 소인은 돈이 되면 무슨 일이든 합니다. 이 때문에 군자가 존경받습니다. 돈보다 더 중요한 것이 있다는 것을 알고 그것을 지킵니다.

21세기에 인문학을 배우고, 공자를 살피는 이유가 무엇일까요? 좋은 삶을 위해서입니다. 좋은 삶을 살려면 우리 눈을 흐리는 이미지와 귀를 어지럽히는 수많은 소리를 낮추고 세상과 사람을 명쾌하게 볼 수 있어야 합니다. 그러려면 우리가 잃어버린 가치가 무엇인지 되짚어보고 가려진 의미를 되찾아야 합니다.

극기복례

공자는 "이익을 따르면 원한을 사는 일이 많아진다"라고 말합니다. 다른 사람도 이익을 원하기 때문입니다. 내가 이익을 좇을 때, 나와 타인은 갈등 혹은 경쟁 관계가 됩니다. 당연히 관계가 나빠지거나 원한 사는 일이 많아지겠지요. 의를 따르면 어떨까요? 품격 있는 사람으로 존경받습니다. 품격 있는 사람, 군자, 리더의 조건은 자기 이익을 넘어 전체를 위해 필요한 것이 무엇인지를 알고 실천하는 것입니다. 주희는 《논어》를 한 문장으로 정리할 수 있는 말이 '극기복례(克己復禮)'라고 했습니다.

> "인(仁)이란 자기를 이기고 예(禮)로 돌아가는 것이다."
> ─《논어》〈안연〉

자기를 이기고 예로 돌아가는 것이 극기복례입니다. 자기를 이긴다는 말은 무슨 의미일까요? 개인의 이익을 위하는 마음, 나 혼자 잘 먹고 잘살겠다는 욕망을 극복하는 것입니다. 사회적으로 필요한 일을 할 수 있는 사람이 되는 것이죠. 남들보다 많이 가지고 싶은 마음, 규칙을 어기고 싶은 마음, 내 마음대로 하고 싶은 마음을 이겨내야 합니다. 그럴 때 예를 실천할 수 있습니다.

직장 내에서든 친구 사이에서든 평판이 좋은 사람이 있습니다. 자기 것을 내어주는 사람입니다. 밥을 잘 사는 사람, 남들이 귀찮아하는 일에 나서는 사람, 이기심보다 이타심이 앞서는 사람이죠. 사심이 적고 자기 것을 내어주기 때문에 다툴 일이 없습니다. 오히려 주변 사람들이 그를 챙깁니다. 자기 돈 아깝지 않은 사람은 없습니다. 그런데도 흔쾌히 밥을 사는 이유는 다른 사람을 생각하는 마음이 있기 때문입니다. 욕심을 이기고 타인을 생각하며 세상에 필요한 일을 하는 사람이 군자, 리더입니다. 그런 사람이 세상을 이끌어야 좋은 사회가 된다는 것이 공자의 생각이었습니다.

화이부동

"군자는 화합하면서도 같지 않고, 소인은 같아 보이면서도 화합하지 못한다."

―《논어》〈자로〉

군자는 다른 사람과 잘 어울립니다. 그러면서도 같아지려 하지 않습니다. 화이부동(和而不同), 화합하되 자기 철학을 지키며 나아갑니다. 나와 다르다고 비난하거나 불평하지도 않죠. 다른 사람의 방식을 인정하고 받아들이기에 화합할 수 있습니다.

소인은 다름을 견디지 못합니다. 생각이 다른 사람을 만나면 상대방이 잘못되었다고 지적합니다. 그러면서도 화합을 외칩니다. 화합하려면 차이를 인정해야 하는데, 그런 모습은 없고 하나 됨만 강조합니다. 말로만 단결을 외친다고 하나가 되는 것은 아닙니다. 겉으로만 그런 척할 뿐이죠.

다른 생각, 다른 행동을 받아들이려면 어떻게 해야 할까요? 생각이 커야 합니다. 어떻게 생각을 크게 할 수 있을까요? 범주를 넓혀야 합니다. 너와 나를 넘어 우리를, 경상도 사람과 전라도 사람이 아니라 한국 사람을, 한국과 중국을 넘어 인류의 관점에서 봐야 합니다. 인간이 아닌 존재의 시각으로 보는 것이죠. 소인은 눈앞에 보이는 것을 중요하게 여깁니다. 이익을 따지고, 작은 것에 시비가 붙는 이유입니다. 군자는 멀리 크게 보는 사람입니다. 큰 범주에서 사유하는 철학자입니다. 공자가 "멀리 보는 바가 없다면 가까운데 근심이 있게 된다"라고 한 이유입니다.

품격의 근거

> 자로가 석문이라는 지역에서 머무르게 되었는데 그곳의 문지기가
> 물었습니다.
> "어디에서 오셨소이까?"
> "공 씨 문하에서 왔습니다."
> 자로의 대답을 들은 문지기는 이렇게 말합니다.
> "안 되는 줄 알면서도 하는 그 사람 말이군요."
> ―《논어》〈헌문憲問〉

공자는 실패한 학자였습니다. 하지만 인과 예가 통하는 대동사회를 만들기 위한 노력을 멈추지 않았습니다. 보통 사람은 안 된다 싶은 일은 안 합니다. 안 되는 일을 억지로 하는 사람을 바보라고 여깁니다. 훌륭한 사람은 안 되는 줄 알면서도 합니다. 불가능한데도 도전합니다. 이유가 무엇일까요? 옳기 때문입니다. 칸트는 이것을 '선의지'라고 했습니다. 옳기에 마땅히 해야 할 의무로 받아들이고 그것을 따르려는 의지입니다.

공자가 성인으로 추앙받고 《논어》가 고전으로 여전히 널리 읽히는 이유는 그가 놀라운 업적을 남겼거나 뛰어난 문장을 구사해서가 아닙니다. 자기 이익을 넘어 세상을 위한 행동을 실천했기 때문입니다. 인간이 보여줄 수 있는 품격을 삶으로 보여주었던 것이죠.

남이 알아주지 않아도

현대인은 행복을 위해서 사는 것 같습니다. 그런데 행복이 쉽게 얻어지지 않습니다. 왜 그럴까요? 공자는 "군자는 늘 평온하고 느긋하지만, 소인은 늘 근심에 싸여 있다"라고 말합니다. 군자가 평온하고 느긋한 이유는 자기 철학에 따라 올바름을 행하기 때문입니다. 소인이 근심에 싸여 있는 까닭은 눈앞의 이익을 놓칠까, 혹시나 손해를 볼까 노심초사하기 때문입니다. 그런 점에서 극기복례의 길은 진정한 행복에 이르는 길이기도 합니다.

안영은 공자의 주장이 나라에 도움이 되지 않는다는 것을 알고 있었습니다. 당시 상황으로 보면 올바른 판단이라는 생각도 듭니다. 안영이 놓친 것이 있다면 오히려 공자 사상의 비현실성이 지금까지 공자를 지탱시켜오고 있다는 점입니다.

스승을 오랫동안 지켜본 제자들은 《논어》에서 공자의 모습을 이렇게 기록하고 있습니다.

> "공자께서는 따뜻하면서도 엄숙하셨고, 위엄이 있으면서도 사납지 않으셨으며, 공손하면서도 편안하셨다."
>
> —《논어》〈술이〉

남이 알아주지 않아도 자기 철학에 따라 묵묵히 길을 가는 사람만 얻을 수 있는 상반되는 가치의 공존, 이것이 공자의 품격이었습니다.

12강. 공부의 달인에게 배우는
집중 공부법

일이관지

천하를 주유하고 돌아온 공자는 제자를 양성하는 일에 몰입합니다. 사마천에 따르면 그를 따르는 핵심 제자만 일흔두 명이었고 전국에서 찾아온 사람들이 3천 명이 넘었다고 합니다. 공자는 이들을 어떻게 가르쳤을까요? 공자가 강조하는 공부의 방법은 한마디로 일이관지(一以貫之)였습니다.

> 공자가 자공에게 물었습니다.
> "사야, 너는 내가 많은 것을 배워서 여러 방면에 통달한 사람이라고 생각하느냐?"
> "그렇다고 생각합니다. 아닙니까?"

자공의 대답에 공자가 말합니다.

"그렇지 않다. 나는 하나로 모든 것을 꿰뚫고 있을 뿐이다."

—《논어》〈위령공〉

일이관지, 하나로 다른 것을 꿰뚫는다는 뜻입니다. 요즘 말로 통찰력이죠. 공자의 공부법은 하나를 명확하게 이해해서 다른 분야도 짐작하는 것입니다. 잡다한 여러 가지를 널리 배우는 것이 아니라 꼭 필요한 부분에 천착해서 이치에 통달할 때까지 익히는 것입니다. 성리학에서 강조하는 격물치지(格物致知)와 연결되죠. 이것은 제자였던 자하의 말에서도 고스란히 드러납니다. "비록 작은 기술이라도 볼 만한 것은 있지만, 깊은 경지에 이르는 데 장애가 될까 염려되어 군자는 그런 것을 하지 않는다." 훗날 주희는 작은 기술[小道]을 농사, 의술, 점복 등으로 이해했습니다. 군자는 세상과 인생을 경영하는 큰 생각을 가져야 하는데 작은 것에 매몰되어서는 안 된다는 점을 강조한 것입니다.

왜 작은 것에 매몰되지 말라고 했을까요? 시간이 부족해서입니다. 공부하다 보면 모르는 것이 많다는 사실을 알게 됩니다. 한 분야를 제대로 아는 데 엄청난 시간이 소요됩니다. 이것저것 손대다가는 얻은 것도 없이 백발일 겁니다. 그런 점에서 공자의 공부법은 포커싱입니다.

군자불기

"군자불기(君子不器), 군자는 그릇이 아니다."
—《논어》〈위정爲政〉

예전부터 사람은 그릇에 비유되곤 했습니다. '그릇이 크다'라는 말은 인품이 훌륭하고 크게 될 사람이라는 의미였습니다. 노자의 《도덕경》에서도 '대기만성(大器晩成)'이라는 구절이 등장하죠. 큰 그릇은 늦게 이루어진다는 의미입니다. 그런데 왜 공자는 '군자는 그릇이 아니다'라고 했을까요?

그릇은 사람의 품성을 뜻하기도 하지만, 한편으로는 특정한 용도의 도구를 의미하기도 합니다. 밥그릇은 밥을, 국그릇에는 국을, 접시에는 반찬이나 과일을, 종지에는 간장을 담습니다. 그릇에는 정해진 용도가 있습니다. 군자불기는 '군자는 특별한 용도가 없다'라는 의미로 이해됩니다.

특별한 용도가 없다면 쓸모가 없다는 말일까요? 오히려 그 반대입니다. 군자는 하나의 전문기술을 가지고 있어 그것으로 살아가는 사람이 아닙니다. 그런 사람은 기술자죠. 군자는 전문 기술자가 못하는 일을 하는 사람입니다. 세상의 문제를 감지하고 원인을 살펴 대안을 제시하는 사람이 군자죠.

하나에 뛰어나다는 것은 분명 좋은 일입니다. 하지만, 그것이 단점이 될 수도 있습니다. 하나에 뛰어나면 그것에 매몰되어 다른 것을 보지 못하기 때문입니다. 에이브러햄 매슬로는 "망치를 잘 다루는 사람은 모든 것을 못으로 본다"라고 했습니다. 기획자는 기획으로 해결하려고 하고, 엔지니어는 기술로, 마케터는 판매로 접근합니다. 리더는 어떨까요? 시대를 읽고, 인간을 살피고, 변수를 고려하며 통찰로 접근합니다. 문제를 바라보는 층위가 다릅니다. 리더는 그릇이 아니며 그 이상이어야 하죠. 그런 점에서 리더는 철학자의 기질이 필요합니다.

집중 독서

제가 집중 독서라고 부르는 방법이 있습니다. 한 분야를 골라 그것만 집중적으로 파고 들어가는 공부입니다. 보통 여섯 달 정도 기간을 정하고 한 분야만 읽습니다. 여러 분야를 골고루 읽는 것보다 훨씬 효과적입니다. 공자도 집중 독서를 했습니다. '위편삼절(韋編三絶)'이 그것을 말해줍니다. 《주역周易》에 심취해서 죽간을 묶은 가죽끈[韋]이 세 번이나 끊어질 정도로 읽었습니다.

인문학은 생활의 문제를 해결해주는 학문이 아닙니다. 돈이 되는 것도 아닙니다. 그런데 우리 시대에 인문학이 강조되고 있습니다. 이유가 무엇일까요? 통찰력 때문입니다. 기술이 급속히 발전하는 시대에 공학 기술은 분명 중요합니다. 문제는 아무리 새로운 기술을 개발해도 금방 다른 기술로 대체된다는 것입니다. 이럴 때는 '얼마나 빨리하는가'도 중요하지만, '무엇을 하는가'는 더 중요합니다. 속도보다 변화에 대한 예측과 대응이 중요하다는 말입니다. 그때 중요한 것이 맥락을 읽고 꿰뚫는 통찰력입니다.

문득 궁금해집니다. 공자는 어떻게 공부했을까요?《논어》를 통해 유추해볼 수 있는 그의 공부법은 사랑입니다. 공부는 끌림에서 시작됩니다. 플라톤은 "앎의 시작은 경외다"라고 했습니다. 놀라움을 경험한 사람은 충격에 빠지죠. 충격에 빠진 사람은 사랑하게 됩니다. 사랑은 사건이 되어 우리 삶을 송두리째 바꿉니다. '발분망식'이 그것을 잘 말해줍니다.

공자의 공부는 '습(習)'으로 이어집니다.《논어》첫머리는 "배우고 때때로 익히면 또한 기쁘지 않은가?"로 시작됩니다. 학(學)은 배움이고, 습(習)은 익힘입니다. 배움의 뒤에는 익힘이 따라야 합니다. 책 한 권을 열심히 읽는다고 해도 금방 잊어버립니다. 망각 때문이죠. 망각을 이겨내는 방법은 익히는 것입니다. 중요한 내용을 정리해보고, 글로 표현해보고, 외우기도 하면서 자기 것으로 만듭니다. 습의 최고는 역시 가르치는 것이겠지요. 가르치면서 가장 많이 배우는 법이니까요.

공부의 방향, 성찰

공자가 가장 아낀 제자는 안회(顔回)였습니다. 청빈한 삶으로 배움과 실천에 충실했던 공자의 수제자였죠. 공자는 안회가 인자(仁者)라며 칭찬을 아끼지 않았고 자신의 후계자로 여겼습니다. 심지어 자신도 안회를 따를 수 없다고 말할 정도였습니다. 하지만 불운했던 안회는 서른둘이라는 젊은 나이에 요절하고 말았습니다. 안회의 죽음에 공자는 '하늘이 나를 버리시는구나!'라며 탄식하죠.

안회를 통해 공자가 추구한 공부의 방향을 짐작할 수 있습니다. 공자가 안회에 대한 칭찬을 아끼지 않았던 이유는 그가 자기 수양에 충실했기 때문입니다. 공자는 "예전 사람들은 자기 자신을 위해 공부했는데, 요즘 사람들은 남에게 보이기 위해서 공부한다"라며 세태를 비판합니다. 자기 자신을 위한 공부란 자기 수양을 통해 올바른 품성을 얻는 것입니다. 자기를 알아야 남도 알 수 있고, 자기를 성찰해야 군자로서의 몸가짐을 지켜낼 수 있습니다.

우리는 어떤 사건이나 문제의 원인을 외부에서 찾는 데 익숙합니다. 시험을 망쳤을 때, 시험문제가 어려웠다, 선생님이 잘 가르쳐주지 않았다는 핑계를 댑니다. 외부에서 원인을 찾는 이유는 자기를 보호하려는 본능 때문입니다.

자기 성찰은 내부에서 원인을 찾습니다. 내가 방심했구나, 게을렀구나, 노력이 부족했구나, 이렇게 자기를 인정합니다. 덕분에 문제를 자기중심으로 풀어냅니다. 문제에 주체적으로 대응할 수 있게 되죠. 공자가 자기 성찰을 중요하게 여긴 것은 그것이 문제 해결의 시작이기 때문입니다.

영원한 학생 공자

공부를 통해 공자가 도달한 삶은 어떤 것일까요? 일흔 살에 이르렀을 때 공자는 자신의 삶을 돌아보며 열다섯에 학문에 뜻을 두었고 서른에 홀로 섰다고 했습니다. 마흔에 미혹됨이 없게 되었고, 쉰에 하늘의 뜻을 알았으며, 예순에는 귀가 순해졌답니다. 일흔에는 어떻게 되었을까요? '마음이 원하는 대로 해도 법도에 어긋나지 않았다'라고 합니다. 그야말로 사회적 삶의 최고 경지입니다.

공부를 통해 흔들림 없는 철학을 갖고, 타인의 말을 잘 이해하고, 사회와 어우러지는 삶의 태도를 성취하는 일은 멋진 일입니다. 하지만 우리가 공부에 관해 공자에게 배울 점은 그런 성취가 아니라, 배움에 대한 그의 정신, 태도입니다. 배움에 관해 묻는 제자들에게 공자는 이렇게 말합니다.

> "열 가구 정도의 작은 마을에도 반드시 나처럼 충직하고 신의를 중시하는 사람이 있을 것이다. 그러나 나만큼 배우기를 좋아하는 사람은 없을 것이다."
>
> —《논어》〈공야장公冶長〉

공자는 공부가 곧 삶이었던 영원한 학생이었습니다.

13강. 사람과 잘 지내는 방법, 공자의 관계론

불모기정

《논어》는 기본적으로 나라를 다스리는 원리, 치국(治國)에 관한 책입니다. 공자는 당시 지배층이라고 할 수 있는 대부(大夫)의 신분이었고, 그가 말하는 군자는 통치자의 의미가 강했습니다. 그가 품은 이상도 과거 주나라 시대의 질서 잡힌 상태로 되돌아가는 것이었습니다. 하지만 그의 철학은 치국에 국한되지 않으며, 춘추시대에 한정되지도 않습니다. 우리 개인의 삶 혹은 21세기와 연결해서 생각해도 좋은 담론이죠.

> "그 지위에 있지 않다면, 그 지위의 일을 꾀하지 말아야 한다."
> ─《논어》〈태백泰伯〉

가끔 남의 일에 나섰다가 낭패를 보는 경우가 있습니다. 도와주려 했을 뿐인데 간섭한다며 화를 냅니다. 괜히 나섰다가 얼굴만 붉힙니다. 인간관계에서 함부로 나서는 것은 조심해야 합니다. 오지랖넓은 것이 미덕은 아니니까요.

그 지위에 있지 않으면 그 정사(政事)에 대해 간섭해서는 안 된다는 것이 불모기정(不謀其政)입니다. 공자가 불모기정을 말한 이유는 사람마다 역할이 정해져 있기 때문입니다. 다른 사람의 일에 끼어들면 두 가지 문제가 생깁니다. 하나는 역할에 혼란이 오는 것이고, 다른 하나는 일을 배우거나 훈련할 기회가 사라진다는 것입니다. 역할에 혼란이 생기면 질서가 무너집니다. 국방부의 일을 복지부가 하겠다고 나서면 곤란하지요. 일을 맡겼으면 믿고 기다려야 합니다. 처음부터 잘하는 사람은 없으니까요. 시행착오를 경험하면서 능력이 훈련됩니다. 그래야 사람을 키울 수 있습니다.

노마드

공자가 살았던 춘추시대는 열국이 힘을 키우는 시대였습니다. 왕도가 아닌 패도(覇道)가 주도하던 때입니다. 이런 상황에서 공자는 '화이부동(和而不同)'을 외쳤습니다. 화이부동은 국가 간 논리로 이해될 수 있습니다. 특정 국가가 패권을 차지하면 다른 국가 일에 간섭하게 되고 심지어 지배하려 듭니다. 이것이 춘추시대 혼란의 원인이었습니다. 힘이 아닌 덕으로, 서로의 차이를 인정하고 화합하고 교류하며 지내자는 것이 화이부동입니다.

여기서 차이를 인정하는 공자의 진보성을 발견합니다. 공자는 옛것을 회복하려는 보수적 느낌을 주는 동시에 백성을 중심에 두고 지배계층의 움직임을 제약하려는 진보성까지 함께 품은 인물입니다. 모순적이지만 이런 모습이야말로 공자가 여전히 재해석되는 이유일 것입니다.

차이에 대한 인정은 21세기에도 유용한 메시지입니다. 차이와 다양성에서 창의성이 발현되기 때문입니다. 똑같은 생각을 하고 똑같은 행동을 하는 사람만 모인 조직은 미래가 없습니다. 여럿이 모였다는 것은 다양한 생각으로 새로운 시도를 해보겠다는 의도입니다. 수시로 변하는 환경에 대응하려면 창의성과 개방적 태도가 절실합니다.

프랑스 철학자 질 들뢰즈는 '차이'와 '노마드'를 널리 알린 사람입니다. 그의 철학은 한마디로 차이에 대한 긍정, 중심에 대한 부정입니다. 노마드는 유목민입니다. 한곳에 오래 거하지 않고 끊임없이 이동하는 것이 유목민의 삶입니다. 지식도 그렇고 직업도 그렇습니다. 고정된 지식으로 수시로 변하는 세상에 대응하기는 어렵습니다. 새로운 시대에 맞는 새로운 지식이 필요하죠. 노마드적인 삶의 방식이 강조되는 것은 21세기가 그것을 요구하기 때문입니다.

인한 마을을 택한다

공자는 "추구하는 도가 같지 않으면 함께 일을 꾀하지 않는다"라고 했습니다. 생각이 다른 사람과는 함께 일하지 말라는 것이지요.

화합이 중요하다고 모든 사람을 다 받아줄 필요는 없습니다. 철학이 다르면 각자의 길을 가는 것이 낫습니다. 돈이 될 것 같아 마음이 맞지 않는 사람과 일해본 사람들은 한결같이 말합니다. "내가 이럴 줄 알았다", "그때 그만뒀어야 했는데."

인생이 행복해지려면 마음이 맞는 사람과 함께하는 시간이 많아야 합니다. 각자의 길을 가면 상대방을 미워할 이유도 없어지죠.

"마을의 풍속이 인한 것은 아름다운 것이다. 어진 마을을 골라 머물지 않는다면 어찌 지혜롭다고 하겠는가?"

—《논어》〈이인〉

공자는 자신의 이상을 알아주는 제후를 찾아 천하를 주유했습니다. 어떤 회사가 적합한지 써줄 곳을 찾아 이력서를 넣고 다녔죠. 아무 곳에나 이력서를 넣었을까요? 그렇지 않았습니다. 자기에게 적합한 나라를 고르고 골랐습니다. 그가 오랫동안 위나라를 선택한 이유도 위나라가 자신의 정치를 구현할 좋은 환경을 갖추고 있었기 때문입니다.

사람도 같습니다. 어떤 사람이 좋은지, 어떤 사람과 잘 통하는지 알고 그런 사람과 함께해야 합니다. 사람의 본성과 개성은 쉽게 변하지 않습니다. 사람을 고치는 것보다 스타일이 맞는 사람을 찾는 것이 현명합니다.

회사가 맞지 않으면 회사를 떠나면 됩니다. 절이 싫으면 중이 떠나야지요. 사람이 맞지 않으면 내가 떠나야 합니다. 뒷일은 어떻게 감당하나 걱정부터 앞선다면 공자의 말을 음미해볼 필요가 있습니다. 자장이 어떻게 해야 세상에서 뜻을 펼칠 수 있느냐고 묻자 이렇게 답합니다.

> "말이 진실하고 믿음직스러우며, 행동이 독실하고 공경스러우면 비록 오랑캐의 나라에 가더라도 뜻을 펼 수 있다. 그러나 말이 진실하지 않고 미덥지 못하며, 행동이 독실하지 못하고 공경스럽지 않으면 어찌 자기 마을에서인들 뜻을 펼 수 있겠는가?"
>
> ─《논어》〈위령공〉

관계는 유연해야 한다

흔히 《논어》를 인간관계의 보고라고 합니다. 인간관계가 왜 중요할까요? 성공을 위해서? 도움을 받기 위해서? 그럴 수 있습니다. 하지만 정작 중요한 이유는 따로 있습니다. 삶 자체가 관계이기 때문입니다. 삶은 누구와 어떤 관계를 맺고 사느냐의 문제로 귀결됩니다. 관계가 깨지면 삶이 메마르고, 관계가 돈독하면 삶이 풍성해집니다.

공자가 "덕(德)은 외롭지 않고, 반드시 이웃이 있다[德不孤 必有隣]"라고 말한 이유는 덕이 사람을 불러오기 때문입니다. 좋은 사람과 좋은 경험을 나누는 것은 누구나 바라는 행복한 삶입니다. 덕은 차이를 만났을 때 드러납니다. 덕의 기반은 수용입니다. 나와 다른 것을 받아들이는 힘이죠. 그래서 이웃이 있습니다.

공자는 유연한 인물이었습니다. 철학은 지키되 현실 속에서 유연함을 발휘했습니다. 제자를 가르치는 방식에서도 알 수 있습니다.

자로가 훌륭한 말을 들으면 바로 실천해야 하느냐고 묻자, 부모형제가 살아계시니 바로 실천하기는 어렵다고 말해줍니다. 염유가 같은 질문을 하자, 바로 실천해야 한다고 말해줍니다. 듣고 있던 공서화가 자로와 염유에게 왜 다르게 말했느냐고 의문을 제기합니다. 공자는 "염유는 물러서기 때문에 적극적으로 나서게 한 것이고, 자로는 남을 이기려 하기에 물러나게 한 것"이라고 말합니다. 제자들의 성향에 따라 다르게 가르친 것이죠.

공자 곁에는 성향이 다양한 제자들이 있었습니다. 힘깨나 쓰고 옳은 소리 잘하는 의리파 자로, 배움을 좋아하고 실천을 중요시했던 안회, 사업 수완이 뛰어났던 자공, 행정가로 능력을 발휘했던 염유 등 성격도 욕망도 달랐던 이들이 모두 공자의 무리에 머물렀습니다. 그런데도 큰 불협화음이 없었던 까닭은 이들의 차이를 수용하며 균형을 잡을 수 있도록 가르치는 스승이 있었기 때문 아닐까요?

과유불급 관계론

공자의 관계론은 과유불급(過猶不及)이라는 말로 정리할 수 있을 듯합니다. 지나친 것은 모자란 것과 같습니다. 사랑이 지나치면 버릇이 나빠지고, 예절이 지나치면 관계를 어렵게 합니다. 만나는 사람이 너무 많으면 번잡하고 혼란스럽고, 너무 없으면 외롭습니다. 지나치게 가까우면 선을 넘어오고, 너무 멀면 친밀감이 없죠. 적절한 사람과 적절한 거리를 유지하는 것이야말로 건강한 관계의 비결입니다.

정리하자면, 인간은 사회적 삶 속에서 자기를 실현하고 공존을 모색해야 합니다. 인간에게 관계는 삶의 질을 좌우하고 정체성까지 결정하는 핵심이라고 할 수 있지요. 다른 사람과 좋은 관계를 맺으려면 차이를 인정하고 화합하되 자기 길을 가야 합니다. 자기 길을 가는 사람은 타인의 길도 수용합니다. 일을 도모할 때도 생각이 비슷하고 삶의 철학이 같은 사람과 함께하는 것이 좋습니다. 그렇다고 너무 가까워 선을 넘으면 곤란하죠. 친할수록 지킬 것은 지키면서 적절한 거리를 유지하는 것이 좋은 관계의 요건입니다. 사람 관계에도 과유불급이 중요합니다.

14강. 오래된 미래,
공자를 나오며

혼란한 시대, 평화를 회복하는 방법은 무엇일까? 이것이 공자의 문제의식이었습니다. 해답은 주나라 예악의 회복이었습니다. 주나라는 인과 예라는 도가 살아 있던 나라였고, 그것을 회복할 수 있다면 다시금 행복한 시대를 맞이할 것입니다.

인과 예를 회복할 수 있는 실천 지침은 충과 서입니다. 자기 직분에 충실할 것, 다른 사람의 마음을 내 마음같이 여길 것. 충과 서의 실천은 군자다운 삶의 중요한 덕목입니다. 세상은 이익을 중심으로 돌아갑니다. 혼탁한 세상에서 군자는 충과 서를 통해 모범을 보이고 백성들을 교화시켜 나아갑니다. 이것이 덕치(德治)입니다.

자신의 사상을 알아줄 제후를 찾아 13년을 주유했지만, 공자는 결국 소득 없이 돌아옵니다. 자기 대에 이룰 수 없음을 느끼고 제자 양성에 힘쓰는 한편 글을 남겨 후대라도 도가 회복되길 앙망했습니다. 덕분에 많은 제자와 《춘추》와 《논어》 같은 책이 남았고 지금 우리가 그의 행적과 말을 통해 세상과 삶을 돌아볼 기회를 얻게 되었습니다.

《논어》는 공자의 파편입니다. 고전 공부의 목적은 파편을 통해 원본을 짐작해보고, 그 과정에서 우리 시대와 삶에 필요한 이해력을 증진하는 것입니다. 오늘날 공자는 이중적인 인물로 이해됩니다. 이상과 현실 사이에 서서 진보성과 보수성을 함께 품고 있었습니다. 한편으로는 전제군주의 통치를 합리화하는 이론의 주창자였고, 다른 한편으로는 백성을 아끼는 민본주의자였습니다. 시대적 한계를 가진 사람이었고 자기 시대를 넘어서는 혁신성도 보입니다. 이런 모습을 어떻게 바라볼 것인지는 우리 몫입니다. 다양한 해석이 가능한 고전의 매력이란 바로 이런 게 아닐까요?

《논어》에 개인적으로 끌리는 글이 있어 소개해 드리며 마칠까 합니다.

"부유함이 추구해서 얻을 수 있는 것이라면 채찍을 드는 천한 일이라도 하겠지만, 추구해서 얻을 수 없는 것이라면 내가 좋아하는 일을 따르겠다."

—《논어》〈술이〉

3부

장자,
자유로운 삶의 길

15강. 정저지와에서 붕정만리로

붕정만리

> 북쪽 바다에 물고기가 있는데 이름을 곤(鯤)이라 한다. 곤의 길이는 몇천 리나 되는지 알 수가 없다. 곤이 변하여 새가 되는데 이름이 붕(鵬)이다. 붕의 등도 몇천 리가 되는지 알 수가 없다. 붕이 힘차게 날아오르면 날개가 하늘의 구름과 같고 9만 리를 날아 남쪽 바다에 이른다.
>
> —《장자》〈소요유逍遙遊〉

조금 황당한 이야기로 들릴지 모르겠습니다. 길이가 몇천 리나 되는 물고기가 또 그만큼이나 큰 새로 변하여 9만 리를 간다는 이야기는 확실히 비현실적입니다. 우리에게 익숙한 고전《장자》는 이렇게 이해하기 어려운 이야기로 시작됩니다. 장자는 왜 이런 이야기를 하는 걸까요?

붕정만리(鵬程萬里)는 여기에서 유래한 말입니다. 붕이 한번 날아오르면 단번에 만 리를 날아간다는 뜻으로 아주 큰 발걸음이나 웅대한 여정을 뜻하는 말로 사용됩니다. 큰 생각을 품고 먼 길을 가는 의연한 모습을 떠올리게 됩니다.

붕이 큰 날개를 펴고 하늘 높이 날아오르자 그 모습을 지켜보던 매미와 작은 새가 웃으며 말합니다. "무엇 때문에 9만 리나 날아가지?" 매미와 작은 새들은 나무 사이를 오가면서 가까운 곳에 머물기 때문에 붕의 여정을 이해하지 못합니다. 원대한 꿈을 품은 큰 사람의 마음을 평범한 사람들이 어떻게 알겠습니까? 여기에서 나온 말이 '참새가 어찌 대붕의 뜻을 알겠는가'라는 속담입니다.

장자의 핵심

장자의 이름은 장주(莊周, 기원전 370년~기원전 280년)입니다. 혼란이 극으로 치닫던 전국시대를 살았습니다. 노자를 이어받아 도가사상을 발전시킨 사람으로 널리 알려졌고, 《장자》라는 책을 남겼습니다. 《장자》는 장주가 쓴 것도 있고 그의 제자나 다른 도가 사상가들이 가필한 것으로 추정되는 부분도 있습니다. 전체적인 내용이 혼란한 시대를 건너가는 삶의 철학을 잘 담고 있고, 시처럼 쓰인 《도덕경》보다 읽기가 수월해서 노장사상을 익히는 사람들에게 널리 애독되고 있습니다.

이해를 돕기 위해 노자와 장자를 비교해보겠습니다. 노자의 《도덕경》이 시라면, 《장자》는 이야기 형식입니다. 노자가 말하는 도가 추상적이고 형이상학적이라면, 장자의 도는 구체적이고 인식론적 성격이 강합니다. 노자는 정치 철학적인 면이 두드러지는데, 장자는 개인주의적인 성향을 강하게 내포하고 있습니다. 물론 이런 차이는 크게 느껴지지 않습니다. 함께 자연의 도를 기반으로 하고 있기 때문입니다. 자연의 순리에 따라 산다는 무위자연이 노자와 장자의 공통점입니다.

《장자》를 읽으려면 마음의 준비가 필요합니다. 이야기가 황당하기 때문입니다. 이럴 때 상상력과 담대함이 필요합니다. 옳고 그름, 가능 불가능을 뛰어넘어 그 자체로 읽을 수 있어야 합니다.

미국을 대표하는 소설가 마크 트웨인 작품 중 〈거짓말에 관하여〉라는 제목의 단편소설이 있습니다. 한집에 엄마와 딸, 고모할머니 두 명이 살고 있었습니다. 고모할머니들은 독실한 기독교인이었기에 거짓말하는 것을 끔찍한 죄악으로 여겼습니다. 어느 날 아이 엄마가 장티푸스에 걸려 격리되었습니다. 하필 아이가 사소한 거짓말을 하게 되는데 양심의 가책을 느끼고 고모할머니들에게 그 사실을 고백합니다. 거짓말을 하면 안 된다는 원칙에 철저했던 고모할머니들은 장티푸스로 앓고 있는 엄마에게 아이를 보내서 용서를 빌게 합니다. 그 일로 아이는 장티푸스에 전염되어 죽고 말죠. 고모할머니들은 아이 엄마에게 차마 죽음을 알릴 수가 없었습니다. 딸의 소식을 묻는 그녀에게 고모할머니들은 자신들이 그렇게도 죄악시하던 거짓말을 하게 됩니다. 아이는 잘 지내고 있다고.

거짓이 모두 나쁜 것은 아닙니다. 사람을 살리는 거짓, 깨달음을 낳는 거짓도 있습니다. 사실이라고 해서 꼭 좋은 것도 아니죠. 있는 그대로 이야기해서 상대방에게 상처를 주는 경우는 얼마든지 있습니다. 거짓인지 사실인지보다 그 속에 담고 있는 진실이 무엇인지가 중요합니다. 《장자》를 읽으려면 허구와 황당한 이야기에서 배울 준비가 되어 있어야 합니다.

장자는 왜 곤과 붕의 이야기를 하는 것일까요? 붕은 보통 사람의 생각을 뛰어넘는 자유로운 정신세계를 말하고 있습니다. 매미와 참새는 상식에 사로잡힌 사람들이죠. 자기가 사는 세상이 전부인 줄 압니다. 그곳을 벗어나 더 큰 세상이 있다는 생각은 하지 못합니다. 우리는 모두 우물 안에 갇혀 그것이 전부라고 생각하는 우물 안 개구리(정저지와井底之蛙)인지도 모릅니다.

'높이 날아 멀리 보기', '우물에서 탈출하기.' 이것이 장자 인식론의 핵심입니다. 좁아진 생각의 틀을 깨고 드넓은 세상을 보라는 것이 장자의 주된 메시지이기 때문입니다. 그런 점에서 장자는 깨트리는 것과 관련이 있습니다. 이전의 것을 깨지 않으면 더 큰 생각과 더 넓은 세계로 나갈 수 없습니다.

망양지탄

《장자》〈추수〉 편에 황허강을 관장하는 신 하백이 등장합니다. 그는 자신이 다스리는 황허가 제일 큰 줄 알고 매우 자랑스러웠습니다. 그때 늙은 자라가 말합니다.

"해가 뜨는 쪽에 북해가 있는데 큰 강들이 모여 황허의 몇 배나 됩니다."

하백은 자라의 말을 믿지 않았습니다. 어느 가을, 강물이 크게 범람하자 원인을 찾기 위해 하백이 동쪽으로 멀리까지 내려가게 됩니다. 그곳에는 끝이 없는 거대한 바다가 한없이 펼쳐져 있었습니다. 바다를 본 하백은 우쭐했던 자신의 모습이 부끄러워 고개를 숙이고 말았지요. 여기에서 나온 말이 망양지탄(望洋之嘆)입니다. '바다를 바라보며 탄식한다'라는 뜻이죠.

공부를 조금 한 사람들은 마치 다 아는 것처럼 어깨에 힘이 들어가 있습니다. 공부를 제대로 한 사람은 공부가 부족하다는 것을 알기에 조심합니다. 작은 경험과 짧은 소견으로 마치 세상을 모두 아는 것처럼 말하고 행동하는 우리의 모습이 하백과 닮았습니다.

망양지탄은 내가 우물 안 개구리였음을 깨닫는 가능성을 담고 있습니다. 하백의 한탄에 북해의 신이 위로의 말을 건넵니다.

"우물 안 개구리는 바다가 어떤지 알지 못하고, 여름을 사는 벌레는 얼음을 말할 수 없는 법이오. 그대가 바다를 보고 자신의 좁은 식견을 깨우쳤으니 그것만으로도 큰 발전일 것이오."

소크라테스는 '무지(無知)의 지(知)'를 설파했습니다. 무지의 지란 내가 모른다는 것을 아는 것입니다. 공부는 내가 모른다는 것을 깨달았을 때 시작됩니다. 모른다는 것을 모르면 공부할 생각도 못 합니다. 그런 점에서 진짜 공부는 내가 무엇을 모르는지 발견하는 데서 시작된다고 해도 과언이 아닙니다. 장자는 우물 안 개구리에 대해 이렇게 말하고 있습니다.

> 우물 안 개구리에게 바다에 관해 이야기해도 알지 못하는 것은 공
> 간의 제약을 받기 때문이다. 여름벌레에게 얼음에 관해 이야기해도 알
> 지 못하는 것은 시간의 제약 때문이다. 비뚤어진 선비에게 도에 관해
> 이야기해도 알지 못하는 것은 가르침에 속박되어 있기 때문이다.
> ─《장자》〈추수秋水〉

내가 아는 세계가 전부라고 생각하는 좁은 소견에서 벗어나는 것,
그것이 우물을 벗어나 붕정만리의 날갯짓을 시작하는 방법입니다.

조삼모사

송나라에 저공이라는 사람이 원숭이를 길렀습니다. 경제 사정이 안
좋아져 먹이로 주던 도토리를 줄이기로 했습니다.
저공은 원숭이들을 찾아가서 말합니다.
"오늘부터 아침에 세 개, 저녁에 네 개 줄게."
원숭이들이 무슨 말이냐고 펄쩍 뛰며 화를 냈습니다.
다시 저공이 원숭이들에게 제안합니다.
"그렇다면 아침에 네 개, 저녁에 세 개를 줄게."
그러자 원숭이들이 손뼉 치며 기뻐했습니다.
─《장자》〈제물론齊物論〉

아침에 세 개 저녁에 네 개[朝三暮四]를 주나, 아침에 네 개 저녁에 세 개를 주나, 도토리 총 개수는 같습니다. 그런데도 원숭이들은 지금 당장 더 많이 먹을 수 있다는 생각에 좋아합니다. 이 원숭이들은 누구를 말하는 것일까요? 바로 우리 인간들입니다. 지금 당장 좋은 일이 생겼다고 기뻐하고, 좋지 못한 일이 생겼다고 슬퍼합니다. 눈앞의 것만 볼 뿐 멀리 보는 힘이 없습니다.

원숭이들은 우물 안 개구리입니다. 지금 당장만 생각하기 때문입니다. 우리 인간도 다를 것이 없죠. 우리에게 붕정만리가 필요한 이유가 이것 때문입니다. 눈앞의 것을 넘어 멀리 보려면 높이 날아야 합니다. 하늘 높이 올라 아래를 굽어봐야 합니다. 그때 삶의 진실을 제대로 볼 수 있습니다.

살다 보면 스트레스를 받습니다. 왜 스트레스를 받을까요? 시야가 좁기 때문입니다. 지금, 여기에서 일어난 일만 생각하기 때문입니다. 우리는 일시적이고, 부분적이고, 즉흥적으로 생각하는 경향이 있습니다. 이렇게 생각하면 불만과 긴장, 스트레스가 생길 수밖에 없습니다. 오늘 안 좋은 일이 내일 좋은 일을 불러올 수도 있는데도 그것을 보지 못합니다.

원숭이들은 계산에 익숙합니다. 손해 보지 않기 위해 따지고 계산합니다. 그러다가 더 큰 것을 놓칩니다. 잔머리를 굴리느라 피곤합니다. 원숭이들의 모습이 현대인들 삶의 방식과 닮아 있네요. 작은 계산에 치중하다가 더 중요한 것을 놓칩니다. '축록자 불견산 확금자 불견인(逐鹿者不見山 攫金者不見人)'이라고 했습니다. 사슴을 쫓는 자는 산을 보지 못하고, 금을 가진 자는 사람을 보지 못합니다.

눈앞의 목표에 눈이 멀면 더 큰 것을 볼 수 없지요. 이익만 생각하는 사람은 전체를 볼 수 없습니다. 돈만 보는 사람에게 삶의 여유와 넉넉한 인품을 기대하기는 어렵습니다. 좁은 시야를 넘어 더 큰 것을 보려면 어떻게 해야 할까요? 개구리가 바다를 보고, 참새가 높이 나는 경험이 필요합니다. 이것이 진짜 공부입니다. 새로운 지식을 아는 것이 아니라 내가 갇혀 있다는 점을 깨닫는 것입니다.

높이 나는 새

남명 조식 선생은 평생 깨어 있는 삶을 살기 위해 쇠로 만든 방울을 품고 다녔습니다. 늘 경계하며 깨어 있겠다는 뜻으로 '성성자(惺惺子)'라 이름 붙였습니다. 움직일 때마다 요란하게 울리는 방울 소리를 들으며 생각을 경계했습니다. 무엇을 위해서였을까요? 눈앞의 요란한 현실에 매몰되지 않고 큰 뜻을 지키기 위해서였습니다. 《장자》를 좋아했던 그가 호를 남명(南冥, 남쪽 바다)으로 지은 이유이기도 합니다.

《갈매기의 꿈》이라는 책에서 작가 리처드 바크는 "가장 높이 나는 새가 가장 멀리 본다"라는 유명한 말을 남겼습니다. 높이 날아야 멀리 볼 수 있습니다. 멀리 보면 지금 당장 눈앞에 일어난 것에 영향을 덜 받습니다. 일희일비하지 않고 멀리 보고 의연히 나아갈 수 있습니다. 이것이 장자가 말하는 우물에서 벗어나야 하는 이유가 아닐까요?

16강. 쓸모없이 사는 게
잘 사는 것이라고?

무용지용

> 장자가 산속을 가다가 큰 나무를 보았습니다. 나무 베는 사람이 곁에 있으면서도 베지 않았습니다. 장자가 이유를 물으니 나무꾼이 대답합니다. "쓸모가 없습니다."
>
> 장자가 말했습니다.
>
> "이 나무는 재목이 못되어 타고난 수명을 다 누리는구나."
>
> —《장자》〈산목山木〉

우리는 쓸모 있는 사람이 되기 위해서 노력합니다. 열심히 배우고 기술을 닦아서 조직과 사회에 중요한 사람이 되려 애씁니다. 그런데 쓸모 있는 사람이 되면 어떻게 될까요? 연봉 높은 직장에 취직하고,

높은 자리에 올라 여유와 낭만을 즐기면서 행복하게 산다는 게 우리 상상입니다. 과연 그럴까요?

장자는 쓸모없는 나무를 통해서 쓸모 있음을 말하고 있습니다. 나무는 쓸모없으므로 오래 살아남았습니다. 쓸모 있는 나무는 베어서 없어졌습니다. 사람도 이와 같아서 쓸모 있어지면 자기 능력과 힘을 타인을 위해 소진하게 됩니다. 결국, 사람에게 쓸모없는 것이 나무에는 쓸모가 있습니다. 이것이 무용지용(無用之用)입니다. 쓸모 있음과 없음은 상대적이라는 것이지요.

쓸데없는 소리

혜자가 장자에게 말했습니다.

"자네의 말은 쓸모가 없네."

장자가 대답합니다.

"쓸모없음을 알아야 쓸모 있음을 말할 수 있다네. 땅은 한없이 넓고 크지만, 사람에게 쓸모 있는 땅은 발로 밟는 곳뿐일세. 그렇다고 발로 밟는 땅만 남기고 그 밖의 땅을 황천에 이르기까지 모두 모두 파 없애면 정말 쓸모 있는 것일 수 있겠는가?"

—《장자》〈외물外物〉

쓸모 있는 것이 있으려면 쓸모없는 부분이 필요합니다. 지금 내가 딛고 있는 땅에서 필요한 것은 발바닥만큼의 땅입니다. 그렇다고 다른 땅을 없애버리면 옴짝할 수가 없습니다. 지금은 쓸모없는 게

잠시 후면 쓸모 있는 것이 되고, 지금 쓸모 있는 게 곧 쓸모없는 것이 됩니다. 쓸모의 구분은 상대적이고 상황에 따라 바뀝니다. 그런데 우리는 쓸모 있는 것에만 신경을 씁니다. 이런 소리를 자주 듣죠.

'쓸모 있는 사람이 되어야 한다.'

우리 정신을 지배하고 있는 관념입니다. 이런 생각이 내면을 지배하게 되면 자신의 창조적인 생각 대신 걱정과 두려움의 영향이 커집니다. 그 결과 더 열심히 일하고, 더 열심히 노력하고, 더 열심히 눈치 봅니다. 미래를 대비하는 유일한 길은 더 열심히 해서 쓸모 있는 사람이 되어야 한다는 것뿐이라고 결론짓습니다.

'돈 안 되는 일'이나 '쓸데없는 일'은 하지 말라는 충고도 자주 합니다. 그런데 가만 생각해보면 돈 안 되고, 쓸데없는 일이야말로 정말 우리에게 필요하고 중요하다는 것을 알 수 있습니다. 늦잠 자기, 멍 때리기, 드라마 보기, 게임 삼매, 수다 떨기, 강아지 안고 있기, 판타지 소설 읽기, 먼 산 보기 등 돈 안 되고 쓸데없는 일은 무수히 많습니다. 이런 활동은 비생산적이지만 삶에 필요한 것들입니다. 사실 돈 벌고 여유가 생기면 정말 하고 싶은 일이기도 합니다. 돈을 버는 데 도움이 안 된다고 생각하기 때문에 쓸모없는 것이지 경제적 여유가 생긴 후에는 정말 쓸모 있는 활동입니다.

놀고먹는 것은 비생산적인 활동입니다. 이 비생산적인 것이 우리 삶의 진짜 목표입니다. 세상에는 놀고먹고 싶은 사람들로 가득합니다. 호이징가의 '호모 루덴스'처럼 우리는 놀기 위해 세상에 왔는지도 모릅니다. 놀아봐야 놀 줄 압니다. 놀 줄 모르면 성공해도 소용이 없습니다. 놀려고 성공했는데 놀지 못하다니 이런 모순이 또 어디 있을까요? 잘 놀면 평소에 보지 못한 것이 보이기도 합니다. 놀다 보니 성공했다는 말도 들립니다. 쓸모없게 지내는 것이 자유롭고 창의적인 생각을 자극하고 정신적으로 삶을 풍요롭게 합니다.

쓸데없는 소리는 어떨까요? 누군가와 대화하는데 쓸 데 있는 소리만 합니다. 처음에는 괜찮은데 차츰 괴롭습니다. 쓸 데 있는 말이 가장 많이 오가는 곳이 어디일까요? 바로 직장입니다. 대부분 일과 성과에 관한 이야기입니다. 직장이 괴로운 것은 쓸 데 있는 이야기로 가득하기 때문입니다. 퇴근 후 호프집에서 '제발 일 이야기 좀 그만하자'라고 외치는 이유입니다.

쓸데없는 말, 하찮은 말은 분위기를 부드럽게 합니다. 가볍기 때문입니다. 재미도 있습니다. 우리가 농담이라고 부르는 것들이 대부분 가벼운 이야기들이고 쓸데없는 말이며 황당한 헛소리들입니다. 그것이 정말 쓸모없을까요?

용도에 사로잡히지 마라

쓸모 있음과 없음을 넘어 생각의 자유를 얻기 위해서는 어떻게 해야 할까요?

혜자가 위왕(魏王)에게 큰 박씨를 받았는데 심으니 큰 박들이 열렸습니다. 그 박에 물을 담아보니 무거워서 들 수가 없었고, 바가지를 만드니 평퍼짐해서 쓸모가 없어 부숴버렸습니다. 혜자의 이야기를 듣고 장자가 손 트지 않는 약에 관한 이야기를 들려줍니다.

송나라에 손이 트지 않는 약을 잘 만드는 사람이 있어 그 약을 손에 바르고 대대로 솜 빼는 일을 했습니다. 한 사람이 그 이야기를 듣고 약 만드는 처방을 금 백 냥을 주고 삽니다. 그러고는 오나라 왕에게 찾아가 이 약을 전쟁에 사용하라고 선전을 합니다. 마침 월나라가 오나라를 침입해오자 왕은 그를 장수로 삼아 전쟁에 나서게 했고, 그는 겨울에 월나라 군대와 수전을 벌여 크게 승리합니다. 덕분에 그는 오나라 땅을 받은 영주가 되었습니다.

같은 손 트지 않게 하는 약인데 어떤 사람은 솜 빼는 일로 겨우 입에 풀칠하고, 어떤 사람은 영주가 되었으니 이것은 그 사용법이 달랐기 때문입니다. 장자는 혜자에게 말합니다.

"그대는 어찌하여 큰 박을 배처럼 강에 띄워 둘 생각은 하지 않고, 쓸모없다는 생각만 하고 있는가?"

―《장자》〈소요유〉

혜자는 본명이 혜시인데, 위나라에서 재상을 지냈습니다. 높은 지위에 올라 아는 것이 많은 지자(知者)입니다. 자연과 더불어 사는 촌부 장자와 대비됩니다.《장자》에서 두 사람이 자주 논쟁을 벌이는데 지켜보는 재미가 솔솔 합니다. 티격태격하지만 혜자가 죽자 장자가 찾아가 "나는 이제 함께 이야기할 사람이 없구나"라고 탄식합니다.

혜자는 똑똑합니다. 무엇을 어디에 어떻게 사용해야 하는지 잘 알고 있습니다. 장자는 그런 생각이 없습니다. 혜자는 박을 물 담는 용도로만 생각합니다. 장자는 박의 용도에 대한 고정된 관념이 없기에 박을 물에 띄울 생각을 할 수 있었습니다. 다른 이야기에서 혜자가 크기만 하고 구불구불한 나무가 쓸모없다고 불평하자 장자는 왜 큰 나무 밑에서 한가로이 낮잠 잘 생각은 못 하느냐고 나무랍니다. 그늘에서 쉬거나 둘레를 도는 일 등 나무에서 할 수 있는 것은 얼마든지 있습니다.

장자가 말하고자 하는 것은 사물에 대한 고정된 생각, 편견에 관한 것입니다. 박은 물을 푸는 것이고, 나무는 의자를 만드는 재료이고, 사람은 쓸모가 있어야 한다. 지식과 공부는 이런 것을 가르칩니다. 그것을 잘 알면 똑똑하다고 칭찬을 받습니다. 우리의 공부가 이렇습니다. 지식이 많아질수록 생각이 자유로워지는 게 아니라 오히려 갇힙니다. 지식으로 인해 지혜를 잃어버립니다.

진정한 풍요

안정된 직장이라는 신화가 사라지고 있습니다. 어찌 보면 다행입니다. 안정된 직장은 일종의 신화일 뿐이지 사실이 아니기 때문입니다. 실제 직장은 안정적이지 않습니다. 직장을 통해 안정된 삶을 얻을 수 있다고 생각하는 사람이 가장 두려워하는 것은 무엇일까요? 그 직장을 잃는 것입니다. 그는 직장을 잃으면 자신의 안정까지 잃어버립니다. 그의 삶이 온통 직장에 의존하고 있습니다.

누구나 부러워하는 대기업에 오래 근무하고 있는 간부가 있습니다. 남부럽지 않은 삶입니다. 자유로운 삶을 살고 있을 것 같은 그가 자주 하는 말이 있습니다.

"인생에 선택의 여지가 없어요."

지금 자리를 지키고 더 나은 삶을 살려면 힘든 일을 계속할 수밖에 없다는 말입니다. 자유로울 것 같은데 묶여 있습니다. 넘치게 가진 것 같은데 여전히 부족합니다.

가장 가난한 사람은 필요한 것이 많은 사람입니다. 필요한 것이 많을수록 그것을 가진 사람이나 외부의 힘에 의존해야 합니다. 그럴수록 내면은 약해지고 의존성만 높아갑니다. 타인의 의견을 지나치게 존중하고 그들의 판단에 따라 행동합니다. 진정한 안정은 경제적 부나 사회적 지위의 문제가 아닙니다. 안정은 존재의 상태입니다. 얼마나 독립적이고 얼마나 자유로우며 얼마나 내면이 풍요로운가에 달려 있습니다.

도가 행해지는 곳

장자가 산에서 내려와 친구 집에 머물게 되었습니다. 친구는 기뻐하며 하인을 불러 거위를 잡아 요리하도록 했습니다. 하인이 물었습니다.

"한 놈은 울 줄 아는 놈이고, 다른 한 놈은 울 줄 모르는데, 어떤 놈을 잡을까요?"

"울지 못하는 놈을 잡아라."

다음 날 제자가 장자에게 물었습니다.

"산속의 나무는 재목이 되지 못해서 타고난 수명을 다 누리는데, 거위는 울지 못해서 죽었습니다. 어떻게 처신해야 하는지요?"

장자는 이렇게 답합니다.

"나는 그 중간에서 처신하겠다. 자연의 도와 덕이 행해지는 곳에서만 제대로 지낼 수 있다."

—《장자》〈산목〉

쓸모없어서 살아남는 경우가 있고, 쓸모없어서 죽는 경우가 있습니다. 쓸모없어 행복할 수가 있고 쓸모없어서 괴로울 때도 있습니다. 쓸모는 상황에 따라 다른 것입니다. 그런데 우리 사회는 쓸모 있음을 지나치게 강조합니다. 장자가 말하는 '도와 덕이 행해지는 곳'이 아닙니다. 장자의 말은 도와 덕이 행해지는 곳으로 가자는 말이 아닙니다. 세상을 피해 은둔하자는 것도 아닙니다.

요즘처럼 풍요로운 세상에 각종 스트레스와 질병이 만연하는 이유가 무엇일까요? 우리 마음이 혼란하고 흔들려서겠죠. 이런 태도로는 지상낙원을 찾아도 소용이 없습니다. 즐거운 곳에서 지내는 것은 누구나 할 수 있습니다. 괴로운 곳에서 즐겁게 지내는 것이야말로 참다운 경지입니다.

중요한 것은 내면을 풍성하게 가꾸는 일입니다. 도와 덕이 행해지는 곳은 따로 있는 게 아니라 내가 만드는 것입니다. 내면이 풍성해지면 세상도 그렇게 보입니다. 주변 사람도 나를 닮아 변해갑니다. 스스로 풍요로워지는 것, 이것이 참된 삶의 길입니다.

17강. 삶을 잊고
어슬렁거리다

왜 사는가?

김상용 시인의 〈남으로 창을 내겠소〉라는 시가 있습니다. 아시다시피 이 시의 화자는 남으로 창을 내고, 괭이로 흙을 파고, 호미로 풀 매며 지냅니다. 높은 구름은 허망한 것, 잡을 수도 없거니와 잡았다 해도 어느새 달아나지요. 강냉이처럼 소소한 먹거리가 넉넉합니다.

혹여 시의 제목은 몰라도 이 시를 유명하게 만든 구절, '왜 사냐건 웃지요'는 기억나실 겁니다. 시의 화자는 왜 사냐는 물음엔 그저 웃습니다. 사는데 특별한 이유가 없기 때문입니다. 그냥 사는 것입니다.

호접몽

> 장주가 꿈에 나비가 되었다. 나비가 되어 훨훨 날아다녔다. 즐거웠
> 지만 자기가 장주임을 알지 못하였다. 갑자기 꿈을 깨니 자신이 장주
> 임을 알았다. 장주가 꿈에 나비가 되었던 것인지 나비가 꿈에 장주가
> 되었던 것인지 알 수가 없었다. 장주와 나비에는 반드시 분별이 있을
> 것이니, 이것을 물화(物化)라고 한다.
> ─《장자》〈제물론〉

장자하면 가장 유명한 나비 꿈, 호접몽 이야기입니다. 장자는 나
비 꿈을 꾼 후, 내가 나비 꿈을 꾼 것인지, 나비가 내 꿈을 꾸고 있
는 것인지 헷갈립니다. 이 이야기는 여러 가지 의미로 이해될 수 있
습니다.

첫 번째는 우리가 사는 모습이 마치 꿈과 같다는 것입니다. 누구
나 하루는 힘겹습니다. 하지만 묵묵히 견디다 보면 힘든 하루도 지
나갑니다. 그렇게 순식간에 세월이 흘러 예순이 되고 일흔을 넘어
북망산을 바라봅니다. 돌아보면 참으로 짧은 순간들입니다. 그래서
인생을 일장춘몽(一場春夢)이라고 했겠지요. 인생이 꿈과 같은 것이
니 너무 집착하지 말고 즐겁게 지내보자는 의미로 이해됩니다.

두 번째는 '물화'와 관련이 있습니다. 장자는 자신이 나비가 될 수
있다는 것을 알았습니다. '나비'와 '나'는 개념으로 구분되지만 사실
같은 존재입니다. 사람이 죽어 땅에 묻히면 미생물이 흡수합니다.
그 힘으로 꽃이 자라고 나비가 찾아옵니다. 사람이 나비가 되었습

니다. 불교의 연기론(緣起論)을 떠올리게 합니다. 여기서 물화(物化)는 사물이 서로 변화되는 모습을 말합니다. 우리는 연결되어 서로에게 영향을 미칩니다.

첫 번째 의미든 두 번째 의미든 장자가 하고 싶었던 말은 같습니다. 분별을 없애고 큰 세계로 나가라는 것입니다. 장자와 나비, 너와 나, 한국인과 일본인, 백인과 흑인, 생물과 무생물, 안과 밖, 있음과 없음이라는 상대적 구분에서 벗어나면 큰 세계로 갈 수 있습니다. 그곳은 모든 분별이 사라진 완전히 자유로운 곳입니다.

시기와 질투는 우리 삶을 좀먹는 중요한 요인입니다. 왜 시기와 질투가 생길까요? 나와 너, 내 것과 네 것을 구분하기 때문입니다. 상대방에게 좋은 일이 생겼을 때 한껏 기뻐하는 사람이 있습니다. 이런 사람은 나와 너의 구분이 희미합니다. 부모나 스승이 그렇겠지요. 부모는 자신의 것을 주는 사람이고, 스승도 자기 것을 나누는 사람입니다. 부모는 자식을, 스승은 제자를 시기하지 않습니다. 모든 사람에게, 모든 사물에 그럴 수 있다면 장자가 말하는 경지에 올랐다고 할 수 있을 겁니다.

구운몽

서포 김만중의 《구운몽》은 주인공 성진과 팔선녀에 관한 이야기입니다. 스승의 심부름을 하러 갔던 성진이 선녀 여덟 명과 노닥거린 후 팔선녀를 잊지 못하고 세속의 부귀와 공명 때문에 고민하다가 스승 육관대사에게 딱 걸립니다. 육관대사는 도술로 성진과 팔선녀를 세속으로 보내 새로 태어나게 하죠.

소유라는 이름으로 태어난 성진은 여러 어려움을 겪지만, 지혜와 힘으로 이겨내고 팔선녀를 얻어 부귀영화를 누립니다. 어느새 나이가 든 소유는 자신의 생일날 산에 올라가 가무를 즐기던 중 역대 영웅들의 황폐한 무덤을 보게 됩니다. 그 순간, 인생의 무상함을 느끼며 깊은 생각에 잠기죠. 그때 한 스님이 찾아와 이야기를 나누다가 문득 이 모든 것이 꿈임을 알게 됩니다. 그 스님이 육관대사였습니다. 육관대사는 장자가 꿈에서 나비가 되었다가 다시 인간이 되었다는 꿈을 꾸었다는 일화를 들려주며 '성진과 소유가 누가 꿈이며 누가 꿈이 아니냐'라는 깨달음을 전합니다.

구운몽은 아홉 개의 꿈이라는 뜻입니다. 성진과 팔선녀의 삶이 꿈이었듯, 그 속에서 누리는 부귀와 영화도 꿈같은 것입니다. 인생은 일시적이고 그래서 무상합니다. 그러니 세속의 크고 작은 일에 일희일비할 이유가 없죠. 어차피 꿈인데 부유하면 어떻고 가난하면 어떤가요?

장자는 "큰 깨어남이 있어야 이 삶이 꿈임을 알게 된다"라고 말합니다. 성진처럼 삶이 꿈같이 무상하다는 사실을 깨달을 기회가 필요하다는 말입니다. 장자가 호접몽 이야기를 들려주는 이유입니다.

가끔 '꿈 깨'라는 말을 듣습니다. 보통은 '헛된 꿈을 버리고 현실을 직시하라'는 뜻으로 사용됩니다. 하지만 장자는 '꿈과 현실의 구분은 모호한 것이며 인생이 한바탕 꿈임을 알라'는 뜻으로 사용합니다. 인생이 꿈이라면 어떻게 살까요? 해보지 못한 것, 하고 싶은 것에 마음껏 도전할 겁니다. 이것이 진짜 삶 아닐까요? 꿈 같이 사는 것이야말로 진짜 인생을 사는 방법입니다.

여희와 새옹

> 여희는 애 땅에서 살던 국경 관리의 딸이었다. 처음 진(晉)나라에 왔
> 을 때 옷깃이 젖도록 눈물을 흘렸다. 그러나 임금의 처소에 들어가 호
> 사스러운 자리에서 자고 맛있는 음식을 먹게 되자, 처음에 울었던 일
> 을 후회하였다. 이처럼 죽은 사람이 자신이 죽기 전에 살려고만 했던
> 일을 후회할지 그 누가 알겠는가?
> ―《장자》〈제물론〉

작은 나라에서 공녀로 끌려온 여희는 진나라 왕 처소에서 호의호
식하면서 오지 않으려고 울었던 것을 후회합니다. 사람은 죽기 싫어
하고 살기를 바라는데, 막상 죽은 후에는 살고 싶어 했던 것을 후회
할지도 모릅니다. 세상일은 알 수 없는 것입니다.

걱정 없이 편안하고 행복한 삶을 사는 방법은 무엇일까요? 도(道)
를 따르는 거겠죠. 삶과 죽음의 문제가 그것을 잘 보여줍니다. 우리
는 죽어가고 있습니다. 그런데 영원히 살 것처럼 행동합니다. 그만
큼 생각이 짧습니다. 왜 그럴까요? 살아 있기 때문입니다, 아니 살
고 싶기 때문입니다. 니체의 말처럼 '생명 그 자체는 삶에의 의지'입
니다. 죽고 싶지 않다는 생각은 이런 의지의 작용 때문입니다.

그런데 그 의지가 괴로움을 불러옵니다. 잘 살고 싶은데, 더 가지
고 싶은데 그럴 수가 없어 괴롭습니다. 한마디로 자기 마음대로 안

되는 것입니다. 자연의 원리는 끊임없는 변화입니다. 속도가 느려서 알아볼 수 없을 뿐 지금도 세상은 변하고 있습니다. 우리 몸도 변하고 있지요. 변화는 세상의 본질이고 생성과 소멸은 우주의 원리입니다. 사람이 우주의 원리를 바꿀 수는 없습니다. 바꾸려 하면 오히려 그것이 괴로움을 불러옵니다. 가는 것은 가는 대로, 오는 것은 오는 대로 내버려 두고 그것과 함께 흐르는 것만 못합니다.

지극한 사람

참된 사람은 참된 앎이 있다. 참된 사람이란 어떤 사람인가?

옛날의 참된 사람은 부족하더라도 결과를 뒤집으려 하지 않았고, 이룬 것을 뽐내지 않았으며, 일을 억지로 꾀하지도 않았다. 일을 놓쳐도 후회하지 않고, 잘 되어도 자만하지 않는다. …… 참된 사람은 태어난 것을 기뻐하지도 죽음을 거부할 줄도 몰랐다.

―《장자》〈대종사大宗師〉

지극한 사람, 참된 사람을 진인이라고 합니다. 진인은 어려움을 거절하지 않고, 힘듦을 거스르지 않고, 이룸을 뽐내지 않고, 억지로 하지 않습니다. 기뻐하는 일도 없고 슬퍼하는 일도 없지만, 삶에 충실하고 만족하기에 즐겁습니다.

언젠가 소설책을 읽다가 너무 재미있어서 그 세계로 들어가 버린 적이 있습니다. 흔히 몰입이라고 하지요. 자기를 잊어버린 경험입니다. 시간도 잊고, 상황도 잊고, 감각도 잊고 오직 그것과 하나로 흐릅니다. 물아일체(物我一體)입니다.

세상과 어울리게 사는 사람은 세상과 자기를 잊은 사람입니다. 신발이 발에 잘 맞으면 신었다는 생각을 잊어버립니다. 마음이 잘 맞는 사람과 있으면 함께 있다는 것을 잊게 됩니다. 마음이 세상과 잘 맞으면 옳고 그름도 잊어버립니다. 그의 말은 언제나 알맞고 그의 발걸음은 언제나 자연스럽고, 그의 행동은 언제나 어울립니다.

소요유

《장자》의 첫 편이 〈소요유逍遙遊〉입니다. '어슬렁거리며 노닌다'라는 뜻이죠. 삶에 목적이 있을까요? 있다면 있고 없다면 없습니다. 어슬렁거리면서 다닌다는 건 목적을 초월했다는 뜻입니다. 목적을 넘어섰기에 어디로 가든 무엇을 하든 자유입니다.

김상용 시인은 왜 사느냐고 물으면 웃는다고 했습니다. 어떤 웃음일까요? 진리는 말로 할 수 있는 것이 아닙니다. 말로 할 수 있는 것을 넘어서 있습니다. 말보다 웃음이 진리를 더 잘 알려주는 듯합니다. 왜 사냐는 질문, 그것은 무의미한 것일지도 모릅니다. 시인은 삶을 잊었을지도 모릅니다.

18강. 연봉과 승진이라는 미끼를 물지 않는 법

당랑거철

사마귀는 화가 나면 자기가 깔려 죽을 것도 알지 못하고 집게발을 벌려 수레바퀴 앞을 막아선다. 자기 재능의 뛰어남만 믿고 있기 때문이다. 경계하고 조심해야 한다. 자기 능력을 자랑하여 상대방을 업신여기면 위태로워진다.

— 《장자》〈인간세人間世〉

당랑거철(螳螂拒轍) 이야기입니다. 사마귀는 자기 힘과 능력만 믿고 설치는 사람입니다. 수레바퀴는 거대한 세상입니다. 세상을 어떻게 할 수 있을 거라 믿고 함부로 나서는 사람들에게 던지는 경계입니다.

장자는 하인과 하녀가 양을 치다가 잃어버린 이야기를 들려줍니다. 하인은 책을 읽고 있었고 하녀는 주사위 놀이를 하고 있었습니다. 하던 일은 달랐지만, 양을 잃어버린 점에서는 같습니다. 백이는 수양산에서 명예를 위해서 죽었고 도적의 우두머리인 도척은 이익을 위해서 죽었습니다. 두 사람 모두 죽는 방법은 달랐지만 자기 삶을 해쳤다는 점에서는 같습니다. 하인과 하녀, 백이와 도척은 모두 자기 삶을 망쳤습니다. 공자는 백이를 의롭다 칭찬했지만, 장자가 보기에 삶을 망쳤다는 점에서 다를 것이 없습니다.

사람들은 신의가 있는 사람을 존경합니다. 조선의 선비에게 신의는 목숨보다 중요한 것이었습니다. 그런데 신의를 중요하게 여기는 사람이 또 있습니다. 도적들입니다. 요즘으로 치자면 조폭이죠. 큰 도둑이 되려면 조직원들 간에 신의가 중요합니다. 정치인도 신의가 중요합니다. 신의가 있어야 추종자를 확보할 수 있고, 그 힘으로 일을 밀어붙일 수 있습니다.

물론 조폭의 의리와 선비의 신의는 목적이 다르다고 말할 수 있습니다. 장자가 보기에는 어떨까요? 두목을 위해서 죽은 도둑이나 절개를 지키다 죽은 선비는 자기를 희생했다는 점에서 같습니다. 장자는 냉정합니다. 선비가 자기를 희생하면서 지키려던 게 도대체 무슨 의미가 있느냐고 묻습니다. 정말 그가 지키려고 한 것이 국가와 민족과 백성의 삶에 아주 중요한 것일까요? 선비는 자기가 옳다고 생각하는 것을 믿고 따르는 속 좁은 사람이고, 붕당은 마음이 맞는 사람들이 모여 작당한 도적떼와 비슷한 패거리는 아닐까요?

장자는 지식과 신념, 철학이 이데올로기라는 것을 잘 알고 있습니다. 순수한 지식은 없습니다. 지식은 욕망이며, 언제든 권력화되는 위험한 것입니다. 장자가 정말 반대하는 것은 배운 자들의 간교한 지혜였습니다. 그리고 더욱 중요한 것은 그것이 삶을 그르친다는 점입니다.

필요한 만큼만

그렇다면 장자가 말하는 참된 삶은 구체적으로 어떤 것일까요?

> 옛날의 지극한 사람은 자기 먹을 만큼만 생산되는 땅을 가지고, 먹고 남지 않을 정도의 채소밭을 가꾸었습니다. 어슬렁거린다는 것은 아무것도 하지 않는다는 것입니다. 자기 먹을 것만을 생산한다는 것은 몸을 보양하기 쉬움을 뜻합니다. 먹고 남는 게 없을 정도란 남에게 내놓지도 않음을 말합니다. 옛날에 이것을 '참된 것을 추구하는 노닒'이라 불렀습니다.
>
> ―《장자》〈천운天運〉

장자는 필요한 만큼만 가지는 무소유의 삶을 말하고 있습니다. 고단함의 원인이 어디에 있을까요? 축적입니다. 더 많이 가지고 더 많이 누리려는 축적이 삶을 망치고 있습니다. 필요한 만큼 가진다면 시간과 에너지가 남습니다. 얼마든지 여유를 즐길 수 있지요.

주목할 점은 남에게도 내놓지 않는다는 것입니다. 철저한 자기중심, 개인주의라고 할 수 있겠지요. 《맹자》에서 살펴볼 양주의 철학과도 연결됩니다. 양주는 머리카락 하나를 뽑아서 천하를 구할 수 있다고 해도 그렇게 하지 않겠다고 한 인물입니다. 세상을 구하겠다고 나선 사람들 때문에 세상은 더 복잡하고 어지러워졌습니다. 백이와 도척 이야기도 여기에 맞닿아 있습니다.

타인을 좇지 않는다

도가 경전 《열자》에 해와 달리기 경주를 벌인 거인 이야기가 나옵니다. 세상에 자기보다 빨리 달리는 사람은 없다고 자부하는 거인이 있었습니다. 자신의 실력을 뽐내고 싶었던 거인은 해와 달리기 시합을 벌입니다. 온종일 해와 함께 달리느라 목이 마른 거인은 급히 물을 찾았습니다. 너무 목이 마른 탓에 황허의 물을 모두 마셔버렸습니다. 그래도 갈증이 해소되지 않자 북쪽 호수의 물을 마시기 위해 또 달려갔습니다. 하지만 북쪽 호수에 도착하기 직전에 심한 갈증으로 쓰러져 죽고 말았습니다.

달리기 잘하는 거인은 자신의 능력을 자랑하며 과시하고 싶었습니다. 능력을 극한으로 끌어올려 자기를 몰아붙였지요. 거인의 모습은 다른 사람보다 뛰어나기 위해 끝없이 경쟁하는 현대인의 모습과 비슷합니다. 결국, 죽은 거인처럼 모든 것을 잃게 될 것입니다.

당신은 수릉의 젊은이가 한단으로 가서 걸음걸이를 배웠다는 얘기를 듣지 못하였소? 한단의 걸음걸이 방식을 배우기도 전에 그는 옛날 걸음걸이를 잃어버리고 말았소. 결국, 기어서 돌아왔다오.

한단지보(邯鄲之步)는 다른 사람의 삶을 따라가다가 자기 삶마저 잃어버린 이야기입니다. 세상의 시류를 따라 이리저리 떠다니는 우리 모습을 보는 것 같습니다. 무엇보다 중요한 것은 삶입니다. 삶이 중하기 때문에 다른 사람의 소리, 남들의 방식을 따라가지 않는 것입니다.

쾌락주의자로 알려진 고대 그리스 철학자 에피쿠로스는 은둔자의 삶을 권했습니다. 자기 집 정원에서 함께 일하고 공부하며 우정을 나누는 학교를 세운 이유이기도 합니다. 외부와의 연결을 차단하고 노동과 토론으로 삶을 채웠죠. 왜 은둔자의 삶을 실천했을까요? 외부의 목소리가 욕망을 자극하기 때문입니다. 알 이유가 없고, 듣지 않아도 되는 것을 마치 중요한 정보나 되는 것처럼 귀히 여기는 우리를 보면 에피쿠로스의 의도가 충분히 이해됩니다.

사실 우리는 숨는 것을 좋아합니다. 나를 알아주기를 바라는 삶은 피곤합니다. 인정받기 위해 끝없이 노력해야 합니다. 아는 사람이 없는 삶은 편안합니다. 아이들이 숨바꼭질 놀이를 좋아하고, 직장인들이 동료가 내 모니터를 보지 않는 구석 자리를 선호하는 이유입니다. 은둔은 자연과 더불어 편안함을 추구하는 인간의 본성입니다.

자족하는 사람

장자가 낚시하고 있는데 초나라 임금이 사람을 보내서 뜻을 전했습니다.

"수고스럽겠지만 나라의 정치를 부탁드리고자 합니다."

초나라 임금은 장자에게 재상의 일을 맡기려고 했습니다. 장자는 낚시하며 돌아보지도 않고 말했습니다.

"듣자 하니 초나라에는 신령스러운 거북이 있는데 죽은 지 3천 년이 넘었다고 들었습니다. 임금은 그것을 비단을 싸서 상자에 넣고 묘당 위에 잘 보관하고 있다더군요. 만약 당신이 그 거북이라면, 죽어서 뼈만 남긴 채로 부귀영화를 누리는 것이 좋겠소, 아니면 살아서 진흙속에 꼬리를 끌고 다니는 것이 좋겠소?"

사신이 대답합니다.

"그야 당연히 살아서 진흙 속에 꼬리를 끌고 다니는 것이 좋겠지요."

장자가 말했습니다.

"돌아가시오. 나는 진흙 속에서 꼬리를 끌고 다니며 살겠소."

—《장자》〈천도天道〉

낚시는 작은 미끼로 큰 고기를 잡는 일입니다. 초나라 임금이 정치를 맡기는 것은 미끼입니다. 장자는 그것을 알고 있습니다. 미끼를 물면 자기 삶 전체가 걸려든다는 것을 꿰뚫고 있습니다. 미끼를 물 장자가 아닙니다.

연봉 높은 곳에 취직하거나, 보너스를 받거나, 승진하거나, 상을 받으면 누구나 기뻐합니다. 장자는 그 반대입니다. 오히려 걱정하고 두려워합니다. 그래서 피합니다. 그것이 삶을 해치는 미끼임을 알기 때문입니다.

부와 권력, 힘을 가지면 더 행복할 것 같은데 그렇지 않습니다. 오히려 그것이 나를 구속합니다. 가장 자유로운 사람은 필요한 것이 없는 사람입니다. 필요한 것이 있다면 그것을 가진 사람에게 굽실거릴 수밖에 없습니다. 많이 가지는 것보다 가지지 않아도 괜찮은 것이 더 큰 힘입니다. 그리스 철학자 디오게네스가 알렉산드로스를 만났을 때 "비켜주시오. 당신이 내 햇빛을 가리고 있소"라고 말했던 이유가 여기에 있습니다. 아무것도 필요한 것이 없는 사람, 자족하는 사람이야말로 진정한 자유인입니다.

몸은 빌린 것이다

세속의 삶에서 귀하게 여기는 것 중 하나가 돈입니다. 풍족하고 여유롭게 살고 싶은 마음에 돈을 갈망합니다. 우리가 불행해지는 것은 집착 때문입니다. 욕심이 없던 사람도 좋은 물건이나 귀한 보물을 보면 마음이 흔들립니다. 얻고 싶은데 그럴 수 없을까 봐 근심이 생깁니다.

문명은 욕망을 자극합니다. 편리한 도구를 보여주며 이것을 얻어야 행복할 수 있다고 말합니다. 그 순간 평정심은 사라지고 물욕에 사로잡힙니다. 물론 좋은 물건, 넉넉한 돈이 나쁜 것은 아닙니다. 문제는 외적인 것에 자극받아 마음이 흔들리면 자기 삶을 살 수 없다는 것입니다. 로또 복권에 당첨되어 행복한 사람이 있고, 불행한 사람이 있습니다. 왜 결과가 달라지는 것일까요? 돈에 흔들리기 때문입니다. 돈에 영향을 받지 않는 사람은 돈을 잘 활용합니다. 그래서 풍요로워집니다. 이런 경우를 돈 쓸 줄 안다고 하죠. 돈에 흔들리는 사람은 그것이 없으면 큰일이라는 생각으로 집착합니다. 돈이라는 외물에 마음이 흔들리면 삶의 통제력을 잃게 됩니다. 유흥에 빠지고 세상을 만만하게 여깁니다. 물욕에 눈이 멀면 삶을 망치는 법입니다. 《열자》는 우리가 살면서 얻은 것에 대해 이렇게 말합니다.

"몸은 빌린 것이고 돈은 훔친 것이다."

몸은 우주의 에너지가 우리에게 형체를 부여한 것입니다. 죽으면 다시 돌려줘야 합니다. 돈은 세상에 있던 것을 일시적으로 내가 가지고 있을 뿐입니다. 훔친 것이라는 말은 원래 내 것이 아니라는 뜻입니다. 몸이든 돈이든 모두 돌려줘야 합니다. 사람들은 '죽으면 끝인데 욕심 버리고 살자'라고 말합니다. 필요한 만큼만 가지고, 타인을 좇지 않고, 자족하며 살자는 장자가 말하는 삶의 방식을 우리는 이미 알고 있습니다.

그런데 그 순간뿐입니다. 돌아서면 귀한 물건들이 눈에 들어오고 금세 마음을 빼앗깁니다. 그래서 철학이 필요합니다. 철학은 세상과 인생에 대한 단련된 생각입니다. 철학이 있으면 상황이나 외물의 영향을 덜 받습니다. 덕분에 큰 생각으로 자유롭게 살아갈 수 있습니다.

19강. 나답게 당당하게
산다는 것

　장자를 정리할 시간입니다. 정리의 키워드는 진인, 참된 사람입니다. 《장자》라는 두꺼운 책을 열심히 읽다 보면 도달하게 되는 곳이죠. 진인이란 어떤 사람일까요? 참된 삶을 사는 사람입니다. 참된 삶이란 무엇인가요? 진실한 삶입니다. 진실한 삶은 무엇인가요? 나다운 자연스러운 삶입니다.

　"흰머리가 너무 많아요. 염색 좀 하세요."

　가끔 주변 사람들이 염색을 권합니다. 희끗희끗한 머리가 보기에 딱했던 모양입니다. 이런 권유에 "예"라고 대답은 하지만, 염색할 마음은 없습니다. 인위적인 것보다 자연스러운 것이 좋다는 것을 알기 때문입니다.

　가끔 쉰의 나이에도 서른의 외모를 유지하는 연예인들이 보입니다. 젊어 보이니 좋겠다는 반응이 많지만, 나이에 맞지 않은 모습이

왠지 어색하게 느껴지기도 합니다. 화장해서 예쁠 때가 있습니다. 인위적인 아름다움입니다. 화장하지 않아서 예쁜 사람도 있습니다. 자연스러운 아름다움입니다. 적절한 화장은 자신감을 가지는 데 도움이 됩니다. 문제는 화장으로 인해 자연스러운 아름다움을 잊을 수 있다는 것입니다.

명품으로 차려입으면 멋있게 보일 것 같지만, 화려함이 인간다운 멋을 가릴 수 있습니다. 수수함 속에 자기다운 멋을 드러난다면 그것이야말로 참다운 매력일 것입니다. 말을 잘하는 사람은 화려한 어휘가 아니라 평범한 말에 진실함을 담는 사람입니다. 자연스러움이야말로 도에 맞는 아름다움입니다.

자공이 길을 가다가 한 노인이 항아리에 물을 퍼서 밭에다 주는 것을 보았습니다. 무척 힘들어 보였습니다. 걱정스러워진 자공은 두레박을 가지고 물을 퍼 올리면 힘들지 않을 것이라고 알려주었습니다. 그런데 노인은 오히려 자공에게 호통을 쳤습니다. 그리고 이렇게 말합니다.

"기계를 사용하는 사람은 반드시 요령을 피우게 마련이고, 요령을 피우게 된 사람은 반드시 요령을 피우려는 마음이 생긴다네. 요령을 피우려는 마음이 생기면 순수한 마음을 갖기 어렵고 영혼이 불안해지고 마는 법. 마음과 영혼이 불안한 사람은 위대한 도를 체험할 방법이 없지 않겠나. 내가 기계를 쓸 줄 몰라서 안 쓰는 것이 아니라 부끄러워서 안 쓰는 것이라네."

〈천지天地〉편에 나오는 자공과 한 노인의 이야기입니다. 노인이 한 말의 핵심이 무엇일까요? 기계를 사용하면 기계에 잠식당한다는 것입니다. 기계는 생산성을 높이고 험한 노동에서 자유롭게 합니다. 하지만 기계를 사용하면서 효율성을 따지게 되고, 효율성을 따지면서 본성을 잃어버립니다. 결국, 어떻게 하면 편하게 살까만 고민하게 됩니다. 과학기술이 최고도로 이른 지금, 컴퓨터와 스마트폰 없이 살 수 없게 된 우리의 모습을 보는 듯합니다. 진정한 자유는 자동차와 스마트폰을 갖는 게 아니라 그것 없이도 잘 사는 것입니다.

우리는 많은 사슬에 묶여 있습니다. 과학, 지식, 윤리, 남의 시선 같은 것들입니다. 도는 지식과 윤리가 가져온 압박을 해소하고 소박하고 진실한 삶으로 돌아가는 장자의 해법이 담긴 표현입니다. 인간의 삶은 억압과 구속에서 벗어나려는 자유를 향한 시도였습니다. 그때마다 문명은 새로운 억압 도구를 만들어왔습니다. 온갖 억압 장치에서 벗어날 수 있는 길은 도를 따라 인위의 바깥에서 노니는 것입니다.

우리가 원하는 것은 성공한 내가 아닙니다. 평범한 나입니다. 아인슈타인 같은 과학자가 되고, 일론 머스크 같은 부자가 되고, 방탄소년단처럼 인기가 많으면 좋을까요? 왜 그런 삶을 살아야 할까요? 사람에게 중요한 것은 업적의 성취가 아니라 충만하게 사는 것입니다.

장자가 정저지와(우물 안 개구리)에서 벗어나 붕정만리(붕이 한번 날아오르면 단번에 만 리를 날아간다)를 말하는 이유가 이것 때문입니다. 타인의 삶을 좇아 외물의 유혹을 따르는 삶으로는 자기다움을 얻을 수 없습니다. 자신에게 솔직해야 하고 무엇보다 마음의 소리를 따라야 합니다. 이때 의연함은 나를 옥죄는 억압을 벗어던지는 힘입니다. 그런 후에 남들이 뭐라든 자기 삶을 터벅터벅 간다면 인간적 삶을 회복할 수 있습니다.

삶에 목적은 없습니다. 그저 도를 따라 주어진 길을 소요할 뿐.

4부

맹자,
호쾌한 대장부의 길

20강. 맹자와
그의 시대

삼천지교

철학은 시대의 산물이라고 했습니다. 한 사람의 철학을 제대로 이해하려면 그 사람의 삶과 그가 살아온 시대를 봐야 합니다. 그래야만 그가 무엇을 고민했고 어떤 과정을 거쳐 왜 그러한 결론에 도달했는지 제대로 살필 수 있습니다. 그것이 가능할 때 우리 시대의 것으로 재조명할 수 있겠지요.

맹자(孟子)는 전국시대 추나라에서 태어났습니다. 기원전 372년경에 태어나서 기원전 289년에 사망한 것으로 짐작됩니다. 이름은 가(軻)입니다. 집안에 대해서는 자세히 알려진 바가 없습니다. 일찍 아버지를 여의고 어머니 밑에서 자랐다는 정도입니다. 이런 사정 때문에 맹자와 어머니에 관한 이야기가 널리 알려졌습니다. 대표적인 이야기가 삼천지교(三遷之敎)입니다.

맹자는 어렸을 때 산기슭에서 살았던 모양입니다. 공동묘지 부근이었는지 자주 장례 지내는 소리를 듣게 되었고 어린 맹자는 그 소리를 따라 흥얼거렸습니다. 맹자 공부에 도움이 안 되겠다 싶은 생각에 어머니는 시장 근처로 이사를 합니다. 그러자 맹자가 시장 상인들이 물건을 흥정하는 소리를 흉내 내며 놀았습니다. 마지막으로 학교 근처로 이사를 합니다. 그제야 맹자가 글 읽는 소리를 따라 하더라는 이야기입니다.

또 다른 이야기가 단기지교(斷機之敎)입니다. 맹자가 훌륭한 스승을 찾아 멀리 떨어진 곳에서 공부하게 되었습니다. 아직 어린 나이였는지 엄마가 무척 보고 싶었던 모양입니다. 하던 공부를 중단하고 집으로 돌아와 버렸습니다. 보고 싶었던 엄마를 만났는데 엄마의 반응은 냉담했습니다. 맹자가 공부를 중단하고 돌아온 것을 알고는 짜고 있던 베틀의 천을 가위로 잘라버린 것입니다.

"네가 공부를 그만둔 것은 내가 이 천을 자른 것과 같다. 어서 돌아가거라."

눈물을 훔치며 돌아선 맹자의 모습이 눈에 선합니다. 다행히 맹자는 정신을 차렸고 공부를 열심히 했던 모양입니다. 공부로 세상에 이름을 알린 대학자가 되었으니까요. 맹자가 누구 밑에서 어떤 공부를 했는지 정확한 기록은 남아 있지 않습니다. 다만 사마천의 《사기》에 맹자가 공자의 손자인 자사의 제자에게서 배웠다는 기록이 있는 정도입니다. 맹자도 '공자의 제자가 될 수 없었지만, 다행히 다른 사람에게 공자의 도를 배웠다'라고 밝혔습니다. 공자가 기원전

479년에 죽었고 맹자가 기원전 372년에 태어났으니 두 사람 사이에는 100년 정도의 공백기가 있습니다. 그런데도 맹자는 공자의 사상을 이어받아 좀 더 견고하고 탄탄하게 만들었다는 평가를 받고 있습니다. 두 사람의 사상을 공맹 사상으로 부르는 것은 그만큼 공자와 맹자의 철학이 강하게 연결되어 있기 때문입니다.

맹자의 삶

맹자의 철학은 그가 남긴 《맹자》라는 책을 통해 선명히 알 수 있습니다. 자신이 기록한 내용도 있고 후대에 제자들이 정리한 부분도 있을 것으로 짐작됩니다. 후한의 학자였던 조기(趙岐)는 《맹자장구》에서 맹자가 세속에서 물러난 후 '자신이 논의한 것을 엮어 공손추와 만장 같은 뛰어난 제자에게 정리하게 한 후, 그중에서 법도가 될 만한 말을 스스로 선별하여 맹자 일곱 편을 정리'하였다고 기록하고 있습니다. 《맹자》를 통해서 알 수 있듯이 맹자는 머리가 총명하고 결단력과 강한 의지로 뭉친 사람이었습니다. 말이 분명하고 행동에 거침이 없었습니다. 한번 시작한 일은 끝을 볼 때까지 몰아가는 힘을 느낄 수 있습니다.

공부를 통해 세상에 이름을 알린 후 수레 수십 대와 사람들 수백을 데리고 자신의 왕도정치를 실현할 수 있는 제후를 찾아 유세를 다녔습니다. 이 부분도 공자와 빼닮았습니다. 차이가 있다면 규모가 조금 컸다는 것과 공자보다 대접을 잘 받았다는 정도겠네요. 《맹자》는 유세 중에 만난 제후와 사람들과의 대화를 모은 것이라고 할 수 있습니다. 제나라, 송나라, 등나라, 추나라, 노나라, 양나라 등 자기 뜻을 펼칠 수 있는 곳은 어디든 찾아갔습니다. 마지막으로 머물던 곳이 제나라였는데, 그곳을 떠나면서 왕도정치 이상이 자기 대에 이룰 수 없음을 직감합니다. 그런데도 하늘이 어지러운 세상을 위해 자신에게 큰일을 맡겼다는 점을 자랑스러워했습니다. 이때 맹자 나이가 이미 일흔이 넘었습니다. 제자인 만장, 공손추 등과 함께 추나라로 돌아가 책을 쓰고 제자들을 양성합니다.

전국시대

맹자가 활동했던 시대는 전국시대(기원전 403~기원전 221년)입니다. 춘추시대와 비슷하면서도 다른 시대죠. 주나라 질서가 무너지고 제후들이 각축전을 벌인다는 점에서는 같지만, 춘추시대와 달리 그 정도가 매우 심했어요. 전국시대(戰國時代)라는 말이 그것을 잘 말해줍니다. 각국이 서로 다투는 전란의 시기, 한마디로 난세였습니다. 춘추시대 분열과 갈등이 심해지면서 약육강식이 더욱 분명해졌습니다.

일반적으로 전국시대 시작은 진(晉)나라 유력한 대부 집안이었던 한(韓) 씨, 위(魏) 씨, 조(趙) 씨가 제후를 몰아내고 스스로 권력을 잡으면서 세 나라로 분열되는 기원전 403년을 기점으로 봅니다. 기원전 392년 제나라에서는 전화(田和)가 제강공(齊康公)을 가두고 제나라 제후에 오릅니다. 명목상 천자였던 주안왕(周安王)은 전화를 정식 제후로 봉하죠. 천자가 제후와 대부의 압력을 이기지 못하고 결재 도장을 맡길 수밖에 없는 시대로 접어든 것입니다. 기원전 400년을 전후해서 주나라 천자는 제후국에 대한 미약한 통제력마저 완전히 상실합니다.

이는 단순히 천자의 권위가 추락했음을 의미하는 게 아닙니다. 춘추시대 초기에 140여 개의 나라가 있었다고 합니다. 자고 나면 나라 하나가 사라지던 시대였습니다. 전국시대에 이르면 거의 모두가 대국에 흡수되고 진·초·연·제·한·위·조 강대국 일곱 개만 남게 됩니다. 얼마나 치열한 시대였는지는 사라진 나라의 숫자만 봐도 알 수 있습니다. 천자의 추락 이면에 여러 제후국의 각축전과 지배계층 내부의 일상화된 권력투쟁이 있었습니다.

경쟁이 치열하면 이기는 방법을 여러 각도로 모색하게 됩니다. 제후들은 정치 이론에 뛰어난 사람들을 앞다투어 초빙합니다. 경제적 부를 기반으로 군사력을 키우고 상대국과의 대결에서 승리하는 방편을 모색하기에 여념이 없었습니다. 그 와중에 백성들의 삶은 나날이 피폐해졌습니다. 맹자가 길바닥에 굶어 죽은 시신이 널렸다고 표현할 정도였습니다.

맹자는 이런 시대를 살았습니다. '난세를 어떻게 할 것인가?' 이것이 맹자의 문제의식이었지요. 맹자는 자신의 배움과 경험을 바탕으로 공자의 재건을 선언합니다. 공자의 이론을 잘 다듬고 자기 스타일을 가미해서 탄탄한 철학으로 완성했습니다. 이 철학의 핵심을 우리는 '왕도정치'라고 부릅니다. 왕도정치라는 깃발을 꽂고 세상을 평정할 기회를 찾아 힘찬 발걸음을 내디딘 사람이 맹자였습니다.

21강. 맹자의 깃발, 왕도정치

인의

왕도정치는 맹자의 핵심입니다. 도대체 무엇을 왕도정치라고 하는 것일까요? 왕도정치란 군주가 인의를 바탕으로 덕을 실천하여 백성의 삶을 풍요롭게 하는 정치입니다.

《맹자》는 양혜왕을 만나는 이야기로 시작됩니다.

"선생처럼 훌륭한 분이 먼 길을 찾아오셨으니 장차 우리에게 이익이 있겠지요?"

양혜왕은 맹자를 만나자마자 나라에 이익이 될 수 있는 말을 부탁합니다. 그러자 맹자가 대답합니다.

"왕께서는 어찌 이익에 관해서 말씀하십니까? 정말로 중요한 것은 인의(仁義)입니다."

—《맹자》〈양혜왕 상梁惠王 上〉

왕도정치란 인의를 바탕으로 한다고 했습니다. 맹자는 왕혜왕을 만나자마자 인의를 강조합니다. 이익보다 인의가 중요하다는 것입니다. 인은 다른 사람을 사랑하는 마음입니다. 의는 올바름입니다. 다른 사람을 사랑으로 대하고, 올바름을 추구하라는 것이 군주가 이익보다 우선할 덕목입니다.

임금이 자기 이익을 우선으로 여기면 어떻게 될까요? 그 아래에 있는 대부나 신하들도 자기 집안이나 가문의 이익을 생각할 겁니다. 그 아래의 선비나 백성들 또한 자기 몸을 이롭게 할 생각만 하겠죠. 나라 안 모든 사람이 자기 이익만 생각한다면 나라는 위태로울 수밖에 없습니다. 한 나라에서 영향력이 가장 강한 사람이 누구일까요? 군주입니다. 윗물이 맑아야 아랫물이 맑은 법, 왕도정치 시작은 군주의 솔선수범입니다.

여민동락

왕도정치는 백성을 위한 정치입니다. 백성이 평안해야 나라도 안녕할 수 있습니다. 제나라 선왕이 맹자를 만났습니다.

"옛날 문왕의 동산은 사방이 70리였다고 하는데 그렇습니까?"

"전하는 기록에 의하면 그렇습니다. 하지만 백성들은 오히려 작다고 생각했습니다."

"이상하군요. 과인의 동산은 사방이 40리 정도입니다. 그런데 백성들은 오히려 크다고 생각합니다. 무슨 까닭입니까?"

"문왕의 동산은 풀을 베는 사람과 땔나무를 구하는 사람이 마음대로 들어가고 짐승을 사냥하는 사람들도 자유롭게 드나들었습니다. 백성들과 함께했기 때문에 백성들이 작다고 생각했던 것입니다. 제가 들으니 제나라 동산에서 사슴을 잡는 사람은 사람을 죽인 죄와 같이 다스린다고 하더군요. 그러니 어찌 백성들이 크다고 생각하지 않겠습니까?"

―《맹자》〈양혜왕 하梁惠王 下〉

여민동락(與民同樂), 백성과 함께 즐거워한다는 뜻입니다. 인과 의를 행한다는 것은 군주가 백성을 아끼고 사랑하는 것이며 올바르게 정사를 처리하는 것입니다. 전국시대는 군주의 이익을 위해 백성들을 동원했습니다. 군주에게는 이익이 되지만, 백성들에게는 해가 됩니다. 맹자는 이런 나라는 오래 유지될 수 없다고 보았습니다.

백성들의 즐거움을 자기 것으로 여기는 군주가 있다? 당연히 백성들도 임금의 즐거움을 자기 즐거움을 여길 것입니다. 백성의 걱정을 자기 걱정처럼 생각한다면 백성 또한 임금을 걱정할 것입니다. 백성이 임금을 걱정하는 나라라면 부국강병에 어려움이 없다는 것이 맹자의 논리입니다.

고대사회 특징 중 하나가 천명(天命) 의식입니다. 하늘의 명을 받은 자가 천하를 다스린다는 믿음입니다. 지배자의 권위를 하늘에서 구하고 있습니다. 맹자도 인간의 기본적인 품성인 인과 의를 하늘이 부여했다고 여겼습니다. 천명을 얻는다는 말은 군주가 덕을 닦는다는 것이고, 덕을 닦는다는 것은 백성을 어진 정치로 잘 살게 한다는 의미입니다. 천명은 덕이 있는 자에게 옮겨갑니다. 백성을 위한 정치를 하는 사람이 곧 천명을 얻게 되는 것이죠.

왕도정치는 백성을 위한 것이라는 결론에 도달합니다. 한마디로 민본정치입니다. 하나라와 상나라의 폭군이었던 걸왕과 주왕이 천하를 잃고 왕위를 빼앗긴 이유가 무엇일까요? 백성들의 마음, 민심을 잃었기 때문입니다. 맹자는 천하를 얻고자 한다면 그 백성을 얻으면 된다고 말합니다. 백성을 얻으려면 어떻게 해야 할까요? 그들의 마음을 얻으면 됩니다. 마음을 얻으려면, 당연히 그들이 바라는 것을 이루게 해야 합니다.

군주가 이것을 실천한다면 재물을 좋아하든 여색을 즐기든 아무 상관이 없습니다. 백성들과 함께하기 때문입니다. 제나라가 연나라를 합병해야 할지 말아야 할지 고민하자 맹자는 '연나라 백성들이 기뻐할 것 같으면 하라'고 대답합니다. 연나라 백성들이 제나라 왕을 환영한다면 민심을 얻은 것이고 그것은 곧 천명입니다.

패도정치

패도정치는 왕도정치와 상반되는 개념입니다.

"힘을 사용하면서 인한 척하는 사람은 패자인데, 패자에게는 반드시 큰 나라가 있어야 한다. 덕으로 인을 실천하는 자는 왕자(王者)이다. 왕자는 큰 나라가 필요하지 않다. 탕왕은 사방 70리 땅으로, 문왕은 사방 100리 땅으로 왕이 되었다.

힘으로 남을 복종시킨다면 사람들은 마음으로 따르지 않고, 단지 힘이 부족하기에 억지로 복종한다. 덕으로 남을 복종시킨다면 마음으로 기뻐하고 진정으로 복종하니, 제자 70명이 공자를 따른 것이 그 예이다."

─《맹자》〈공손추 상公孫丑 上〉

패도정치(覇道政治)란 힘으로 다스리는 정치를 말합니다. 법가 사상가인 상앙이나 한비자는 엄격한 상과 벌로 나라를 다스리자고 주장했는데, 이때 상벌은 군주가 가진 현실적인 힘을 말합니다. 맹자는 패도정치를 인과 의에 바탕을 두지 않았다고 보고 부정했지만, 법가 사상가들은 오히려 왕도정치가 현실적으로 불가능하므로 패도에 의한 정치가 불가피하다고 보았습니다. 상앙도 '모든 사람을 어질게 만들 수 없다'라며 통치자에게 중요한 것은 힘임을 강조했죠.

전국시대에는 여러 나라를 다니며 서로 힘을 합쳐 다른 나라에 대적할 것을 주장하는 유세객, 종횡가(縱橫家)가 대세였습니다. 종횡가의 대표적인 책략이 합종책과 연횡책입니다. 합종책은 약한 나라끼리 연합해서 강한 나라에 대항하는 전략을 말하고, 연횡책은 강자가 약자들과 화친을 통해 약한 나라가 힘을 합치지 못하게 막는 전략입니다. 종횡가의 시조로 귀곡자를 꼽습니다. 그의 제자가 소진과

장의입니다.

소진은 합종책을 주장합니다. 당시 강대해지는 진(秦)과 일대일로 싸워서는 승리할 수 없으므로 초(楚)·연(燕)·제(齊)·한(韓)·위(魏)·조 (趙)의 여섯 개 나라가 연합하여 힘을 합치자는 것입니다. 실제로 여러 나라를 설득해서 합종을 이루어냅니다. 자신이 여섯 국가 재상을 겸하면서 진나라에 대항하죠. 진나라와 여섯 국가의 세력 균형이 형성된 것입니다.

장의는 합종책에 맞서 연횡책을 제시합니다. 연횡책은 강한 진나라가 작은 나라들과 개별적으로 화친하여 약자들끼리 힘을 합치지 못하게 만드는 전략입니다. 각국의 이해가 조금씩 다른 것을 이용해서 서로 분열시키는 작전이죠. 진나라 공손연은 연횡책으로 제나라와 위나라를 속여 함께 조나라를 치게 합니다. 연횡책을 활용한 진나라는 먼 나라와는 화친을 맺고 가까운 나라와는 싸우는 원교근공(遠交近攻) 전략으로 천하 통일에 성공합니다.

맹자의 관점에서 종횡가는 패도에 가까웠습니다. 힘을 힘으로 대적하고 있기 때문입니다. 게다가 상대를 속이는 권모술수까지 더해졌으니 맹자가 좋게 여겼을 리 없습니다.

왕도정치와 현실

왕도정치와 패도정치 문제는 현실적으로 중요했습니다. 전국시대라는 혼란기에 어떻게 나라를 보존하고 부국강병을 이룰 것인가와 직결되기 때문입니다. 백성을 사랑하고 의를 실천하는 군주가 유리한지, 힘으로 백성을 통제하는 방법이 유효한지 제후들은 계산기를 두드릴 수밖에 없었습니다. 제후들은 누구 손을 들어주었을까요? 패도였습니다. 공자와 맹자의 사상은 외면당했지만, 법가와 종횡가는 현실에 활용되어 전국시대를 통일하는 원동력이 되었습니다.

힘을 사용하는 방식은 여러 가지가 있습니다. 인품이나 덕으로 감화시키는 방법도 있고, 지위나 무력으로 강제하는 방법도 있습니다. 전자가 왕도정치라면, 후자는 패도정치죠. 사회는 다양한 힘의 논리가 작동하는 곳입니다. 정치활동은 그 복잡성이 최고조에 이른 곳이죠. 나중에 자세히 살펴보겠습니다만, 법가는 유가의 논리가 가족에게나 통하는 것이라며 국가에 적용될 수 없다고 강하게 비판했습니다. 무엇이 바람직한지, 어떤 방법을 활용하는 것이 좋은지, 그 판단은 우리 몫입니다.

22강. 백성이 근본이다, 혁명의 근거

　　제나라 선왕이 천하를 얻는 방법을 묻자 맹자는 "백성을 잘 보살 피는 왕이 되어야 한다"라고 대답합니다. 왕이 그 이유를 묻자 맹자 는 제선왕과 관련된 이야기로 설명합니다.

　　"들자 하니 왕께서 제사에 쓰일 소가 끌려가는 모습을 보고는 '그 소를 놓아주어라. 소가 두려워 떠는 모습이 아무런 죄도 없이 사지로 끌려가는 것 같아 차마 볼 수가 없다'라고 하면서 놓아주라고 하셨다 고 들었습니다. 그러고는 양으로 바꾸라고 하셨는데 그런 일이 있었 습니까?"

　　"그렇습니다."

　　"그런 마음이라면 천하의 왕이 되기에 충분합니다. 왕께서 그렇게 하신 것은 소가 아까워서가 아니라 끌려가는 소의 모습을 차마 볼 수 없어서 그렇게 하셨기 때문입니다."

―《맹자》〈양혜왕 상〉

사람은 다른 존재의 고통이나 슬픔을 목격할 때 '차마 볼 수 없는 마음'이 일어납니다. 사람의 선한 본성입니다. 그런 마음이라면 힘들게 사는 백성을 위해 좋은 정치를 펼칠 수 있을 것입니다.

짐승을 측은하게 여기는 선한 마음을 가졌는데도 백성들에게 덕이 미치지 않는 까닭은 무엇일까요? 널리 은혜를 베풀지 않기 때문입니다. 중요한 것은 실천이지요. 소의 안타까움만 보았지, 백성의 아픔은 보지 못했습니다.

'연목구어(緣木求魚)'라는 사자성어가 있습니다. 나무에 올라가 물고기를 얻으려는 어리석은 행동을 말합니다. 맹자는 힘으로 전쟁을 일으켜 천하를 통일하겠다는 태도를 연목구어라고 했습니다. 그런 방법으로는 천하를 얻을 수 없다는 말이지요. 대신 근본으로 돌아가기를 권합니다. 그가 말하는 근본은 '백성을 위하는 정치'입니다. 왕이 인의로 정치를 하면 천하에 벼슬하는 자들이 모두 왕 밑에서 벼슬하려 할 것이고, 농사짓는 사람들은 왕의 땅을 찾아와 농사지으려 할 것이며, 장사꾼들은 모두 왕의 시장을 찾아올 것이니 이같이 된다면 아무도 그가 천하의 왕이 되는 것을 막을 수 없습니다.

당시의 국경은 명확하지 않았습니다. 백성들은 인으로 정치를 행하는 곳이 있다면 짐을 챙겨 다른 나라로 옮겨가는 것이 어렵지 않았습니다. 백성을 아끼는 군주가 있는 곳이라면 많은 백성이 찾아올 것입니다. 그렇게 되면 인구가 늘고 물자는 풍성해져 나라는 부강해지겠지요.

맹자가 강조하는 것은 백성의 삶입니다. 백성이 안정되어야 나라가 바로 서는 법이지요. 한마디로 민본주의입니다. 이것이 맹자의 진보성입니다. 군주를 위한 정치가 아니라 백성을 위한 정치입니다.

정전제

백성을 위하는 정치는 어떻게 하는 것일까요? 무항산무항심(無恒産無恒心). 일정한 소득이 없으면 일정한 마음도 없다는 뜻입니다. '곳간에서 인심 난다'라고 했습니다. 먹을 것이 넉넉해야지 다른 사람도 돌아볼 수 있습니다. 고정적인 생업이 있어야 인의도 지켜질 수 있죠.

당시 군주들은 백성들의 고혈을 짜서 부국강병을 이루려 했습니다. 생업이 안정되지 않은 상황에서 핍박만 심해진다면 도둑이 될 수밖에 없습니다. 《레 미제라블》의 장 발장은 굶주린 조카를 위해 빵 하나를 훔쳤다가 감옥에 갇힙니다. 풀려난 후에도 자기를 사랑으로 대해준 미리엘 신부의 은접시를 훔쳐 달아나죠. 보통 사람들에게 굶주림은 도덕보다 우선하는 본능입니다. 그것을 알기에 맹자는 무엇보다 민생안정을 강조합니다. 왕의 일은 백성들에게 생업을 주고 가족을 먹여 살릴 수 있게 하는 것입니다. 그런 후에야 백성을 선한 데로 이끌 수 있습니다. 요즘 말로 민생 좀 챙기라는 것이지요.

맹자는 형이상학만 논하는 철학자가 아니었습니다. 구체적인 민생에 대한 대안을 마련하고 있었습니다. 그것이 정전제(井田制)입니다. 사회가 잘 운영되려면 두 가지 조건이 충족되어야 합니다. 하나는 먹고살 수 있을 정도의 기본적인 수입이고, 다른 하나는 분배의 공정성입니다.

정전제에서 정은 우물 정(井)입니다. 땅을 우물 정 자 모양으로 나누면 아홉 개 구역이 생깁니다. 가운데 있는 땅을 공전(公田)으로 합니다. 공전은 국가의 수입이 됩니다. 나머지 여덟 개의 땅은 사전(私田)입니다. 각각을 백성들에게 나누어주고 농사짓게 합니다. 백성들은 공전을 경작한 후에 사전의 일을 봅니다. 공전에서 나온 것은 나라를 운영하고 벼슬아치들의 녹봉으로 사용됩니다.

맹자에게 백성들의 생활 안정은 무엇보다 중요한 덕목입니다. 백성은 근본입니다. 근본이 흔들리면 상부구조도 유지할 수 없습니다. 정전제는 근본을 안정시키기 위한 맹자의 적극적 대안이었습니다.

민본주의

민본주의(民本主義)는 백성이 근본이라는 뜻입니다. 백성이 주인인 민주주의(民主主義)와 다릅니다. 민주주의는 자기가 자기를 다스리는 자치(自治)입니다. 모든 국민이 나라의 일을 직접 결정해야 하지만 그것이 어렵기에 대표를 뽑아 정치를 대신하게 합니다. 이것이 현대 민주주의입니다.

맹자의 민본주의는 현대 민주주의와 차이가 있습니다. 정치하는 사람과 생산하는 사람을 나누고, 지배와 피지배 관계를 인정했습니다. 이것이 맹자의 한계라고 지적하는 사람들이 많습니다. 하지만 당시 맹자의 이런 주장은 놀랄 만큼 진보적이었습니다. 전제군주 시대에 민본을 주장한다는 것 자체가 혁명적이었으니까요.

맹자의 혁신성은 여기에 머물지 않고 한발 더 나아갑니다. 이른바 역성혁명입니다.

제나라 선왕이 맹자에게 탕왕이 걸왕을 내쫓고, 무왕이 주왕을 정벌한 것을 두고, 신하가 임금을 죽이는 것이 옳은 일이냐고 묻습니다. 신하가 임금을 죽이고 그 자리를 차지했는데 그 주인공인 탕왕과 무왕이 어떻게 칭송받을 수 있느냐고 의문을 던집니다. 맹자는 어떻게 대답했을까요? '걸왕과 주왕은 인의를 해친 자로 일개 사내일 뿐'이라고 말했습니다. 걸과 주를 군주로 인정하지 않는다는 의미입니다. 인과 의를 해치는 자는 왕이 될 자격이 없다는 뜻이기도 합니다.

군주는 천명을 받은 자입니다. 천명은 인의를 실천하는 덕이 있는 사람에게 하늘이 부여하는 것이죠. 이때 그가 천명을 받았다는 것을 어떻게 알 수 있을까요? 민심입니다. 백성의 마음을 얻은 자가 천명을 받은 자입니다. 걸과 주는 민심을 얻지 못했으니 군주가 아닙니다. 전제군주 시대에 이런 철학을 품었다는 것 자체가 놀라울 따름입니다. 심지어 백성이 귀하고 임금이 가볍다고 합니다.

> "백성이 귀하고, 사직은 그다음이며, 임금은 가볍다."
> ─《맹자》〈진심 하盡心 下〉

사직은 땅과 곡식의 신을 모시는 것입니다. 백성과 사직과 임금

중에서 임금이 가장 가볍습니다. 임금의 자리는 백성의 마음에 의존하기 때문입니다. 백성이 가장 귀하므로 백성의 마음을 얻으면 천자가 되고 천자의 마음을 얻으면 제후가 되며 제후의 마음을 얻으면 대부가 됩니다. 백성이 미천해 보이지만 알고 보면 무엇보다 중요한 것입니다.

역성혁명론

역성혁명이란 군주의 성을 바꾼다는 의미입니다. 군주를 갈아치우는 것이죠. 요즘도 대통령이나 지도자를 바꾸는 게 쉽지 않은데, 당시의 이런 주장은 그야말로 놀라운 것이었습니다. 임금에게 "허물이 있어서 신하들이 간언을 반복해서 하는데도 듣지 않으면 군주를 갈아치울 수 있다"라고 했으니까요.

맹자의 주장은 공자의 정명론과 관련이 깊습니다. 임금은 임금답고, 신하는 신하답고, 어버이는 어버이답고, 자식은 자식다워야 한다는 것이 공자의 정명론입니다. 그런데 임금이 임금답지 않다면 어떻게 해야 할까요? 공자는 명확한 대답을 내놓지 않았습니다. 반면 맹자는 명쾌합니다. 바꾸라는 것입니다. 임금답지 않은 임금은 임금이 아니기 때문입니다. 임금답지 않다는 말은 백성을 위한 정치를 하지 않는다는 말입니다. 민본주의와 역성혁명은 연결되어 있습니다.

역성혁명론은 성리학으로 이어져 조선 시대까지 큰 영향을 미칩니다. 신진사대부와 이성계의 조선 개창, 연산군과 광해군을 끌어내린 반정(反正)이 역성혁명 논리와 연결되어 있으니까요. 왕을 갈아치울 수 있는 이유는 군주가 인의를 저버렸기 때문입니다. 맹자에게 인의는 하늘이 인간에게 내린 본성입니다. 그것을 따르지 않는 군주는 군주로서 자격이 없는 것이죠.

"못 살겠다 갈아보자."

부패한 이승만 정권을 참을 수 없었던 분노의 메시지입니다. 4·19혁명은 대통령답지 않은 한 지도자를 바꾼 사건이었습니다. 역성혁명은 왕조시대에만 가능한 것이 아닙니다. 이 땅의 위정자들이 새겨야 할 대목입니다. 맹자의 민본주의가 현재에도 유효한 이유겠지요.

23강. 사람은 본래 선하다, 성선설과 인간 본성 논쟁

유자입정

"만약 어떤 사람이 어린아이가 우물에 빠지게 되는 것을 본다면, 깜짝 놀라 측은하게 여기는 마음이 생겨 구하기 위해 달려갈 것이다. 이것은 아이의 부모와 친분을 맺기 위해서도 아니고, 마을 사람이나 친구들에게 칭찬을 듣기 위해서도 아니며, 구하지 않으면 사람들의 원성을 듣게 될까 두려워 그런 것도 아니다.

이를 통해서 볼 때 측은하게 여기는 마음(惻隱之心, 측은지심)이 없다면 사람이 아니고, 부끄러워하는 마음(羞惡之心, 수오지심)이 없다면 사람이 아니며, 사양하는 마음(辭讓之心, 사양지심)이 없다면 사람이 아니고, 옳고 그름을 가리는 마음(是非之心, 시비지심)이 없다면 사람이 아니다."

―《맹자》〈공손추 상〉

맹자는 성선설의 근거로 우물에 빠진 아이(幼子入井, 유자입정)를 구해주는 사람의 예를 듭니다. 사람은 누구나 다른 사람의 고통을 차마 외면하지 못하는 마음(不忍人之心, 불인인지심)이 있다는 것입니다. 듣고 보면 정말 그런 것 같습니다. 굶주림에 지치고 병든 아프리카 아이들 모습을 보여주는 유니세프 광고만 봐도 작은 기부라도 해야겠다는 마음이 생깁니다. 맹자는 사람의 선한 마음이 하늘이 내려준 타고나는 것이라 했습니다. 그래서 본성(本性)입니다.

여기서 '사단(四端)'이 등장합니다. 측은지심은 인(仁)의 단서이고, 수오지심은 의(義)의 단서이며, 사양지심은 예(禮)의 단서이고, 시비지심은 지(智)의 단서입니다. 네 가지 단서가 사람이 선하다는 증거입니다. 맹자가 인간의 근본으로 규정한 '인의예지'입니다. 훌륭한 왕들은 인의예지를 실천했습니다. 그렇기에 천하를 다스릴 수 있었습니다. 하늘의 순리에 따라 자기 본성에 충실한 것이 맹자의 도(道)입니다. 도를 따르면 백성이 따르고 천하가 태평해지지만, 도를 따르지 않는다면 천하는 물론 자신마저 잃게 됩니다. 사단은 후에 송나라 주희에게 받아들여져 성리학에 큰 영향을 미칩니다.

악해지는 이유

사람의 본성이 선한데 왜 악한 사람이 있는 것일까요?

> "풍년이 들면 사람이 나태해지고, 흉년이 들면 포악해지는데, 이것은 타고난 재질 때문이 아니라 환경이 그렇게 만드는 것이다."

사람은 선하지만, 환경 때문에 악해집니다. 아무리 잘 자라는 식물도 하루만 햇빛을 보고 열흘 동안 어두운 곳에 둔다면 살 수가 없습니다. 잘 길러주면 모든 사물은 잘 자랄 수 있고, 잘 길러주지 않으면 쉽게 죽습니다. 그래서 환경이 중요합니다.

화살을 만드는 사람은 사람을 죽이지 못할까 걱정하고 갑옷을 만드는 사람은 사람을 살리지 못할까 걱정합니다. 그렇다면 화살 만드는 사람이 갑옷 만드는 사람보다 어질지 않은 것일까요? 아닙니다. 화살 만드는 사람이 사람을 죽이지 못할까 걱정하는 까닭은 일의 성격이 그렇기 때문입니다. 사람은 일의 성격에 따라 마음도 변합니다. 맹자가 일의 선택이 중요하다고 말하는 이유입니다.

사람은 하는 일에 따라서 생각이 달라집니다. 마르크스는 이것을 "사회적 존재가 사회적 의식을 규정한다"라고 표현했습니다. 그가 속한 사회경제적 위치에 따라 생각이 달라진다는 말입니다. '자리가 사람을 만든다'라는 우리 말이 있습니다. 어느 자리에 있느냐, 어떤 상황에 부닥치느냐에 따라 생각이 바뀝니다. 사원일 때 생각과 부장이 된 후의 생각은 다른 법이니까요. 이것은 그 사람이 선하거나 악하기 때문이 아니라 환경과 조건이 그렇게 만든 것입니다.

현명한 군주는 백성을 어떻게 대할까요? 백성이 사는 환경을 잘 가꾸려고 노력합니다. 그래야 선한 본성은 지킬 수 있습니다. 환경 중 으뜸은 교육이지요. 공자와 맹자 모두 배움을 강조했습니다. 성인은 자기를 돌아보고 자기를 가꾸는 사람입니다. 한마디로 자기 수양입니다. 자기 수양을 통해 선한 본성을 갈고 닦는 사람이 군자이고 성인의 자질을 키우는 사람입니다.

맹자는 사람을 볼 때 그가 중요하게 여기는 것이 무엇인지를 살피라고 말합니다. 중요하지 않은 부분을 키우는 사람은 소인, 중요한 부분을 키우는 사람은 대인입니다. 먹고 마시는 것을 중요하게 여기는 사람을 천하게 여기는 것은 중요하지 않은 부분을 기르기 때문입니다. 중요하지 않은 부분에 집중하면 중요한 것을 잃어버립니다.

맹자가 말하는 중요한 부분이란 무엇일까요? 사람의 타고난 본성, 인의예지를 밝혀 덕을 실천하는 것입니다. 대인은 중요한 것에 집중해 하찮은 게 중요한 것을 빼앗지 못하게 하는 사람입니다. 먹고 마시는 것을 중요하게 여기는 사람은 자기 이익이나 눈앞의 현실이 앞선 사람입니다. 생각이 짧을 가능성이 크지요. 이런 사람과 가까이하면 자연스럽게 내 생각도 그렇게 됩니다. 고귀한 이상을 품은 사람은 다르게 생각합니다. 나를 넘어서 우리를 고민하고, 생존을 넘어서 의미와 가치를 묻습니다. 이런 사람들과 사귄다면 높은 차원의 자아로 생각의 중심을 옮길 수 있습니다.

공자도 익자삼우(益者三友)와 손자삼우(損者三友)를 말했습니다. 정직하고 신의가 있으며 아는 것이 많은 친구는 이익이 된다고 했습니다. 반면 겉치레가 심하고 아첨을 하거나 말만 잘하는 친구는 손해를 입히죠. 교재는 좋은 환경을 만드는 것과 같습니다. 만나는 사람이 누구냐에 따라 보고 듣고 느끼는 것이 달라지기 때문입니다.

순자의 성악설

전국시대는 본성에 관한 논쟁이 활발했습니다. 이른바 본성론입니다. 맹자의 성선설과 순자의 성악설, 고자의 성무선악설이 대표적입니다.

순자는 유학자입니다. 공자를 익혔고 그를 따라 예를 강조했습니다. 그런데 맹자와 생각이 달랐습니다. 그 차이가 성악설입니다.

> "사람의 본성은 악하다. 선하다고 말하는 것은 거짓이다."
>
> ―《순자》〈성악性惡〉

사람을 비롯한 모든 생명에게 가장 중요한 것이 무엇일까요? 살아남는 것, 자기 보존입니다. 순자는 이 점을 강조합니다. 사람은 소고기나 돼지고기를 즐기고, 화려한 비단옷을 좋아하며, 걷기보다 수레와 말을 타려고 합니다. 그러고도 만족을 모릅니다. 나면서부터 이익을 좋아해서 서로 다투고 사양하는 마음이 없어진다는 것이 순자의 인간관입니다. 사람이 선하게 되려고 하는 이유도 그 본성이 악하기 때문입니다.

인간이 악하다면 어떻게 해야 할까요? 본성을 따른다면 서로 다투고 분수를 어기게 될 것이기에 교화가 필요합니다. 교화의 방법은 좋은 스승을 찾아서 배우고, 예를 익히는 것입니다. 순자가 "학문을 하면 사람이 되고, 학문을 버리면 짐승이 된다"라고 말하는 이유입니다.

사람은 악하지만, 배움을 통해서 악을 통제할 수 있습니다. 순자가 유가의 일원으로 이해되는 점은 예(禮)를 강조하기 때문입니다. 그가 말하는 예는 공자의 그것과 유사합니다. 하지만 법가적인 면을 강조한다는 점에서 차이가 있죠. 순자는 유가의 인물로 재조명되었다가 성리학이 등장하고 맹자가 강조되면서 이단아 취급을 받게 됩니다. 그 주된 이유가 성악설 때문입니다. 하지만 인간을 교육으로 교화해야 한다는 점, 백성이 근본이라는 민본주의를 강조한다는 점은 맹자와 다르지 않습니다.

> "임금은 배요, 백성은 물이다. 물은 배를 띄우기도 하지만 배를 뒤집기도 한다."
> ―《순자》〈왕제王制〉

민심은 곧 천심이라는 유학의 민본주의를 다시 확인할 수 있습니다. 위 문장은 당 태종과 신하들의 대화를 다룬 《정관정요》에서 강조되면서 널리 알려지게 됩니다.

고자의 성무선악설

고자(告子)는 맹자와 비슷한 시대를 살았던 인물로 《맹자》〈고자告子〉 편에 등장합니다. 성무선악설(性無善惡說)은 말 그대로 사람의 본성은 선하지도 악하지도 않다는 주장입니다.

"사람의 본성은 흐르는 물과 같아 동쪽으로 터놓으면 동쪽으로 흐르고, 서쪽으로 터놓으면 서쪽으로 흐른다. 이것은 사람의 본성에 선과 선하지 않음의 구별이 없는 것과 같다."

고자에 따르면 사람은 어떤 본성도 타고나지 않으며 단지 욕구만을 가지고 태어납니다. 태어난 후 어떤 조건을 만나느냐에 따라 선해질 수도, 악해질 수도 있습니다. 결국, 선악은 본성의 문제가 아니라 주어진 환경에서 선택하는 의지의 문제로 귀결됩니다. 사람의 본성은 선악이 없으며 물처럼 길을 열어주는 쪽으로 흐른다는 것입니다.

이런 주장에 대해 맹자는 물길을 바꿀 수는 있지만, 근본적으로 물은 아래로 흐르는 본성이 있음을 강조하며 사람도 이와 같다고 반박합니다. 물이 아래로 흘러가듯 사람은 선하다는 것이죠. 맹자에게 고자의 주장은 인간과 동물의 차이를 무시하고 인간 사회의 기본 질서를 무너뜨릴 위험한 사상이었습니다.

고자의 성무선악설은 서양 근대 철학자 로크의 백지설(白紙說)과 연결되어 이해되곤 합니다. 로크는 인간은 백지로 태어난다고 주장합니다. 인간은 태어날 때 백지이며 경험을 통해서 세상을 알게 된다는 것이죠. 사실 백지설과 성무선악설은 비슷해 보이지만 관점이 조금 다릅니다. 로크의 백지설은 백지상태 인간이 경험을 통해서 무엇인가를 알게 되는 인식론에 관한 것이고, 고자의 성무선악설은 주어진 환경이 사람을 선하게도 악하게도 만들 수 있다는 윤리론 차원의 것입니다. 인식의 과정에 선악에 관한 내용도 알게 된다는 점에서 서로 연관성을 가질 수도 있겠지요.

이기적 유전자

생물학이 발전하면서 인간 본성에 대한 논의는 유전자 문제로 귀결되고 있는 상황입니다. 인간 본성은 동물의 본성과 큰 차이가 없으며 선악은 본성과 관계가 없다는 것입니다.

니체가 이미 간파했듯이 우리가 알고 있는 선악 관념은 선천적인 것이 아니라 사회 역사적인 것입니다. 선악은 고정불변하는 것이 아니라 시대에 따라 기준과 내용이 달라지는 가변적인 개념입니다. 현대 철학은 선과 악이라는 관념이 사회적 힘에 따라 만들어졌고 변하는 이데올로기라는 점에 동의하는 듯합니다.

리처드 도킨스의 유명한 책 《이기적 유전자》는 디엔에이(DNA)야말로 생명의 주인이며 생명체는 생존 기계에 불과하다고 말합니다. 인간은 DNA에 기록된 생존과 자기 보존이라는 본능을 가지고 태어났을 뿐이라는 것이죠. 우리가 중요하게 생각하는 윤리, 사랑, 종교 같은 인간만이 가진 것으로 이해되는 특성들도 그것이 인간 생존에 도움을 주었기 때문에 우리 속에 남아 있게 된 것입니다.

퓰리처상을 두 번이나 수상한 생물학자 에드워드 윌슨도 '인간은 역사의 산물'이라고 말합니다. '인간을 포함한 모든 종은 자신의 유전적 역사가 부과한 명령을 수행할 뿐 그 외의 다른 어떠한 목적도 갖고 있지 않다'라는 것입니다. 선한 본성을 타고났기에 선함을 실천하며 살아야 하는 것이 아니라 선함을 실천하는 것이 삶에 도움이 되기 때문에 그렇게 한다는 것이죠. 이제 선악의 문제는 인간 본성이 아닌 문화와 구조의 문제로 이해되고 있습니다.

본성론의 의미

우리 시대에 인간 본성에 대한 논의는 의미가 없어진 것일까요? 그렇지 않을 것입니다. 선과 악에 관한 관념은 여전히 우리 삶을 지배하고 있습니다. 사람을 선하게 보느냐 악하게 보느냐에 따라 타인을 대하는 태도가 달라집니다. 시장에서 물건을 살 때 파는 사람이 자기 이익을 챙기는 사람이라는 생각을 가지면 바가지 쓰지 않기 위해 물건값을 깎는 데 집중하게 됩니다. 파는 사람이 선한 마음을 가졌다고 믿으면 물건값을 깎는 대신 '많이 파세요'라며 삶을 응원하게 되지요. 이 문제는 직장동료, 친구 관계에도 똑같이 적용됩니다.

세계를 보는 관점을 세계관이라고 합니다. 어떤 세계관을 가졌느냐에 따라 세상을 대하는 자세가 달라집니다. 인간을 보는 인간관이 중요한 이유가 이것 때문입니다. 인간관에 따라 사람을 대하는 태도가 달라질 것이고, 그것은 결국 타인과의 관계에 결정적인 영향을 미칩니다. 자기 인간관을 돌아보아야 하는 이유가 여기에 있겠죠.

인간은 이기적인 면과 이타적인 면을 함께 가지고 있습니다. 먹고 살기 위해 경쟁하면서도 '옳은 일이다' 싶으면 팔을 걷어붙이고 달려듭니다. 혼자 먹고사는 데는 이기심이 필요하지만, 집단이 생존하려면 이타심이 중요합니다. 부모님 희생 없이 잘 사는 자식이 없듯,

전체를 위해 자기 것을 양보하는 개인이 없는 집단은 존속하기 어렵습니다.

본성론에서 중요한 점은 선악 그 자체가 아니라 선천적이든 후천적이든 인간은 선함을 가졌고 그것을 잘 가꾸어 살기 좋은 세상을 만들어야 한다는 것입니다. 맹자와 순자, 고자는 본성에 대한 관점이 달랐지만, 이 점에서는 의견이 일치했습니다. 시대는 바뀌었지만, 여전히 우리 삶에 필요한 것은 타인의 고통에 대한 공감입니다.

24강. 호연지기,
흔들리지 않는 당당한 삶의 비결

크리슈나의 가르침

힌두교 경전 《바가바드 기타》는 왕위쟁탈 전쟁에서 사촌들과 싸워야 하는 왕자 아르주나의 내적 갈등으로 시작됩니다. 사촌을 죽이느니 차라리 죽임을 당하는 것이 마음 편하겠다고 생각하는 아르주나에게 마부이자 조력자인 크리슈나가 깨달음이 담긴 조언을 들려줍니다. "태어남이 있으면 죽음이 있고, 죽음이 있으면 반드시 태어남이 있으니 피할 수 없는 것을 위해 슬퍼할 필요가 없다"라는 것입니다. 크리슈나는 힌두교의 최고신인 비슈누의 화신입니다.

크리슈나는 의무에 따라 충실히 싸울 것을 권합니다. 의무는 마땅히 해야 할 일을 행하는 것이죠. 대신 결과를 생각하지 말라고 합니다. 결과가 자신에 이롭다고 행하고, 이롭지 않다고 행하지 않는 것은 의무에 충실한 행위가 아니기 때문입니다. 내면의 소리, 전체의 소리에 따라 해야 할 일을 행하는 것이 충만한 삶임을 가르칩니다.

동요를 극복하는 방법

크리슈나의 소리는 맹자의 그것과 닮아 있습니다. 맹자는 천하를 호령하는 제후를 앞에 두고도 올바른 말을 했던 사람입니다. 취업을 위해 이력서를 제출한 사람치고 무척 당당했습니다. 맹자는 스스로 마흔이 넘어서면서부터 마음의 동요가 없어졌다고 자부합니다. 흔들리는 것이 삶이라는데 어떻게 동요하는 마음을 이겨낼 수 있었을까요?

그는 자기를 돌아봐서 옳다면 천군만마가 쳐들어와도 용감하게 대적할 수 있다고 합니다. 만약 옳지 않다면 비천한 사람에게도 두려움을 느끼게 될 것이라고도 하죠. 도덕적 당당함이야말로 흔들림 없는 삶의 원천이라는 말입니다. 우리가 '죽는 날까지 하늘을 우러러 한 점 부끄럼이 없기를' 바랐던 윤동주의 〈서시〉를 사랑하는 이유도 당당하겠다는 의지 때문입니다. 이런 당당함은 대장부의 삶에서 중요한 호연지기와 관련 있습니다.

호연지기를 얻는 방법

공손추가 맹자에게 선생님은 어떤 점이 뛰어나냐고 묻자 맹자는 "남의 말을 잘 이해하고 호연지기를 잘 기른다"라고 대답합니다. 맹자가 말하는 호연지기(浩然之氣)란 무엇을 말하는 것일까요? 맹자도 호연지기를 말로 설명하기 어렵다고 했지만, 굳이 개념화한다면 사람이 가슴에 품은 '넓고 큰마음'이라고 할 수 있을 겁니다. 한자를 풀면 넓을 호(浩), 그러할 연(然), '세상을 가득 메운 광대한 기운'으로 이해됩니다.

맹자는 호연지기의 기운이 지극히 크고 강대하여 잘 기르면 하늘과 땅 사이를 가득 채우게 된다고 말하면서 의(義)와 도(道)가 없으면 위축된다고 설명합니다. 하늘의 도에 따라 의를 실천할 때 호연지기를 얻게 된다는 것입니다. 결국, 호연지기는 올바름을 깨닫고 그것을 실천하면서 얻는 도덕적 정당성에서 오는 기운입니다. '나에게 아무런 잘못이 없는데 누가 나를 해칠 수 있단 말인가?' 이것이 호연지기를 얻은 호방한 사람의 모습이죠.

호연지기는 한번 올바른 일을 했다고 만들어지는 것이 아닙니다. 결과에 연연하지 않고 꾸준히 실천해야 합니다. 성공했다고 기뻐하고 실패했다고 슬퍼하는 것은 눈앞의 이익을 우선시하는 태도입니다. 의는 성공과 실패를 넘어선 상위 개념입니다. 맹자에게 의는 하늘이 내린 인간 본성 그 자체죠. 그 본성을 따르기 때문에 떳떳하고 당당하며 승패를 뛰어넘을 수 있는 것입니다.

선의지

맹자의 호연지기는 칸트의 선의지(善意志)를 떠올리게 합니다. 칸트는 실천이성을 강조합니다. 실천이성이란 '무엇을 할 것인가?', '무엇이 올바른가?'라는 물음에 대답하는 이성을 말합니다. 인간은 선악을 구별하고 선을 실천할 수 있습니다. 동물에게는 그런 능력이 없지요. 그래서 인간은 매 순간 '무엇이 올바른가?'라는 도덕적 질문에 답하고 선택해야 하는 상황에 직면합니다. 우리는 직관적으로 무엇이 올바른지 알 수 있습니다. 실천이성이 있기 때문입니다. 이때 실천이성이 알려주는 선을 행동으로 옮기는 것이 선의지입니다. 선의지는 인간이라면 누구나 가진 선험적인 것입니다.

무엇이 올바른지 알고 있다면 그것은 당연히 해야 합니다. 이것을 정언명령(定言命令)이라고 합니다. 조건 없이 무조건 하는 것이 정언명령입니다. 성공이나 실패, 이익을 따지지 않습니다. 정언명령에 대비되는 개념이 가언명령(假言命令)입니다. 가언명령은 조건적입니다. '월급을 올려주면 열심히 일하겠다', '성공한다는 보장만 있으면 노력하겠다'라는 것이 가언명령입니다. 가언명령은 도덕적이지 않습니다. 칸트에게 도덕은 실천이성의 명령에 따라 선의지에 충실한 것입니다. 인간은 해야 할 일을 충실히 했을 때 자유로울 수 있습니다. 칸트에게 자유는 자기 뜻대로 하는 것이 아니라 인간에게 내재한 도덕법칙을 따를 때 얻을 수 있는 희열과 관계가 깊습니다.

맹자도 결과에 연연하지 않는 올바른 실천으로 호연지기를 얻을 수 있다고 했습니다. 우물에 빠지는 아이를 구하는 행위는 어떤 조건이 붙는 게 아니죠. 올바른 일이기 때문에, 그냥 하는 것입니다. 아이를 구하면 내게 어떤 이익이 될까를 생각했다면 그것은 가언명령입니다. 가언명령은 조건을 따져 자신에게 도움이 되면 하겠다는 것입니다. 맹자에게 가언명령은 이익을 중요시하는 소인의 방식입니다. 이익을 따지는 사람에게 호연지기는 요원할 뿐입니다.

대장부

"천하의 넓은 곳에 거하고, 올바른 자리에 서서 큰길을 간다. 관직에 등용되면 백성들과 함께 그 길을 걸어가고, 등용되지 못했을 때는 홀로 그 길을 간다. 부귀해져도 동요되지 않고, 가난해져도 의지가 꺾이지 않고, 권위와 무력에 지조를 굽히지 않는다. 이런 사람을 대장부라고 한다."

―《맹자》〈등문공 하滕文公 下〉

의를 실천하며 당당히 세상에 나선 사람, 그런 사람을 '대장부(大丈夫)'라고 합니다. 대장부는 호연지기를 품은 사람입니다. 맹자도 왕도정치라는 이상을 품고 옳다고 믿는 일을 위해 당당히 세상에 나선 대장부였습니다. 제나라에서 객경(客卿)의 지위에 올라도 동요되지 않았고, 유세를 다니다 곤궁해졌을 때도 의지를 꺾지 않았으며, 제후의 권위와 힘 앞에서 지조를 굽히지도 않았습니다. 맹자가 던지는 한마디 한마디에 자부심과 당당함을 느낄 수 있는 것은 그의 호연지기 때문입니다.

우리는 여러 가지 근심과 걱정을 안고 살아갑니다. 삶이 고단하고 괴롭습니다. 왜 그럴까요? 이익에 집착하기 때문입니다. 잃을까, 손해 볼까 두려운 것입니다. 군자는 인의를 닦고 실천합니다. 그것에 집중할 뿐, 이익에 신경 쓰지 않습니다. 걱정으로 자기를 괴롭힐 이유가 없습니다.

크리슈나는 왜 결과나 이익을 생각하지 말라고 했을까요? 성공과 실패에 연연하면 욕망과 집착이 생깁니다. 그 욕망이 불안과 분노를 불러옵니다. 불안과 분노는 판단을 흐르게 하여 지혜를 파괴하죠. 결과를 생각하며 행동하는 이들은 가련한 사람들입니다. 삶에 늘 불안과 걱정, 두려움과 고통이 뒤따르기 때문입니다.

모든 행위를 나에게 맡기고, 높은 자아에 너의 생각을 모으고, 욕망과 이기심에서 벗어나 흐트러지지 말고 나가 싸우라.
—《바가바드 기타》

흔들림 없는 삶의 비결은 높은 자아를 따르는 것입니다. 낮은 자아는 결과를 계산하고 손익을 따집니다. 높은 자아는 의무에 따라 마땅히 해야 할 바를 행하게 하죠. 높은 자아를 따르면 두려움이나 걱정이 사라집니다. 해야 할 일을 마땅한 방식으로 했으니 어깨를 펴고 당당히 나아갈 수 있습니다.

마음이 괴로울 때 자기를 살펴보면 대부분 뭔가 이기적인 생각을 하고 있거나 잘못된 관념을 따르고 있는 경우가 많습니다. 이익을 생각하고 결과에 연연하기 때문에 괴로운 것이죠. 이럴 때는 높은 자아에 초점을 맞춰야 합니다. 그러면 편해지고 당당해집니다. 크리슈나의 가르침에서 맹자의 호연지기를 떠올리게 되는 것은 그것이 대장부의 길이기 때문입니다.

수기안인

맹자는 자기를 닦아 인격을 완성하고 백성을 편안하게 만드는 '수기안인(修己安人)' 정신에 따라 왕도정치를 추구한 사람입니다. 당연히 군주와 군자는 수신(修身)과 안인(安人)을 실천해야 하며 그런 사람이 지도자가 되어야 한다고 믿었습니다. 백성들이 이익을 따질 때 지도자는 인의를 따릅니다. 이것이 지도자와 보통 사람의 차이입니다. 군자는 뜻을 굽지 않고 호연지기를 통해 대장부의 길을 가며 백성을 이끄는 리더입니다.

> "자기 지조를 굽힌 자가 남을 바르게 한 경우는 없다."
> ―《맹자》〈등문공 하〉

25강. 양주와 묵가
그리고 맹자

양주와 묵적

한 사람의 사상을 이해하는 좋은 방법의 하나는 다른 사람의 그것과 비교해보는 것입니다. 맹자가 활동할 당시 큰 인기를 얻고 있었던 사상가는 양주와 묵적이었습니다.

> "양주(楊朱)와 묵적(墨翟)의 말이 천하를 가득 채워서 천하의 주장들이 양주와 묵적에게 쏠리게 되었다. 양주는 오직 자신만을 위할 것을 주장하는데 이것은 군주를 부정하는 것이고, 묵적은 차별 없는 사랑을 말하는데 이것은 부모를 부정하는 것이다. 부모와 군주를 부정하는 것은 짐승과 같다."
>
> ―《맹자》〈등문공 하〉

맹자는 양주와 묵적의 사상이 백성을 기만하고 있으므로 이런 것들이 사라지지 않으면 공자의 도가 드러나지 못할 것이라 걱정합니다. 자기는 논쟁을 즐기지 않지만, 양주와 묵적을 물리치기 위해서 논쟁하지 않을 수 없다고 말하기도 했습니다. 양주와 묵적의 사상이 어떤 것이기에 맹자가 그들을 몰아내려 했던 것일까요?

양주와 개인주의

양주의 출생에 대해서는 알려진 바가 없습니다. 저서도 남기지 않아서 주장을 선명하게 파악하기 어렵습니다. 다만 《회남자》, 《열자》, 《한비자》 등의 기록을 통해 그의 생각을 짐작해볼 뿐입니다. 양주의 철학을 간략히 요약하면 유가들이 칭송하는 대의(大義)에 사로잡히지 말고 자연이 준 자신의 신체를 소중히 여기는 것입니다.

도가 경전 중 하나인 《열자》에 양주에 대해 알 수 있는 내용이 있습니다.

> 금자라는 인물이 양주에게 물었습니다.
> "만약 선생의 털 한 가닥을 뽑아서 천하를 이롭게 할 수 있다면, 선생께선 그렇게 하시겠습니까?"
> 양주는 답합니다.
> "털 한 가닥을 뽑아서는 천하를 구할 수 없습니다."
> "만약을 가정해서 드리는 말씀입니다."
> 금자가 다시 재촉했지만, 양주는 아무런 말도 없이 집으로 들어가

버렸습니다.

얼마 후 금자는 양주의 제자 금손양을 만나 양주가 자기 물음에 할 말이 없어서 달아났다고 비꼬았습니다. 그러자 금손양이 '스승께서는 말장난하고 싶지 않았을 뿐'이라며 자기가 대신해서 대답하겠다고 합니다. 그러면서 금자에게 이렇게 질문을 합니다.

"만약 당신의 살을 조금 떼어내서 만금(萬金)을 얻을 수 있다면 그렇게 하시겠습니까?"

"그렇게 하겠습니다."

"그럼 당신의 한쪽 다리를 잘라 만금을 얻을 수 있다면 그렇게 하시겠습니까?"

금자가 아무 말도 하지 못하자 맹손양이 말했습니다.

"털 하나는 살보다 작은 것이며 살은 다리 한쪽보다 작은 것임이 분명합니다. 하지만 털 하나가 쌓여서 살이 되고, 살이 모여서 다리가 됩니다. 어찌 털 하나를 어찌 가벼이 여길 수 있겠습니까."

—《열자》〈양주楊朱〉

위의 이야기 때문에 양주를 '천하를 구할 수 있다고 해도 머리털 하나 뽑지 않겠다'라고 주장한 개인주의자 혹은 이기주의자로 이해하곤 합니다. 맹자가 그를 비판하는 이유도 이것과 관련이 있습니다. 인의가 하늘이 사람에게 내린 본성인데 그것을 무시하고 철저하게 자기만을 위한 삶을 주장했다는 것입니다. 개인주의와 이기주의는 인의와 상극입니다. 이런 사람이 많아질수록 맹자가 꿈꾸는 세상은 요원해지겠지요.

양주의 위아론

사실 양주의 주장은 오해의 소지가 있습니다. 실제로 후세 연구자들은 그가 노장사상 계열의 인물로 개인주의적 성향을 지녔던 것을 인정하면서 그가 털 하나를 뽑지 않겠다고 말한 이유를 다르게 해석합니다. 그가 털을 뽑지 않겠다고 한 것은 세상을 구하겠다고 나섰던 사람들의 모습 때문이라는 것입니다. 천하를 구하겠다고 나선 사람들이 누구일까요? 당시 지배층, 제후들이었습니다. 그들은 천하를 평안하게 만들겠다고 큰소리를 내며 백성들을 이용해 자기 사익을 챙겼습니다. 이것은 현재 우리 시대도 다르지 않지요. '내가 아니면 안 된다', '내가 세상을 바로 잡겠다'라고 외치며 선거에 출마한 사람들의 뒷모습은 그렇게 아름답지 않습니다. 양주는 이런 세태를 비판하며 말 섞기를 피했던 것입니다.

> "모든 사람이 세상을 구하기 위해 털 하나 희생하지 않는다고 해도 세상은 잘 돌아갈 것이다. 아니 오히려 그렇게 한다면 세상이 지금보다 훨씬 덜 복잡해질 것이다."
> ―《열자》〈양주〉

양주의 사상을 '위아론(爲我論)'이라고 합니다. 자기를 위하는 사상이라는 의미죠. 털 하나를 뽑아서 천하를 구할 수 있다고 해도 그렇지 않겠다고 했으니 진정한 개인주의자입니다. 조지 오웰의《동물농장》에서 새로운 주인이 된 나폴레옹은 동물들을 혹사하며 이것이 우리가 행복할 수 있는 길이라고 선전하지만, 결국 그것은 자신의 권력을 강화하는 방법이었을 뿐 열심히 일하는 동물들에게는 아무런 혜택도 돌아가지 않았습니다. 양주의 주장은 개인주의적 성향이 강하다는 요즘의 엠지(MZ) 세대에게 더욱 설득력 있게 들릴 듯합니다.

인간 문명이 이렇게 복잡해진 것도 내가 아니면 안 된다는 사람들 때문입니다. 도가(道家)에서는 천하를 구하겠다고 뛰어드는 것을 인위로 봅니다. 의도적인 노력으로 세상을 바꾸려는 시도죠. 도가는 과학이 발달하고, 지식이 쌓이는 것이 과연 인간의 삶에 도움이 되는지 되묻습니다. 사회적 삶을 중요하게 여기는 맹자 철학은 양주와 부딪힐 수밖에 없는 운명이었습니다.

묵가의 시대

양주가 '털 하나도 뽑지 않겠다'라고 했다면 묵자는 '목을 내놓겠다'라고 했을 사람입니다. 맹자 표현을 빌리면 묵가들은 '머리부터 발꿈치까지 갈아 없어진다 해도 그렇게 해서 세상이 이로울 수 있다면 하겠다'라는 사람들입니다. 그만큼 두 주장은 양극단에 있습니다.

묵자(墨子)의 이름은 묵적(墨翟)입니다. 공자와 맹자 사이를 살았던 인물로 공자를 공부했지만, 그의 학문이 지배층에 치우친 것임을 깨닫고 백성을 위한 사상으로 전환했습니다. 그를 따르는 사람이 많아지면서 묵가(墨家)라는 학파가 형성되었고 세력이 널리 퍼졌습니다.

묵가의 핵심은 겸애(兼愛)와 교리(交利), 두 말에 담겨 있습니다. 겸애는 모든 사람을 골고루 사랑하는 것입니다. 남의 부모도 나의 부모처럼, 남의 자식도 내 자식처럼 사랑하는 것이 겸애입니다. 겸애를 실천하면 모든 사람에게 이익이 골고루 돌아갑니다. 이것이 교리입니다. 서로 사랑하면서 이익을 나누며 살자는 것입니다.

겸애의 반대가 별애(別愛)입니다. 사랑에 차별을 두는 것이죠. 우리 가족만 사랑하고 남의 가족을 미워한다면 함께 행복할 수 없습니다. 갈등은 별애에서 시작됩니다. 아주 어린 아이들조차 차별당하는 것을 싫어합니다. 자기와 자기 가족, 자기 나라만 위한다면 다툼과 전쟁은 끝날 날이 없을 것입니다.

"천하의 혼란은 모두 서로 사랑하지 않기 때문에 일어난다."

"자기를 위하듯 남을 위하고, 자기 나라를 위하듯 남의 나라를 위한다면, 온 세상이 이로워져서 결국 그 이익이 자기에게 돌아올 것이다."

—《묵자》〈겸애兼愛〉

묵가는 공격 전쟁을 허용하지 않고 방어를 위한 전쟁만을 인정했습니다. 묵가 집단에는 하급 무사와 기술자들이 많았습니다. 각자의 기술을 발휘하여 방어용 무기를 만들어 약자를 지원했습니다. 함께 공동체 생활하면서 금욕을 실천했고 타인을 위한 삶을 살았습니다. 그들이 한 약속은 철저하게 끝까지 지킨다고 해서 '묵수(墨守)'라는 말이 생길 정도였습니다.

앞에서 맹자가 양주와 묵적을 비판했던 것을 기억하실 겁니다. 양주의 위아론은 자기만을 위한 것이므로 군주를 부정하게 되고, 묵적은 차별 없는 사랑인 겸애를 주장하는데 이것은 부모를 부정하는 것이라 했습니다. 효를 중요하게 여기는 가족적 전통이 강한 유가에게 묵자의 주장은 수용하기 어려운 것이었습니다. 세계가족주의라고 불러도 좋을 묵자 사상은 맹자에게 자기 가족을 남과 똑같이 여기는 패륜처럼 보였을 겁니다.

묵가도 유가가 장례를 후하게 치르느라 재산을 낭비하고 상복을 입는 기간이 길어 백성들 생업에 해가 된다며 강하게 비판합니다. 심지어 유가의 천명 의식과 성인군자 관념이 지배층을 위한 것임을 강조하면서 신분제까지 부정합니다. 그야말로 민중을 위한 철학이 묵가였습니다.

양주와 묵가 사이

양주와 묵가를 통해 맹자 철학의 위치를 살펴보겠습니다. 양주가 개인주의, 자연 중심이라면 묵가는 집단주의, 민중 중심입니다. 맹자는 어떨까요?

맹자는 공동체와 백성의 삶을 중요시한다는 점에서 묵가와 닮았습니다. 하지만 지배층의 영역을 인정하고 나와 너의 분별이 있다는 점에서 차이를 둡니다. 양주가 명예에 집착하지 않는 소박한 삶을 추구했다는 점은 맹자와 비슷합니다. 맹자가 덕을 실천하여 사회적 안녕을 꾀했지만, 양주는 자기 보전에 치중했다는 점에서 차이가 있습니다.

맹자는 묵가와 양주를 비판하면서 사람들이 언젠가는 유가로 돌아올 것이라고 믿었습니다. 묵가와 양주에 빠졌던 사람도 언제든 유가로 오면 받아주라고 했습니다. 맹자는 자기에게 엄격하면서도 다른 사람에게는 유연했습니다. 환경 때문에 악해졌을 뿐 좋은 교육을 받으면 언제든 선한 사람이 될 수 있다고 확신했기 때문입니다.

26강. 도가의 도,
유가의 도

동양철학과 도

동양철학을 공부하면서 꼭 살펴봐야 할 개념이 있습니다. 바로 도(道)입니다. 길이라는 뜻으로 알고 있지만, 철학에서는 순리나 이치라는 의미로 이해합니다. 주의할 점은 철학자마다 그가 말하는 이치와 순리의 내용이 다르다는 것입니다. 유가의 도가 다르고, 도가의 도가 다릅니다. 유가의 도가 사회적으로 건강한 인간의 모습이라면, 도가의 도는 자연과 하나 된 인간의 모습입니다.

공자는 "아침에 도를 들으면 저녁에 죽어도 좋다"라고 했습니다. 그가 말하는 도는 인과 예가 실천되어 조화롭게 되는 상태를 말합니다. 맹자도 도를 말했습니다. 호연지기는 의와 도로 기를 수 있다고 했지요. 그가 말하는 도는 하늘이 부여한 본성에 따라 인의를 실천하는 것입니다. 공자와 맹자의 도는 크게 다르지 않습니다.

도가 이루어진 세상이야말로 그들이 바라는 것이었고 이것을 위해 전국을 유세하며 뜻을 펼치려 했습니다. 그 꿈을 포기하지 않고 끝까지 매진했기 때문에 유학의 성인으로 이름을 남길 수 있었습니다. 그런 점에서 공자와 맹자는 유가적 이상을 가슴에 품고 그 실현을 위해 매진한 실천가라고 할 수 있습니다.

철학이 있는 사람

맹자는 15년 동안이나 천하를 돌며 유세를 다녔고, 제나라에서는 객경(客卿)으로 대우받기도 했지만 끝내 뜻을 이루지 못했습니다. 그의 철학이 지나치게 이상적이었기 때문입니다. 작은 송나라가 왕도정치를 실현하고자 하지만 제나라나 초나라처럼 큰 나라가 공격해 오면 어떻게 하면 되느냐는 질문에 맹자는 "왕도정치를 실현하면 천하의 백성들이 그를 군주로 삼고자 할 것이기에 강한 나라를 두려워할 이유가 없다"라고 자신합니다. 하지만 현실은 그의 생각과 달랐습니다. 왕도정치를 실현하기도 전에 나라를 잃고 백성을 빼앗기는 시대였기 때문입니다. 이것이 맹자 사상의 시대적 한계였습니다.

갈 길은 먼데 희망은 보이지 않는 상황, 그는 어떤 마음으로 자신의 도를 지켜나갔을까요?

"하늘이 장차 큰일을 맡기려고 할 때는 반드시 먼저 그의 마음과 뜻을 흔들어 괴롭게 하고, 그의 힘줄과 뼈를 고통스럽게 하여 몸을 곤궁하게 하며, 그가 하려는 바를 뜻대로 되지 않게 어지럽힌다. 이것은 타고난 작은 성질을 담금질하여 참을성 있게 함으로써 그가 할 수 없었던 일을 해낼 수 있게 도와주기 위한 것이다."

—《맹자》〈고자 하〉

자기 철학이 있는 사람과 그렇지 않은 사람의 차이는 힘든 상황을 만났을 때 드러납니다. 자기 철학이 튼튼하지 않으면 주변 사람들이나 환경을 탓하기 쉽습니다. 가던 길을 포기하고 시류에 편승하게 되지요. 튼튼한 철학을 가진 사람은 고난 속에서 의지를 다집니다. 자신의 부족함을 보완하면서 새로운 방법을 모색해나가죠. 맹자는 자신의 삶으로 그것을 보여주었습니다. 그 결과 무엇을 얻었을까요? 당당함이었습니다. 자기가 옳다고 믿는 것을 위해 삶을 걸어본 사람이 느끼는 일종의 희열입니다.

군자삼락

맹자의 삶이 어떠했는가는 맹자만 알 것입니다. 우리는 그가 남긴 글을 통해 짐작할 수 있을 뿐이지요. 그중 하나가 군자삼락(君子三樂)입니다.

"부모님이 살아 계시고 형제가 무탈한 것이 첫 번째요, 우러러봐도 하늘에 부끄러움이 없고, 굽어보아도 사람들에게 부끄러움이 없는 것이 두 번째요, 천하의 인재들을 모아서 가르치는 것이 세 번째 즐거움이다. 천하에 왕 노릇을 하는 것은 여기에 끼지 못한다."

—《맹자》〈진심 상〉

　주변 사람들과 인의를 나누고, 마땅히 해야 할 일에 당당하며, 후배를 양성하는 기쁨을 말하고 있습니다. 맹자에게 삶의 의미는 부귀 등 외물에 있지 않습니다. 뜻을 품고 사람 속에서 자기 역할을 묵묵히 하는 과정에 있습니다. 왕이 되어 천하를 호령하거나 권력이나 돈을 얻는 것과는 비교할 수 없는 즐거움입니다.

　철학을 왜 공부할까요? 지적 만족을 위해서? 남들에게 있어 보이려고? 돈벌이에 도움이 되려고? 사람마다 이유는 조금씩 다를 겁니다. 이 질문에 맹자는 어떤 답을 던질까요? '가치 있게 살기 위해서.' 아마 이렇게 대답했을 겁니다. 사람은 생존을 넘어 가치를 지향합니다. 그것이 무엇인지는 사람마다 다르겠지요. 이때 철학은 세상을 살피고 나를 돌아보며 어떤 삶이 좋은지 사유합니다. '공동체를 아름답게 만드는 삶이야말로 인간답고 가치 있는 삶이다.' 이것이 맹자가 선택한 도였습니다.

　현재를 살아가는 지금의 나에게는 어떤 철학이 도움이 될까요? 공자와 맹자를 그대로 따를 수는 없습니다. 그들의 시대와 우리 시대가 다르고, 추구하는 가치에 차이가 있기 때문입니다. 하지만 그들의 삶과 철학을 통해 어떤 정신이 필요하고, 어떤 자세를 가져야 하는지 배울 수 있습니다. 이것이 2500년 전 철학을 우리가 살피는 이유입니다.

5부

성리학,
사대부의 길

27강. 유학,
권력을 만나다

한나라 유방과 육가

공자와 맹자는 실패한 정치가였습니다. 뛰어난 학문적 성취에도 정치가로서는 실패할 수밖에 없었던 이유가 무엇일까요? 시대가 그들의 철학을 받아들이지 않았기 때문입니다. 현실은 냉정합니다. 직장생활만 봐도 자기 이익 잘 챙기고 정치적 수완이 뛰어난 이기적인 사람들이 고속승진하고 임원이 되는 경우가 많습니다. 배려심 많고 타인을 존중하는 인(仁)한 사람들은 궂은일만 떠맡기 일쑤죠. 다행히 시대가 바뀌면서 소외된 사람이나 철학이 빛을 보는 경우가 있습니다.

진나라가 멸망하고 초나라와 한나라의 단판 대결에서 승리한 사람은 한나라의 유방이었습니다. 천하를 통일한 유방이 중대부 벼슬에 있던 육가라는 신하와 이야기를 나눕니다.

"힘겹게 천하를 얻었으니 잘 다스려야 할 텐데 어찌하면 좋겠소?"

"선현들이 이르길 《논어》의 일부만으로도 능히 천하를 다스릴 수 있다고 했습니다. 폐하께서 선비를 존중하고 《시경》으로 백성들을 순화시키는 한편 《서경》으로 정치를 하신다면 어찌 큰 염려가 있겠습니까."

유방은 육가의 말이 탐탁지 않았습니다. 유학은 현실에 도움이 되지 않는 공허한 학문이라고 믿었습니다.

"그만두시오. 내가 말 위에서 천하를 얻었는데 어찌 유학 경전이나 읽고 있으란 말이오."

유방의 역정에도 육가는 조금의 흐트러짐도 없이 대답합니다.

"말 위에서 천하를 얻을 수는 있어도, 말 위에서 천하를 다스릴 수는 없습니다."

육가는 진나라의 경우를 보라고 합니다. 법가 사상으로 천하를 얻은 나라가 진나라였습니다. 천하를 통일한 후에도 백성들을 가혹한 법과 지나친 부역으로 다스리다가 반발에 직면합니다. 게다가 분서갱유를 단행해 유학 서적을 불사르고 선비를 생매장해서 천하를 적으로 돌리고 말았습니다. 힘으로 일어섰다가 힘으로 망했다는 것입니다. 육가는 시황제가 유가의 말을 따라 나라를 잘 다스렸다면 유방이 어찌 천하를 얻을 수 있었겠느냐는 말까지 덧붙입니다.

영민했던 유방은 육가의 말을 이해합니다. 그리고 육가에게 나라를 다스릴 방편을 정리해서 대신들에게 강론할 것을 명합니다. 이렇게 강론한 내용을 정리하여 묶은 책이 《신어》였습니다. 육가는 나라를 세울 때는 힘이 중요하지만 다스릴 때는 백성들이 수긍할 수 있는 논리와 규범이 필요하다는 점을 알아 이를 치국의 도(道)로 정리합니다. 법가를 지나 유가의 시대가 열렸습니다.

동중서

유가가 본격적으로 치국에 활용된 것은 한무제 때였습니다. 동중서(董仲舒)의 역할이 컸습니다. 무제가 널리 인재를 구하고 나라를 다스릴 원리를 묻자 동중서가 글을 올립니다.

"유가의 육예[예(禮, 예절), 악(樂, 음악), 사(射, 궁술), 어(御,말타기), 서(書, 글), 수(數, 수학)]로 나라와 백성을 다스리고 이외의 학문은 금하십시오."

무제는 어려서부터 유학을 배우고 익혔습니다. 그에게 유학은 나라를 다스릴 수 있는 중요한 원리로 이해되었고 동중서의 주장은 그의 입맛에 딱 맞았습니다. 크게 두 가지 이유로 무제가 유학을 받아들이게 됩니다. 첫 번째는 중앙집권화를 통한 황제권의 강화였고, 두 번째는 효과적인 백성 통제였습니다.

동중서는 공자의 《춘추春秋》를 연구하여 《춘추번로春秋繁露》를 저술합니다. 공자는 "하늘에 죄를 지으면 빌 곳이 없다"라고 하였고, 맹자는 '천명'을 강조했습니다. 유학의 천명사상을 정리한 《춘추번로》는 '하늘의 명을 받은 천자가 나라를 통치하고, 덕으로 정치를 행하여 민심을 얻고 하늘의 뜻에 부응해야 한다'라는 것으로 요약할 수 있습니다. 이것은 모든 백성이 천자에게 복종하는 게 곧 하늘의 뜻이라는 논리로 귀결되어 왕권 강화에 이바지합니다.

유학은 충과 효를 강조합니다. 충과 효는 국가와 가정의 질서를 유지하는 중요한 윤리로 작용하게 되지요. 이른바 삼강(三綱)입니다. 군위신강(君爲臣綱), 부위자강(父爲子綱), 부위부강(夫爲婦綱)은 군주와 신하, 부모와 자식, 남자와 여자를 상하관계로 규정합니다. 이런 차별 윤리를 통해 새롭게 나라의 구조를 구축하고 사회를 안정시킵니다. 이렇게 무제에 이르러 유학은 국가적 학문인 관학이 되었고, 통치를 위한 학문으로 등극합니다. 지식과 권력의 만남이죠.

성리학의 탄생

한나라의 유학을 훈고학(訓詁學)이라고 합니다. 분서갱유로 인해 훼손된 유교 경전을 되살려 정리하고 내용을 해석하는 학문입니다. 공자는 유학을 연구하고 보급하기 위해 정리하여 오경(五經)으로 엮었습니다. 유학의 다섯 가지 기본 경전으로 《시경》, 《서경》, 《역경》, 《춘추》, 《예기》를 말합니다. 오경을 연구하고 보급하기 위해서 만든 제도가 오경박사(五經博士)입니다. 경전에 관한 연구와 보급은 당나라 시기까지 계속되어 유학이 중요한 통치 수단으로 활용됩니다.

한나라가 무너지고 위진남북조 시대 혼란기에 접어들면서는 불교와 노장사상이 유행합니다. 혼란한 시대에는 고통스러운 현실을 이겨낼 수 있는 위안이 필요한 법입니다. 그 역할을 불교와 노장사상이 떠맡았습니다. 불교는 연기론을 통해서 세상의 원리와 인연, 사후 세계에 대한 논리적 설명을 갖추고 있습니다. 고통의 원인과 해법을 제시하고 종교적 구원의 길도 제시하죠. 노장사상 또한 자연의 도와 만물의 생성, 변화에 대한 자기만의 논리를 탄탄하게 갖추고 있습니다. 현실 너머의 형이상학적 논리에 바탕을 둔 철학이 백성들의 마음을 사로잡았죠.

유학은 현실적인 학문입니다. 불교나 도교가 가진 사후 세계나 사물의 이치에 관한 설명이 부족합니다. 자로가 공자에게 귀신 섬기는 것에 관해 물었을 때 공자는 "사람도 잘 섬기지 못하는데 어찌 귀신을 섬기겠느냐?"라고 했고, 죽음에 관해서 묻자 "아직 삶도 잘 모르는데 어찌 죽음을 알겠느냐"고 말합니다. 동중서가 음양론을 받아들여 세상의 논리를 설명하기는 했지만, 여전히 불교나 도교와 비교했을 때 유학은 형이상학적 논리가 빈약했습니다.

위진남북조를 통일한 수나라와 뒤를 이은 당나라는 과거제도를 시행합니다. 당연히 과목은 유학 경전이 중심이었습니다. 당나라 유학자 공영달은 오경의 여러 내용을 정리하고 통일하여 《오경정의五經正義》를 편찬합니다. 오경에 대한 표준적인 해석이라는 의미로 '정의'라는 이름을 붙였습니다. 과거시험에서 필수가 되었으며 덕분에 불교와 도교가 섞여 혼란했던 분위기 속에 유학은 국가를 통치하는 이념으로 실질적인 권위를 회복합니다.

동아시아 역사에 중요한 역할을 담당하게 되는 성리학은 이러한 흐름 속에서 탄생합니다. 한나라 시절 유학의 부상과 훈고학의 정립, 위진남북조 시대 불교와 도교의 강성, 유불도 융합과 유학 진흥을 위한 노력이 그것입니다.

28강. 성리학이란 무엇인가?

신유학

성리학은 신유학(新儒學)이라고 불립니다. 이전의 유학과 다르기 때문입니다. 무엇이 다를까요? 유학은 '어떻게 살 것인가?'에 집중한 현실적인 학문이었습니다. 여기에 형이상학(形而上學, mata-physica)을 가미한 성리학은 유학을 새로운 학문으로 재탄생시킵니다.

형이상학은 존재 근거를 파헤쳐 궁극적인 원리를 알고자 하는 학문입니다. '우주는 왜 존재하는가?', '존재란 무엇인가?', '삶과 죽음의 의미는 무엇인가?' 등의 물음을 통해 우주와 사물의 배후에 숨겨진 구조와 본질을 발견하려 합니다. 형이상학은 철학에서 중요한 위치를 차지해왔습니다. 눈에 보이지 않는 근원을 들여다보려고 하기 때문입니다.

이전의 유학은 '우주는 왜 존재하는가?' '세상이 움직이는 원리는 무엇인가?' 이런 문제에 대한 답을 내놓지 않았습니다. 불교와 도교가 나타나서 이런 질문에 대한 답을 제시할 때도 유학은 외면합니다. 그렇게 불교와 도교의 논리에 밀려 위기를 맞이하죠. 어떻게든 유학자들도 답을 찾으려 했고 그 결실이 성리학이었습니다.

남송의 학자 주희(朱熹, 1130년~1200년)는 성리학을 집대성한 사람입니다. 집대성했다는 말은 이전에 성리학을 연구한 사람들이 있다는 뜻이죠. 그들을 북송오자(北宋五子)로 부릅니다. 주돈이, 장재, 정호, 정이, 소옹입니다. 주희는 주돈이의 태극(太極), 장재의 기(氣), 정호·정이 형제의 리(이, 理) 개념 등을 받아들이고 정리하여 성리학을 정립합니다. 특히 정호·정이 형제의 리와 장재의 기는 중요한 역할을 합니다. 성리학이 세상을 리와 기의 원리로 설명하기 때문입니다.

이기론

성리학이 이전의 유학과 확연히 다른 점은 형이상학의 가미입니다. 그리고 그 핵심에 이기론(理氣論)이 있습니다.

봄, 여름, 가을, 겨울, 사계절이 순환합니다. 해가 뜨고 해가 지고 달이 뜨고 달이 지면서 낮과 밤이 반복됩니다. 생명이 태어나고 성장하고 소멸합니다. 이런 만물의 생성과 변화, 소멸은 어떤 원리를 따르는 것일까요? 성리학에서 그것은 '리(이, 理)'라는 말로 이해합니다. 자연과 인간의 삶, 그 이면에 흐르는 원리와 법칙이 리입니다. 한자 뜻 그대로 세상 만물의 이치죠.

세상은 리로 인해 존재할 수 있습니다. 사람이든 고양이든 존재하려면 존재할 근거가 필요하죠. 그것이 리입니다. 나무, 사람, 고양이는 리에 의해서 나무와 사람과 고양이로 존재할 수 있습니다.

그런데 세상을 구성하는 원리인 리는 원리이기 때문에 그것만으로는 사물의 모습으로 드러날 수 없습니다. 리는 기를 통해서 실제의 모습을 가질 수 있습니다. 기는 만물을 구성하는 요소입니다. 북송오자 중 한 명인 장재는 만물의 생성과 변화, 소멸을 기의 모임과 흩어짐으로 설명합니다. 기의 바탕이 되는 근원을 태허(太虛)라고 부릅니다. 기는 리에 비해 구체적이며 현실적입니다. 우리가 눈으로 보고 손으로 만질 수 있는 것은 모두 기의 세계라고 할 수 있습니다. 사람, 고양이, 돌멩이, 구름 등 만물이 기로 구성되어 있죠.

기는 끊임없이 움직입니다. 이때 움직이는 정도에 따라 음과 양으로 나눕니다. 움직임이 활발하면 양이 되고 고요하게 잦아들면 음이 되죠. 혹은 기가 활발하게 자라면 양이 되고 위축되거나 소멸하면 음으로 변합니다. 밝고 맑은 양의 기운은 하늘이 되고, 무겁고 흐린 기는 음이 되어 땅이 되죠.

오행(五行)도 기와 관련이 깊습니다. 기가 움직이면서 양기가 음기의 모습을 띠는데 음양의 두 기운이 서로 섞이면서 다섯 가지 요소로 드러나는 것이 수·화·목·금·토, 오행입니다. 오행에는 음기와 양기가 모두 포함되어 있는데 응집 정도와 방법에 조금 차이가 있습니다. 오행 중 어느 것이 강한가에 따라 그 사물과 사람의 성격이나 성향이 결정되죠.

오행도 기가 변해서 된 것이니, 기의 다른 이름일 뿐입니다. 음양과 오행, 이것은 세상에 존재하는 여러 사물과 다양한 측면을 설명하기 위해 기를 세분화한 것으로 이해할 수 있습니다. 음양과 오행의 조합에 의해 만물이 생성되고 변한다는 것이 성리학의 논리입니다.

여기서 궁금증이 생깁니다. 사물은 리와 기의 결합으로 인해서 생겨난다고 했습니다. 그런데 왜 서로 다른 모습을 띠는 것일까요? 같은 개지만 모습이 모든 다른 여러 종이 존재하는 이유가 무엇일까요? 그것은 개를 형성하는 원리인 리는 같지만, 개체가 가진 기가 다르기 때문입니다. 어떤 기를 받는가에 따라 모습이나 성격이 달라집니다. 주희는 "만물은 기를 받아서 생겨나는데 바르고 통한 기를 받으면 사람이 되고, 치우치고 막힌 기를 받으면 사물이 된다"라고 했습니다. 이것은 사람 중에서도 어떤 기를 받느냐에 따라 좋은 사람과 나쁜 사람, 양반과 천민으로 나누어질 수 있음을 의미합니다. 이것은 태생에 의한 차별을 용인하고, 질서를 지나치게 강조하는 보수적인 면으로 작용하여 사회를 경직시키는 주요 원인이 되죠.

형상과 질료

만물의 구성 원리를 리, 만물을 이루는 요소를 기라고 하여 리와 기의 작용으로 만물이 생성되고 소멸한다, 이것이 성리학의 형이상학적 논리입니다. 주희의 이기론은 고대 그리스 철학자 아리스토텔레스의 그것과 흡사합니다. 아리스토텔레스는 모든 사물에 내재한 구성 원리를 '형상[eidos]'이라고 불렀습니다. 형상은 각 사물이 가진 본질로 사람을 사람이게 하고, 구름을 구름이게 하는 이치입니다. 사물이 존재하려면 어떤 구체적인 모습을 가져야 하고 그것을 구성하는 물질이 필요합니다. 이렇게 사물을 구성하는 물질을 '질료[hyle]'라고 부릅니다. 사람이 사람일 수 있는 것은 형상 때문이고, 사람이 서로 다른 모습으로 존재하는 것은 구성하는 질료가 다르기 때문이라는 것이 아리스토텔레스의 설명입니다.

성리학의 이기론이나 아리스토텔레스의 형상과 질료는 만물을 형성하는 원리를 설명하는 형이상학입니다. 이런 논리가 과학적 근거가 부족하다는 이유로 의미가 없다고 생각할 수도 있지만, 형이상학적 사유는 중요한 의미가 있습니다. 형이상학은 세상을 구성하는 원리와 사물의 운동에 대한 자기 생각을 갖추는 일입니다. 이런 연습을 통해서 생각의 기반을 튼튼하게 만들 수 있습니다.

성즉리

성리학은 '성즉리(性卽理)'라는 말에서 나왔습니다. 성(性)은 사람이 가지고 태어나는 본성입니다. 리는 만물의 구성 원리죠. 성즉리는 사람의 본성과 만물을 구성하는 원리가 같다는 뜻입니다. 사람은 누구나 하늘의 리를 부여받아 내면에 성을 갖추게 됩니다. 그래서 성은 절대적으로 선합니다. 당연히 맹자의 성선설과 깊은 연관이 있죠. 이때 타고난 기(기질)에 따라 선하고 악한 사람, 현명하고 우둔한 사람이 갈라집니다.

사람은 태어날 때 기의 영향을 받습니다. 기는 선할 수도 있고 악할 수도 있으며, 현명할 수도 있고 우둔할 수도 있습니다. 이것을 결정하는 것이 심(心, 마음)입니다. 사람은 모두 심을 가지고 있습니다. 심도 기의 영향을 받습니다. 기의 영향으로 심이 리에 부합하지 못하거나 부족한 면이 생길 수 있죠. 심이 리에 합치되면 선이 되고 그렇지 못하면 악이 됩니다. 그래서 마음 수양을 통해 절대 선인 리에 다가가는 것이 중요합니다.

여기서 알아두어야 할 개념이 심통성정(心統性情)입니다. 심통성정은 심과 성, 정의 관계를 설명하는 것으로 마음이 성과 정을 통할(統轄)한다는 의미입니다. 성은 인간의 마음속에 내재하는 이치입니다. 정은 그것이 감정으로 드러난 것입니다. 주희는 우리 마음속에는 성과 정이 있다고 말합니다. 심이 성과 정을 포괄하는데, 이때 성은 심의 근원이 되고, 정은 심의 작용이 드러난 것입니다. 심이 성을 기준으로 정을 주재하는 것입니다.

마음인 심은 본래 선하지만, 기에 해당하는 부분이 있으므로 선하지 않은 면도 발견됩니다. 그래서 심이 성을 기반으로 정을 통할해야 합니다. 이것이 수행과 공부입니다. 그렇다면 구체적으로 성과 정은 무엇을 말하는 것일까요?

맹자는 인의예지를 하늘이 인간에게 내린 선한 본성이라고 했습니다. 그 본성을 알 수 있는 것은 측은·수오·사양·시비지심이라는 사단이 있기 때문입니다. 길을 가다 손수레를 힘들게 끌고 있는 할머니를 보았습니다. 안타까운 마음에 달려가서 도와드렸습니다. 안타까운 마음을 측은지심이라고 합니다. 이런 생각은 우리 마음에 인이 있어 생깁니다. 인은 성입니다. 측은지심은 정입니다. 마음이 사물이나 상황을 만났을 때 일어나는 것이 정입니다.

반면 주희는 "사단은 리(理)의 발(發)이고, 칠정은 기(氣)의 발"이라고 했습니다. 사단은 리에서 나왔고 칠정은 기에서 나왔다는 뜻입니다. 주희는 인의예지를 성으로, 측은·수오·사양·시비의 사단을 정으로 본 것입니다.

정에는 사단(四端)인 측은·수오·사양·시비뿐만 아니라 우리가 칠정(七情)이라고 부르는 감정도 포함됩니다. 《예기》에는 사람이 태어나면서 가지는 일곱 가지 감정이 있다고 밝히며 그것을 희노애락애오욕(喜怒哀樂愛惡慾)으로 제시합니다. 기쁨, 노여움, 슬픔, 즐거움, 사랑, 미움, 욕망이 그것입니다. 칠정은 선일 수도 있고 선하지 않을 수도 있습니다. 그것은 마음이 성을 따르느냐에 따라 달라집니다.

문제는 같은 정인데 사단과 칠정이라는 두 가지 구분이 있다는 것입니다. 이것에 대한 논쟁이 사단칠정 논쟁입니다. 조선조에 들어와서 이황(李滉)과 기대승(奇大升), 이이(李珥)와 성혼(成渾) 등이 벌인 논쟁입니다.

일상에서 우리는 기쁨이라는 감정을 경험합니다. 이때 기쁨은 선할 수도 있고 그렇지 않을 수도 있습니다. 친구가 시험에 합격했습니다. 이때의 기쁨은 선하다고 할 수 있을 겁니다. 그런데 친구가 시험에 떨어졌습니다. 겉으로는 안타까운 모습이지만 마음은 기쁩니다. 이건 선함이 아니지요. 같은 기쁨인데 선과 불선이 갈라지는 것은 우리 마음이 성을 따르느냐에 달려 있습니다. 우리 마음이 성을 따르게 하려면 어떻게 해야 할까요? 기뻐해야 할 때 기뻐하고, 슬퍼해야 할 때 슬퍼해야 합니다. 이것을 중절(中節)이라고 합니다. 공부와 수양을 통해 중절로 나아가야 합니다.

주희는 마음이 리와 기로 구성되어 기의 영향을 받기 때문에 불완전하다고 생각했습니다. 그 불완전함을 보완하여 완전한 리를 향해서 나아가기 위해서 수양이 필요합니다. 사물의 이치를 탐구하고 숭고한 마음으로 정진해서 성에 접근해야 합니다. 그 방법이 유학의 경전을 읽는 것이죠. 주희가 사서를 정리한 이유가 여기에 있습니다.

29장. 공부의 비결,
격물치지와 거경함양

격물치지

하늘의 이치가 인간에게 '성(性)'으로 부여되어 있다고 했습니다. 그런데 인간은 기의 영향을 받기 때문에 완전할 수 없습니다. 그렇다면 하늘이 부여한 성에 이르기 위한 노력이 필요하겠지요. 그것이 공부와 수양입니다. 공부와 수양을 통해 절대 선의 경지에 오른 사람을 성인이라고 하죠. 공자와 맹자 같은 사람들입니다. 성리학은 세속을 사는 우리가 어떻게 하면 성인의 삶에 이를 수 있는지 그 방법을 탐색하는 학문이라고 해도 과언이 아닙니다. 이것을 위해 이기론과 같은 형이상학적인 논리가 필요했습니다.

성인이 되는 방법은 무엇일까요? 주희는 격물치지(格物致知, 사물을 탐구하여 앎을 넓힘)와 거경함양(居敬涵養, 마음을 경건하게 함), 두 가지를 말합니다.

격물치지는《대학》에 나오는 말입니다.

> "옛날에 자신의 밝은 덕성을 천하에 밝히고자 하는 사람은 먼저 그
> 나라를 다스리고, 그 나라를 다스리고자 하는 사람은 먼저 그 집안을
> 가지런히 했으며, 그 집안을 가지런히 하는 사람은 먼저 자신을 수양
> 한다. 자신을 수양하고자 하는 사람은 먼저 자기 마음을 바르게 하
> 고, 자기 마음을 바르게 하고자 하는 사람은 먼저 자기 뜻을 성실하
> 게 하며, 자기 뜻을 성실하게 하고자 하는 사람은 먼저 자신의 앎을
> 넓히고 투철하게 한다. 앎에 이르는 것은 격물에 달려 있다."
>
> ─《대학》〈경1장〉

《대학》의 핵심을 담고 있는 문장이라고 할 수 있습니다. 주희는
사서를 읽힐 때 가장 먼저《대학》을 읽으라고 했습니다.《대학》에서
가장 중요한 말이 격물이라는 두 글자라고 강조합니다.《대학》은
사람이 태어나 어떤 삶을 살아야 하는지 그 방향성을 제시하고 있
습니다. 치국평천하(治國平天下)가 그것입니다. 그런데 치국평천하는
아무나 할 수 있는 것이 아닙니다. 성인 반열에 올라야 가능합니다.
먼저 능력을 갖추어야 한다는 말이죠. 격물은 치국평천하를 위한 기
본적인 능력입니다.

> "격(格)은 이른다는 것이고 물(物)은 사물이다. 사물의 리를 끝까지
> 탐구하여 그 지극한 곳에 이르지 않음이 없게 하는 것이다."

주희의 말을 풀어보면 격물은 사물의 본질에 이르는 것이라 할 수 있습니다. 모든 사물에는 그 사물의 존재 원리인 리가 있습니다. 그 리를 이해하는 것이 격물입니다. 그러자면 사물에 대한 관찰과 분석, 성찰이 필요하겠지요. 한마디로 깊이 연구해보는 것입니다. 사물의 본질을 알 수 없다면 지식을 얻을 수도 없고 얻었다고 해도 올바른 것이 아닐 가능성이 큽니다. 제대로 연구해서 그 뿌리를 찾으라는 주문입니다.

사물에는 하늘과 땅, 개나 고양이는 물론 사람과 사회도 해당합니다. 자연에 보편적인 질서와 원리가 있듯이 사람이 사는 세상에도 어떤 원리와 규범이 존재합니다. 자연의 법칙을 알고 그것에 맞추어 행동한다면 일을 순리에 맞게 풀어나갈 수 있을 것이고, 인간 사회 원리를 깨닫고 실천한다면 행동에 허물이 없음은 물론 올바른 세상을 만드는 큰일도 해낼 수 있습니다. 세상 공부를 해야 사람답게 살 수 있고 나아가 성인군자의 길을 갈 수 있다는 것이죠.

치지(致知)는 격물을 통해 사물을 탐구하여 앎에 이르는 것입니다. 끝까지 밀고 나가서 앎에 도달해야 합니다. 격물을 통해 하나씩 지식을 쌓다 보면 치지에 이르게 되어 사물의 이치인 리를 깨닫게 됩니다. 지식의 완성이라고 할 수 있겠지요. 이때 완성이란 세상 만물에 대한 모든 리를 안다는 뜻은 아닙니다. 사물에 대한 다양한 리를 깨치게 되면 다른 사물에 대한 리도 짐작하여 알 수 있게 됩니다.

공자의 제자였던 자공은 안회와 자기를 비교하며 안회는 하나를 들으면 열을 깨치는 사람인 반면, 자기는 하나를 들으면 둘을 깨칠 뿐이라고 했습니다. 하나를 들으면 열을 깨친다는 문인지십(聞一知十)은 한 사물의 이치를 알면 다른 사물에 대한 이치도 얻을 수 있음을 말하고 있습니다. 인간에게는 미루어 짐작하는 능력, 유추 능력이 있기 때문입니다. 공자가 강조했던 일이관지(一以貫之, 하나로 다른 것을 꿰뚫는다)도 한 분야의 리를 통해 다른 분야를 유추할 수 있을 때 가능합니다. 성리학에서는 이것을 활연관통(豁然貫通)이라고 합니다. 요즘 말로 통찰력입니다.

선지후행

주희는 공부와 실천 중에서 공부가 앞선다고 생각했습니다. 제대로 알아야 실천할 수 있다는 선지후행(先知後行)이 주희의 주장입니다. 그에 비해 양명학의 창시자 왕수인은 실천이 함께하지 않는 앎은 참된 앎이 아니기 때문에 앎과 실천은 같은 것이라는 지행합일(知行合一)을 강조합니다.

왕수인에게 배움은 실천과 같습니다. 배우는 목적이 실천에 있기 때문입니다. 아는데도 실천하지 않는 것은 배우지 않은 것과 같습니다. 열심히 책을 읽어서 아는 것이 많은데, 행동이 그에 미치지 못하는 사람들이 있습니다. 이런 사람들은 '배워도 소용없다' 심지어 '배운 놈이 더 한다'라는 말을 듣기 쉽습니다. 왕수인은 주희가 공자와 맹자의 경전을 읽고 지식을 얻은 후에 이를 실행하라고 하는데 그것은 앎이 실천을 통해서만 완성되는 것임을 알지 못한 것이라고 비판합니다.

이런 생각은 마음이 곧 이치(리)이며 심과 리가 하나라는 주장을 바탕으로 하고 있습니다. 이것은 '심즉리(心卽理)', 마음이 곧 리라는 주장입니다. 성리학을 비판한 양명학(陽明學)의 논리입니다.

거경함양

격물치지가 사물을 궁극적으로 탐구해서 이치를 깨닫는 공부라고 했습니다. 학문의 방법에 관한 것입니다. 거경함양(居敬涵養)은 학문하는 태도와 관련이 깊습니다. 공부에는 방법만큼이나 태도도 중요합니다. 마음가짐에 따라 전혀 다른 결과에 도달하는 것이 공부입니다. '거경'은 마음을 집중하면서 공경하는 자세를 유지하는 것입니다.

책을 읽다 보면 마치 다 아는 것처럼 거만한 생각이 드는 경우가 있습니다. 그 분야의 공부를 조금 한 사람들이 그렇습니다. 이렇게 되면 새로운 내용이나 알지 못하는 부분을 놓치게 됩니다. 게다가 하나의 관점이나 주장에 마음을 빼앗기면 편견이 생겨 반대 의견을 무시하기 쉽습니다. 이런 태도로는 사물의 이치를 깨닫는 공부에 이를 수 없겠죠. 그래서 거경이 중요합니다.

함양은 감정이 생기기 이전에 마음을 다스리는 것을 말합니다. 마음이 외부 상황이나 사물을 만났을 때 정이 일어난다고 했습니다. 이때 마음이 일어나는 순간의 변화를 기미(幾微)라고 합니다. 흔히 '감기 기미가 있다', '경기 회복 기미가 보인다'라는 식으로 사용하는 말이죠. 조짐 혹은 징조로 이해됩니다. 기미가 일어나는 순간이 중요합니다. 이때 어떻게 대처하느냐에 따라서 선과 불선(不善)으로 갈라지기 때문입니다. 친구가 시험에 떨어졌다는 소식을 들었을 때 안타까운 마음이 일어나느냐 기뻐하는 감정이 일어나느냐를 잘 관찰합니다. 기뻐하는 감정이 일어났다면, '내가 이러면 안 되지'라고 바른 '성(性)'에 집중해야 합니다. 그럴 때 하늘이 내린 마음의 본성을 잘 보존할 수 있습니다.

만약 기미를 잘 다스리지 못하고 나쁜 마음이 커졌다면 어떻게 해야 할까요? 감정이 일어난 이후에 마음을 다스리는 것을 성찰이라고 합니다. 자신의 말과 행동을 돌이키며 반성하고 아름다운 본성으로 돌아갈 수 있도록 노력하는 것이죠. 이것이 옛 선비들의 마음공부였습니다.

격물치지는 사물의 이치를 탐구하는 것이고, 거경함양은 마음을 잘 길러가는 내면의 수양이라고 할 수 있습니다. 주희는 새가 두 날개로 날 듯이 공부에도 격물치지와 거경함양의 조화가 필요하다고 강조했습니다. 학문의 목적은 하늘이 내려준 인간의 선한 본성을 잘 보존하고 가꾸어서 성인과 군자의 삶을 추구하는 것입니다.

30강. 성리학의 나라, 조선의 철학 논쟁

신진사대부

원나라는 과거시험에 성리학을 채택했고, 고려 사람들도 원나라 과거에 응시하기 위해 성리학을 배웠습니다. 이들에게 성리학을 가르친 사람이 고려 후기 문신 안향이었습니다. 그러던 중 충선왕이 원나라에 만권당(萬卷堂)을 세우면서 고려 학자들이 원나라 학자들과 직접 교류할 기회를 얻게 되었고 성리학 서적도 보급됩니다.

이렇게 성리학은 안향에 의해 고려에 소개된 이후, 공민왕이 권문세족에 대항할 새로운 인재를 찾는 과정에서 성리학을 받아들인 신진사대부가 고려 중앙 정계에 진출하면서 기존 체제를 비판하고 모순을 해결하는 중요한 사상적 기반이 되었습니다. 당시 고려는 권문세족의 횡포로 정도전이 '송곳 꽂을 땅조차 없다'라고 한탄할 정도였고, 백성들의 삶은 도탄에 빠져 있었습니다. 이런 상황에서 등장한 신진사대부들은 강력한 기득권을 휘두르며 나라를 좌지우지하는 세력에 당당히 맞서 구체적 개혁안을 제시했습니다. 이색, 정몽주, 정도전 같은 인물들이었죠.

신진사대부는 기존 세력들과 영합하지 않고 성리학을 이정표 삼아 개혁 활동에 앞장섭니다. 성리학이 진리 탐구와 도덕적 완성이라는 덕목을 중요하게 여겼기 때문이었죠. 위화도 회군을 기점으로 이성계가 중심이 된 신진사대부들이 급진적 개혁을 추진했고, 이색과 정몽주를 비롯한 온건파와 마찰이 생기게 되죠. 결국, 두 세력은 충돌했고 정도전을 비롯한 급진적 성향의 신진사대부가 무인 세력 이성계를 추대하며 고려는 종말을 고합니다.

성리학의 나라

조선은 성리학의 나라였습니다. 정도전의 《조선경국전》은 조선의 토대가 되는 법률을 제공했을 뿐만 아니라 왕과 신하, 백성의 삶에 관한 방식을 규정하는 중요한 뼈대가 되었습니다. 당시 정도전이 구상한 조선은 신권이 왕권을 견제하면서 국정을 주도하는 것이었습니다. 정치는 사대부에게 맡기고 왕은 결재도장이나 찍으라는 이야기였습니다. 이런 구상은 이방원에 의해 정도전이 제거되면서 위기를 맞지만, 성리학으로 세워진 나라인 만큼 왕권에 대한 신권 우위는 유지되었습니다.

성리학이 생활에 정착되면서 우리가 잘 아는 삼강오륜이 자리 잡게 됩니다. 한나라의 동중서는 임금과 신하, 어버이와 자식, 남편과 아내 사이에 마땅히 지켜야 할 도리를 삼강으로 정리하였고 이것은 이후 유학자들에게 중요한 윤리적 지침이 되었습니다. 군위신강, 부위자강, 부위부강이 그것입니다.

여기에 오상(五常) 혹은 오륜(五倫)이 덧붙여집니다. 맹자는 부모는 자녀에게 인자하고 자녀는 부모를 존경할 것[부자유친(父子有親)], 임금과 신하 사이에 의리가 있을 것[군신유의(君臣有義)], 남편과 아내의 분별과 본분이 있을 것[부부유별(夫婦有別)], 어른과 어린이가 차례와 질서를 지킬 것[장유유서(長幼有序)], 친구 사이에 신의가 있을 것[붕우유신(朋友有信)] 등 다섯 가지 생활윤리를 제시했습니다. 이것은 조선의 규범으로 통용되었고, 이를 어기는 '강상죄'는 역모죄와 같은 수위로 처벌되었습니다.

대외적으로는 성리학적 화이관(華夷觀)이 가미되어 조선의 대외인식은 중국의 그것을 고스란히 받아들이게 됩니다. 화이관은 중화(中華)와 화이(夷狄)를 엄격히 구별하고 한족을 중심으로 한 중국적 전통의 강화와 방어를 강조하는 사상입니다. 한족은 우수하고 뛰어나며 그 외의 민족은 오랑캐라는 극단적인 인간관이 그것입니다. 성리학을 받아들인 조선은 자연스럽게 중화를 명나라로 보고 소중화를 조선으로 규정합니다. 자연스럽게 다른 민족은 오랑캐가 되죠. 이렇게 사대주의가 조선 외교 노선의 중심이 됩니다.

조선 성리학의 거두, 이황

조선 성리학은 이황과 이이 두 거두에 의해 가다듬어집니다. 1501년에 태어난 이황은 열아홉 살 때 주희의 《성리대전》을 읽고 눈이 열렸다고 밝힐 정도로 성리학에 깊이 빠져들죠. 공부를 너무 열심히 해서 건강을 해칠 정도였습니다. 하지만 과거시험과는 인연이 없었는지 연거푸 세 번을 낙방합니다. 다행히 서른네 살이라는 늦은 나이에 2등으로 급제합니다.

이후 성균관 대사성에 오르기도 하지만 정치의 혼탁함을 보면서 관직에 정이 떨어지고 맙니다. 이후 단양군수와 풍기군수로 한직에 머뭅니다. 이때 주세붕이 세운 백운동서원을 사액 서원이 되도록 청을 올려 이루어냅니다. 사액 서원은 임금이 이름을 지어 현판을 내려주는 서원으로 책과 노비, 토지 등을 받게 됩니다. 조선에 성리학이 널리 보급될 수 있었던 것은 서원과 향약의 역할이 컸습니다. 향촌에서 유생들을 양성하고 백성들의 생활을 유교적 소양에 맞게 개선하는 일을 맡았기 때문입니다. 이황의 노력으로 사액 서원이 된 백운동서원은 '소수'라고 이름을 받아 소수서원이 되었습니다. 이후 전국에 서원을 확산시키는 계기가 되었습니다.

관직 생활에 큰 미련이 없던 이황은 쉰 살에 귀향해 스물일곱 번이나 관직을 거절하는 놀라운 기록도 남깁니다. 깊은 학문과 깨끗한 이미지는 당시 조선의 유생들에게 이황을 정신적 스승으로 떠받는 중요한 역할을 했습니다. 배움에 열정만 있다면 신분을 가리지 않고 가르쳐 대장장이조차 제자로 받아들일 정도였습니다. 예순에 고향에 도산서원을 지어 후학을 양성합니다. 양명학을 비판하는 《전습록변》, 성군의 길을 안내하는 《성학십도》를 남겨 조선 성리학을 발전시키는 데 중요한 역할을 하죠.

타고난 천재, 이이

퇴계 이황이 혼탁한 정계를 벗어난 학자적 성향이 강했다면 율곡 이이는 학자이면서 현실 개혁에 적극적인 정치가 성향이 강했습니다. 서얼 차별을 완화하자는 주장, 십만양병설 등 조선 사회의 개혁에 필요한 주요한 논의를 전개하기도 했습니다. 물론 받아들여지지 못했죠.

1536년 강원도 강릉에서 태어난 이이의 어머니는 신사임당입니다. 어머니가 돌아가시고 불교에 심취하기도 했지만 스물아홉 살에 장원으로 급제하여 관직에 오릅니다. 관직 생활 중에도 과거에 응시, 아홉 번을 장원에 뽑혀 '구도장원공(九度壯元公)'이라고 불렸을 정도로 천재였습니다. 이후 여러 관직을 두루 거쳤고 죽을 때까지 정치 일선에서 노력했던 참여형 학자였습니다. 당시 붕당의 분위기에서 서로 다른 주장들의 화합을 시도했고 붕당정치에 끝까지 반대하는 모습을 보여주었습니다. 하지만 그의 사후 후학들이 기호학파를 형성하고 그가 서인의 기둥이 되었다는 점은 아이러니한 부분입니다. 《성학집요》를 통해 임금이 뛰어난 신하의 말을 경청할 것을 강조하기도 했습니다. 이황과 이이는 기대승과 함께 사단칠정 논쟁을 통해 조선의 성리학을 한층 세련되게 발전시키게 됩니다.

남명 조식과 의병 정신

이황과 이이가 학문과 정치를 대표하는 유학자라면 조식은 재야의 선비를 상징하는 존재라고 할 수 있습니다. 나이도 이황과 같아서 두 사람을 라이벌로 보는 사람이 많습니다. 수없이 관직을 제안받았지만 모두 거절하고 한 번도 벼슬에 나가지 않았습니다. 오직 학문에 힘쓰고 깨어 있는 시대정신으로 제자들을 양성하는 데만 힘을 기울였습니다. '경상좌도에는 퇴계가 있고, 경상우도에는 남명이 있다'라는 말이 생길 정도였습니다.

평생 술은 입에 대지 않았고 맑은 정신으로 학문에만 전념했습니다. 이황과 기대승의 사단칠정 논쟁에 관한 이야기를 듣고는 '물 뿌리고 마당 쓰는 법도 모르면서 천리를 논하며 선비를 참칭한다'라고 비판하기도 했습니다. 이론 논쟁만 일삼을 것이 아니라 깨어 있는 정신으로 실천하는 삶을 살라는 냉정한 충고였습니다. 이런 강직함은 국가 운영에 관한 촌철살인으로 이어지기도 했습니다.

"전하의 정사가 이미 잘못되었고 나라의 근본도 이미 망해버렸습니다. …… 대왕대비께서 비록 뜻이 깊다고 해도, 문이 겹겹이 달린 궁중의 한 과부에 지나지 않습니다. 또한, 전하께서는 임금의 책무를 알지 못하는 어린아이일 뿐이니, 다만 돌아가신 선왕의 외로운 자식에 지나지 않습니다. 수많은 천재(天災)와 억만 갈래의 인심(人心)을 어떻게 감당하시렵니까?"

조식이 명종에게 올린 '을묘사직소(乙卯辭職疎)' 일부입니다. 관직을 거절하며 써낸 이 글에서 임금의 어머니를 '과부에 지나지 않는다', 임금을 '어린아이', '외로운 자식'이라고 칭하고 있습니다. 당시 명종은 스물이 넘어 친정을 펼치고 있었지만 여전히 문정왕후와 외척들이 정사를 쥐락펴락하고 있었습니다. 조식은 이 혼탁한 조정에 대한 준엄한 비판으로 큰 파문을 일으켰습니다. 다행히 '말이 거칠지만 우국충정은 높이 사야 한다'라는 목소리 덕분에 무사할 수 있었습니다.

조식의 학문은 배움을 통해 올바름을 알게 되면 곧 실천해야 한다는 실천궁행(實踐躬行)이었습니다. 실천하지 않는 학문은 아무 가치도 없는 죽은 학문이라는 것입니다. 이후 그의 학풍은 임진왜란 때 곽재우, 정인홍 같은 의병장을 탄생시킴은 물론 수많은 학자를 배출하게 되죠.

사단칠정 논쟁

철학과 학문은 논쟁을 통해서 발전합니다. 조선 성리학에서 중요한 논쟁 중 하나가 사단칠정 논쟁(四端七情論爭)입니다.

시작은 정지운의 〈천명도天命圖〉였습니다. 정지운은 〈천명도〉를 만들고 그 해석을 달게 되는데 이것을 본 이황이 해석에 잘못된 점이 있음을 지적하며 '사단은 리가 발한 것이고 칠정은 기가 발한 것'이라는 점을 강조합니다[사단(측은·수오·사양·시비), 칠정(기쁨, 노여움, 슬픔, 즐거움, 사랑, 미움, 욕망)], 정지운이 이황의 의견에 따라 내용을 수정하게 되는데, 기대승(奇大升)이 이황의 해석에 이의를 제기하면서 본격적인 논쟁이 시작됩니다.

이황과 기대승의 사단칠정에 대한 해석의 차이는 무엇일까요? 이황은 사단은 리가 발한 것이고 칠정은 기가 발한 것이라고 했습니다. 이황이 사단을 리, 칠정을 기의 발현으로 보는 이유는 사단이 하늘이 내린 절대 선이라는 것을 강조하기 위함이었습니다. 사단과 칠정을 분명하게 구분해서 리와 기로 나누게 되면 사단의 의미가 커집니다. 게다가 이황이 보기에 칠정은 악으로 흐를 가능성이 커 절대 선인 사단을 강조하여 칠정과 구분할 필요성이 있었습니다.

그에 비해 기대승은 사단과 칠정을 모두 정이라고 봅니다. 사단과 칠정은 하나이며 오히려 사단을 칠정 속에 포함해 칠정 중에서 선한 부분을 사단으로 봐야 한다는 것입니다. 칠정 중에서 리에 해당하는 부분이 사단이고 리일 수도 있고 기일 수도 있는 것이 칠정이라는 말이죠. 칠정이 사단을 포함하고 칠정이 선한 방향으로 흐르면 사단이 된다는 주장입니다.

예를 들어 사단 중 하나인 애(愛, 사랑)가 선한 방향으로 흐르면 측은지심이 되고, 오(惡, 미움)가 선한 방향으로 흐르면 수오지심이 됩니다. 기대승은 칠정을 기의 발현으로만 보려는 이황의 견해에 동의하지 않았습니다.

사실 이황이 칠정을 기의 발현으로 본 것은 현실 세계에서 경험하는 인간의 감정이 악으로 흐를 가능성이 크기 때문입니다. 절대 선인 사단과 악으로 흐르기 쉬운 칠정을 분명하게 구분하여 사단에 우월한 지위를 두려던 것이죠. 이렇게 되면 사단을 높이고 칠정을 낮추도록 하여 사람을 교화하기가 쉬워집니다. 반면 기대승은 칠정은 인간의 보편적인 감정이기에 그 칠정을 선한 방향으로 잘 이끌어 주면 될 것이라고 보았습니다.

당시 이황의 나이는 쉰여덟 살로 성균관 대사성을 지낸 대학자였고, 기대승은 이제 갓 과거에 급제한 서른두 살의 사회초년생이었습니다. 갓 임용된 공무원이 대학 총장에게 딴지를 거는 형국이었죠. 그릇이 컸던 이황은 이런 기대승의 딴지를 받아주면서 무려 13년 동안 편지를 주고받습니다. 심지어 이황은 기대승의 주장을 일부 받아들이며 자기 생각을 수정하기도 했습니다.

그 후 이이가 기대승의 입장을 수용하면서 성혼과 논쟁을 전개합니다. 그 과정에서 사단칠정 논쟁은 학파 간 대립 양상으로 치닫게 되죠. 진리를 탐구하려는 학문적 논쟁이 같은 의견을 가진 사람들을 모이게 한 것입니다. 여기에 서원을 통해 제자를 양성하는 과정에서 학파가 형성됩니다. 학파는 정파로 이어지고, 정파는 붕당이 되어 정치적 갈등을 유발하는 폐해를 불러옵니다.

인물성동이 논쟁

인물성동이 논쟁(人物性同異 論爭)은 호락논쟁(湖洛論爭)이라도 합니다. 주희는 하늘이 사람과 사물에게 부여한 성이 같은 것이라고 했다가, 기품의 차이에 따라 기가 바르고 통한 것을 얻으면 사람이 되고 치우치고 막힌 기를 얻으면 사물이 된다고도 했습니다. 이런 주희의 말을 어떻게 해석할 것이냐를 두고 조선 후기에 일어난 중요한 논쟁이 인물성동이 논쟁입니다.

인성(人性)과 물성(物性)이 같다고 보는 쪽이 동론, 다르다고 보는 주장이 이론입니다. 동론은 하늘이 리에 따라 만물에 성을 부여하는데 리에 의해 부여받은 것이므로 사람과 사물의 성이 같다는 입장입니다. 반면 이론은 사람과 사물은 서로 다른 기를 얻어 형성되므로 사물은 인의예지를 가질 수 없다고 봅니다.

청나라는 만주족이 세운 나라입니다. 화이론을 강조하는 입장에서 청나라는 오랑캐입니다. 동론의 관점에서 보면 명나라를 멸망시키고 청나라를 세운 만주족은 같은 인성을 가진 사람입니다. 청나라의 문물이 뛰어나다면 그것을 배우고 익힐 필요가 있겠죠. 박지원 같은 북학파가 그렇습니다. 많은 실학자가 이런 관점에서 국제관계를 파악했습니다. 이런 생각은 개화사상으로 연결됩니다.

이론은 소중화론을 강조합니다. 청나라를 오랑캐의 나라로 규정하고 그들에게 당한 치욕을 갚기 위해 북벌을 주장합니다. 명나라가 멸망하면서 조선의 사대부들은 자신들이 명나라의 뒤를 이은 유일한 중화라는 자부심을 느끼게 되죠. 이런 자부심은 이후 위정척사 사상으로 연결되었고, 구한말 의병운동의 정신적 바탕이 되었습니다.

인물성동이 논쟁이 실제 국제관계나 정치에 본격적으로 관여한 것은 아니었습니다. 하지만 당시 사대부들 내면에 짙게 깔린 사상적 기반으로 작용한 것은 분명합니다.

31강. 살아 있는 철학, 죽은 철학

철학의 세 단계

새롭게 등장한 지식이나 철학은 세 단계를 거칩니다. 처음에는 사회 문제 해결의 기수로 주목을 받으며 등장하고, 다음에는 널리 퍼져 사용되고, 마지막으로 폐기되어 사라집니다. 새로운 철학이 나타났다는 것은 삶에 문제가 있고 그것을 해결할 방법이 등장했음을 의미합니다. 그러다 시간이 가면서 문제 해결에 도움을 주던 철학이 오히려 문제를 일으키거나 문제 자체가 되고 말죠.

고려의 불교가 그랬습니다. 고려는 불교의 나라였습니다. 고려 왕실의 지지와 후원에 힘입어 번창했고 일상생활까지 큰 영향을 미쳤습니다. 한국 불교 양대 산맥인 천태종을 만든 의천, 조계종을 만든 지눌 등 걸출한 인물을 배출했고, 거란과 몽골 침입에 맞서 대장경을 조판하고 창칼을 들고 나라를 수호하는 당당한 호국불교 모습도 보여주었습니다. 온 백성이 연등회와 팔관회 같은 축제를 벌였으며 과거시험에 승과를 두어 스님을 뽑기도 했죠.

하지만 왕실 보호를 받으며 현실 문제와 조금씩 멀어지기 시작한 불교는 고려 말 다수의 폐단을 노출하게 됩니다. 전국 대형 사찰들은 수많은 노비를 소유하고 농장을 경영할 정도로 부를 키웠습니다. 사찰은 전지와 노비가 지급되고 면세와 면역 특권도 누렸죠. 여기에 권력자와 유착되어 고리대금 사업으로 부를 축적하고 백성들 재산을 함부로 빼앗으니 그 문란이 말로 표현할 수 없을 정도였습니다. 교리를 절대화하고 불교 상징물을 신성시하며 이를 통해 얻은 절대적 힘을 현세의 욕망을 충족하는 데 쏟은 게 원인이었습니다.

불교가 부패의 온상이 되자 그에 대한 비판이 쏟아집니다. 이미 권력과 한 몸이 되어버린 불교에 비판은 소귀에 경 읽기에 불과할 뿐이었죠. 나라를 구한 철학이 나라를 망치는 원흉이 된 것입니다.

변방에서 중심으로

성리학 또한 불교와 같은 전철을 밟습니다. 여말 불교와 기성세대를 비판하며 등장한 성리학은 고려를 개혁하고 조선을 세우는 중요한 철학적 기반이었습니다. 그 후 조선의 통치 철학으로 국정 운영은 물론 백성의 생활까지 파고들었습니다. 문제는 철학이 권력과 하나가 되었다는 점입니다. 권력과 야합한 철학은 문제 해결의 역량을 발휘할 수 없습니다. 지켜야 할 것이 생겼기 때문입니다. 가진 것이 없는 사람이 가장 무섭다고 합니다. 잃을 것이 없기 때문이죠. 권력과 결탁한 철학은 가진 자의 위치에 섭니다. 가진 것을 지키기 위해 권력과 유착하여 세를 유지하고 확장하는 데 여념이 없었습니다.

성리학은 고인 물이 되었습니다. 체제나 학문에 대한 비판을 허락하지 않았고 삼강오륜을 내세워 타자를 억압했습니다. 스스로 절대가치가 되어 타자를 허락하지 않는 철학은 교조주의로 흐를 수밖에 없죠. 그런 점에서 조선은 사상과 철학의 독재 시대였습니다. 사대부층은 이런 철학을 등에 업고 특권을 철저하게 누리며 더 많은 권력을 위해 아귀다툼을 벌였습니다.

작고하신 신영복 선생은 중심의 문제를 지적합니다. 중심은 주변부를 무시하거나 억압해서 자신의 권력을 독점하려 듭니다. 혁명성을 잃고 교조화됩니다. 그 결과 새롭게 등장한 변방에 밀려 역사 속으로 사라집니다.

조선 성리학의 모습이 이와 같았습니다. 조선은 지식과 권력이 결합해 탄생한 나라입니다. 학문의 정치화, 지식의 권력화는 당연한 결과였습니다. 여기에 형이상학을 강조하는 성리학의 특성이 국가 운영에 그대로 반영됩니다. 현실과 괴리된 이론 논쟁과 인간의 자연스러운 감정을 부정하고 통제하려는 도덕론만 강조하다 문제 해결 능력을 상실합니다. 고려 개혁에 앞장섰던 성리학이 조선에서 뿌리를 내리면서 나라를 좀먹기 시작했습니다. 아무런 대비 없이 당한 임진왜란을 겪고도 명분만 내세우다 또다시 삼전도의 치욕을 당했으며 개혁보다는 사대부의 기득권만 챙기다 결국 나라를 빼앗기는 비극을 맞이하고 말았죠. 권력과 융화된 철학이 어떻게 나라를 망치는지 우리는 역사를 통해 뼈저리게 배웠습니다.

서원과 향약은 성리학을 보급하는 수단이었고 백성들을 교화하는 장치였습니다. 문제는 학문적 보급 차원에서 끝나지 않았다는 것입니다. 노비와 토지를 소유하고 병역이나 부역 면제 혜택까지 받은 서원은 부패의 온상이 되어 백성들의 삶을 질곡으로 몰아넣었습니다. 지배층과 피지배층은 확연히 분리되었고, 학문과 예술은 양반만의 전유물이 되고 말았습니다. 고려 말 불교보다 더했으면 더했지 못하지 않았습니다. 그런 점에서 조선은 성리학으로 일어섰다가 성리학으로 망했다고 봐도 과언이 아닐 것입니다.

교조주의를 넘어서

교조주의의 특징은 독단입니다. 독단은 자기 사상과 이론이 최고라는 맹신에서 시작됩니다. 융통성을 잃고 획일화된 주장을 고수하며 타자를 공격합니다. 자기 이외의 것은 모두 배척 대상일 뿐입니다. 여전히 세계 곳곳에서 교조주의의 모습을 발견합니다. 이슬람 근본주의, 중화사상, 일본 군국주의 등 수많은 지식과 철학, 종교가 근본주의 속성을 가지고 있습니다. 근본주의의 끝은 어디일까요? 몰락입니다. 타자를 인정하지 않고 현실을 무시하면 문제 해결 능력을 상실한 지식과 사상, 철학은 설 자리가 없습니다. 교조화된 철학은 이미 죽은 철학입니다.

성리학은 이제 그 수명을 다한 듯 보입니다. 우리 시대에 성리학을 신봉하는 사람은 찾기 힘들지요. 하지만 공자와 맹자는 여전히 살아 있습니다. 그들의 철학은 완전하지 않습니다. 공자는 모른다는 것을 인정했고, 맹자는 인간의 도를 실천하려고 했습니다. 성리학의 원류인 공자와 맹자가 여전한 것은 그들이 부드러웠기 때문입니다. 원칙은 지키되 그것을 절대시하지 않았습니다. 화이부동, 타자를 포용하고 변화에 귀를 기울였습니다. 권력을 활용하려고 했을 뿐 포획되지 않았습니다.

철학이 가야 할 길은 분명합니다. 권력과 이익에 영합하지 않아야 합니다. 확실한 진리를 추구하되 새로운 진리에 마음을 열어야 합니다. 삶의 문제를 해결하고 세상을 풍요롭게 만드는 것이 철학의 역할임을 기억할 필요가 있다는 말입니다.

플라톤으로 시작된 서양철학은 역사의 현장에서 그것을 절실히 깨달았습니다. 어떤 현대 철학도 절대적인 것을 주장하거나 신봉하지 않습니다. 이것이 서양이 2500년 역사를 통해서 깨달은 결과입니다. 조선 성리학과 서양철학의 흥망을 보며 깨달은 점을 이렇게 정리할 수 있을 듯합니다.

완전한 지식은 없다. 절대 지식은 절대 몰락한다.

6부
___

한비자에게 배우는
인간 경영의 길

32강. 한비자, 법가를 종합하다

법가의 등장

철학은 필요의 산물입니다. 목마른 사람이 우물을 파듯이 막다른 길에 들어선 인간은 창의성을 발휘하여 필요한 도구와 지식을 만듭니다. 새로운 철학이 낯선 시대의 도래와 시기를 같이 하는 이유입니다.

법가는 새로운 시대의 철학적 과제에 충실했습니다. 춘추시대는 춘추오패라 불리는 다섯 나라의 패자들에 의해 주도되었고 약소국도 패자를 따르기만 한다면 명맥은 유지할 수 있었습니다. 전국시대에 들어서면서 형식적 정치 질서와 경제체제가 무너지게 되었고 밖으로는 나라 간의 전쟁이, 안으로는 제후와 대부 혹은 대부 간 권력 다툼이 끊이지 않았습니다.

유가와 도가, 묵가 등 제자백가가 나타나 다양한 사상을 제시했지만, 혼란을 극복할 대안으로 선택받지 못합니다. 그들의 제안이 군주의 입맛에 맞지 않았기 때문입니다. 반면, 한비자로 대표되는 법가는 전국시대 군주의 가려운 곳을 긁어주었습니다. 혼란과 무질서의 원인을 왕권 약화로 보고 군주권 강화를 통한 사회 안정을 추구하는 것이 한비자 사상의 큰 맥락이었으니까요. 강력한 군주의 힘을 바탕으로 객관적 법을 통해 상과 벌이라는 수단을 활용한다면 난세를 평정할 수 있다고 본 것입니다. 그런 점에서 한비자의 생각은 법에 따른 객관적 통치 필요성과 전쟁을 수행하기 위한 강력한 중앙집권적 체제라는 시대적 요구에 맞는 것이라고 할 수 있습니다.

한비자

한비자(기원전 280년~기원전 233년)의 본명은 '한비'로 전국시대 한나라의 공자(公子)로 태어났습니다. 공자라고는 하지만 어머니의 신분이 높지 않았기에 평탄하지 못한 삶을 살았습니다. 사마천은 《사기》〈노자한비열전〉에서 한비자가 일찍이 형명법술(刑名法術, 법으로 나라를 나스리는 기술)을 익혀 군주 중심의 중앙집권적 봉건 체제를 구축하려고 시도한 법가 사상가라고 소개하고 있습니다.

한비자가 남긴 책 《한비자》는 대부분은 한왕에게 올린 개혁안입니다. 그의 조국 한나라는 칠웅 중에서 영토가 가장 작았고, 여러 나라에 둘러싸여 압박에 시달렸습니다. 특히 상앙을 중용하여 강력해진 진나라는 인접한 한나라를 호시탐탐 엿보고 있었습니다. 한비자는 자신의 개혁안이 받아들여지지 않자, 생각을 정리하여 글로 남기게 되죠. 이것을 보고 감탄한 것은 오히려 적국인 진나라 왕 정(政)이었습니다. 이 사람은 훗날 그 유명한 시황제, 진시황이 됩니다. 그는 한비자의 글을 읽고 '이것이야말로 내가 기다리고 있던 것'이라며 그를 만나보기를 간절히 바랐다고 합니다. 마침 진왕의 수하에 이사가 있었습니다. 이사는 순자의 제자로 한비자와 동문수학한 사이였죠.

진왕은 한비자를 만나려고 일부러 한나라를 공격하려고 한다는 소문을 흘립니다. 놀란 한나라에서 사자를 보내는데 그가 바로 한비자였습니다. 진왕은 한비자를 만나고 크게 기뻐하며 그를 곁에 두고 중용하려 합니다. 한비자가 진왕과 가까워지는 것을 질투한 이사는 모략을 꾸며 한비자를 옥에 가둡니다. 급하게 독약을 보내 자살하게 하지요. 권모술수를 경계할 것을 소리 높여 외쳤던 한비자가 권모술수에 의해 당하는 아이러니한 장면입니다. 역시 사람은 자기 상황은 잘 보지 못하는 법입니다.

이렇게 한비자는 진나라에서 비극적인 죽음을 맞이합니다. 하지만 그가 정리하고 펼쳤던 법가 철학은 진나라에 수용되어 전국을 통일하는 중요한 역할을 담당합니다. 한비자는 인간 윤리나 사물의 이치가 아닌 현실 문제에 집중했고 그것이 진시황을 사로잡았습니다.

공자와 맹자도 권력과의 결합을 시도했습니다. 하지만 그들의 바람은 꿈으로 그쳤습니다. 반면 한비자를 비롯한 법가는 권력과 조우하고 깊이 연결됩니다. 그 결과 전국시대를 통일하는 철학이 되죠. 진나라가 일찍 법가를 받아들여 부국강병을 이룩했고, 진시황이

이 사업을 완료합니다. 통일 후 시황제는 전국을 서른여섯 개 군으로 나누고, 그 아래에 현을 두었으며, 황제가 직접 임명한 관리를 군현에 파견하는 군현제를 시행합니다. 비로소 지방 구석까지 황제의 힘이 미치는 중앙집권 국가가 완성된 것입니다. 도량형을 통일하고 화폐를 일원화했으며 서체도 통일합니다. 이 모든 것이 한비자와 이사 같은 법가의 정책이었습니다.

법가의 힘은 강력한 현실성에 있다고 할 수 있습니다. 유가가 도덕적이었다면, 도가는 자연 친화적이었습니다. 법가는 현실을 정확히 보고 그 안에서 대안을 찾았습니다.

수주대토

> "송나라 사람이 밭을 갈고 있었다. 밭 가운데 그루터기가 있었는데 토끼 한 마리가 달려와 그루터기에 부딪혀 목이 부러져 죽었다. 그 후로 그는 쟁기와 농기구를 버리고 그루터기만 지키면서 다시 토끼가 그루터기에 부딪히기를 바랐지만, 토끼는 다시 얻지 못하고 사람들의 웃음거리가 되고 말았다. 지금 선왕(先王)의 정치로 오늘날의 백성을 다스리고자 하는 것은 모두가 그루터기를 지키고 있는 부류와 같다."
> —《한비자》〈오두五蠹〉

수주대토(守株待兔), 나무 그루터기에 앉아 토끼를 기다린다는 뜻으로 행동 없이 요행을 바라는 어리석음을 꼬집고 있습니다. 요순처럼 훌륭한 왕이 나타나서 정치를 잘하면 백성의 삶이 좋아질 수 있습니다. 그런데 그것이 어렵습니다. 우리 역사만 봐도 현군보다 우군이나 폭군으로 훨씬 많습니다. 현군을 기다릴 것이 아니라 안정된 나라를 운영하는 방법을 찾아야 합니다.

선왕의 정치가 통하지 않는 이유는 시대가 변했기 때문입니다. 과거의 정책이 오늘 통할 수 없습니다. 변화된 상황에는 그에 맞는 방법이 필요하죠. 한비자가 말하는 '선왕의 정치'를 주장하는 사람들은 유가입니다. 유가들이 신봉하는 요순은 백성의 수가 적은 시대의 임금입니다. 그때와 지금은 시대가 다른데도 유가는 예전의 도를 회복하자고 주장합니다. 한비자는 시대가 달라졌다고 말합니다. 백성의 수가 많아졌고 자원은 넉넉하지 못합니다. 이런 시대에 인의는 아무런 힘이 없습니다. 유가는 군주들에게 채택되지 못했습니다. 한비자는 유가의 실패를 냉정하게 파악하고 있었습니다.

송나라 사람에 관한 이야기를 하나 더 해볼까 합니다. 송나라는 약소국을 대표하는 경우가 많습니다. 대표적인 말이 송양지인(宋襄之仁)입니다.

송나라 군사가 초나라 군사와 만났습니다. 송나라 양공(宋襄)이 강 건너에 먼저 진을 쳤습니다. 막강한 초나라 군대가 송나라 진을 부수려고 강을 건너왔습니다. 송나라 장군 목이가 양공에게 말했습니다.

"적이 강을 반쯤 건너왔을 때 공격하면 이길 수 있습니다."

하지만 양공은 의롭지 않다며 오히려 장군을 나무랍니다.

어느새 초나라 군사가 강을 건너와 전열을 가다듬고 있었습니다.

목이가 다시 한번 양공에게 말했습니다.

"마지막 기회입니다. 적은 많고 아군은 적습니다. 적이 전열을 가다듬기 전에 치면 이길 수 있습니다."

양공이 목이의 제안을 무시하며 말합니다.

"군자는 남이 어떤 경우든 남이 어려운 처지에 있을 때 약점을 노리는 비겁한 짓을 하면 안 된다. 지금은 때가 아니다."

결국, 양공은 초나라 군사가 전열을 다 가다듬고 난 후에야 공격 명령을 내립니다. 어떻게 되었을까요? 송나라의 참패였습니다. 양공도 다리를 다쳐 그 후유증으로 죽고 말았습니다.

'송나라 양공의 어짊'을 뜻하는 송양지인 이야기입니다. 명분만 앞세우고 과한 인정을 베풀다 망한 경우입니다. 조선은 명과의 관계라는 명분을 중요시하다가 호란에 직면했습니다. 그렇게 난을 겪고도 명분을 포기하지 못한 사대부들에 의해 조선을 내리막을 걷습니다.

명분과 실리의 문제는 오래된 것입니다. 어떤 것이 중요할까요? 답은 상황에 있습니다. 명분이 중요할 때는 명분을, 실리가 중요할 때는 실리를 선택합니다. 한비자는 명분보다 실리의 손을 들어줍니다. 전국시대라는 상황이 그것을 요구하기 때문입니다.

33강. 주인이 하인에게 친절한 이유

스승 순자

"인간의 본성은 악하다. 인간이 선한 것은 거짓이다."

―《순자》〈성악性惡〉

순자의 성악설입니다. 인간이 선한 것은 거짓이라고 했는데, 여기서 거짓이라는 의미는 인간이 인위적으로 노력해서 선해졌다는 뜻입니다. 원래는 악한데 인위에 의해 선해진다는 것이죠. 순자도 공자처럼 예(禮)를 강조합니다. 인간은 악하므로 예를 통해서 제어해야 합니다. "나무는 먹줄을 받으면 곧게 되고, 쇠는 숫돌에 갈면 날카롭게 된다"라는 순자의 말이 이를 대변하죠. 순자를 유가로 분류하는 이유도 예를 강조했기 때문입니다.

한비자는 순자의 제자입니다. 당연히 스승의 성악설에 영향을 받았습니다. 인간을 이기적인 존재로 파악합니다. 하지만 순자가 인간 본성을 예로 교화할 수 있다고 보고 이에 적극적이었던 것에 비해, 한비자는 교화를 강조하지 않습니다. 한비자의 이기적 인간관은 법치주의 논거로 활용될 뿐입니다. 교육을 통한 교화에는 많은 시간과 에너지가 사용됩니다. 객관적인 법에 따라 통치하면 굳이 강한 교화가 필요 없습니다. 이것은 이기적 인간관에 근거한 자연스러운 방법이기도 합니다.

환자의 상처를 빨아내는 이유

춘추전국시대에는 아들을 낳으면 기뻐하고 딸을 낳으면 내다 버리는 일이 흔했습니다. 농경사회는 노동력이 중요했지요. 아들은 자라서 식구를 하나 더 데려오지만, 딸은 애써 키워도 다른 집으로 가버립니다. 사람은 이익에 따라서 기뻐하고 슬퍼합니다. 부모 자식 사이가 이러한데 아무런 피도 섞이지 않은 사람은 어떠했을까요?

"의사가 환자의 상처를 빨아 고름을 뽑는 것은 이익을 위해서다."

"수레를 만드는 사람은 사람들이 모두 부귀해지기를 바라고, 관을 짜는 사람은 사람들이 일찍 죽기를 기다린다. 이는 수레 만드는 사람이 착하고 관을 만드는 사람이 악해서가 아니다. 사람들이 부자가 되지 않으면 수레를 타지 않고, 사람들이 죽지 않으면 관이 팔리지 않기 때문이다."

—《한비자》〈비내備內〉

인간에 대한 뼈를 때리는 통찰입니다. 인정하지 않고 싶지만, 인정할 수밖에 없습니다. 그렇지 않다고 부정할 수도 있을 것입니다. 하인에게 잘해주는 주인도 있으니까요. 그렇다면 한비자는 잘해주는 주인에 대해 어떻게 말할까요? 하인이 주인을 위해서 열심히 일하는 까닭은 그가 충실하기 때문이 아니라 일에 대한 보상을 많이 받기 위한 것입니다. 주인이 하인에게 잘해주는 까닭도 그가 친절해서라기보다 하인이 열심히 일하기를 바라기 때문입니다. 하인의 성실은 더 큰 결과를 얻기 위한 수단이고, 주인의 친절은 위장된 따뜻함입니다.

한비자를 관통하는 것은 이런 이기적 인간관입니다. 사람은 자기 이익을 위해서 행동한다는 것이죠. 사람들은 뱀을 보면 놀라고 송충이를 보면 소름 끼친 듯 싫어하지만 고기 잡는 이들은 뱀을 닮은 뱀장어를 주무르고, 아낙들은 누에를 손으로 만집니다. 누구나 싫어하는 힘들고 거친 일도 이익이 되면 하는 것이 사람이죠.

한비자에게 선악은 중요한 문제가 아닙니다. 선악이나 옳고 그름의 문제는 손익이라는 현실 앞에 무력하기 때문입니다. 인간은 이익을 좇는 존재이기에 선악이라는 윤리적 관점에서 통제하는 것은 불가능합니다.

나라를 망치는 좀벌레

한비자에게 유가의 대안들은 듣기는 좋을지 몰라도 쓸모는 없습니다. 유가에서는 부모가 자식을 사랑해야 한다고 하지만 사랑을 많이 받은 자식도 부모를 따르지 않을 수 있습니다. 임금이 백성을 위해서 눈물을 흘린다고 해도 그것만으로 좋은 정치를 했다고 할 수는 없습니다. 임금이라면 권세를 가지고 정치를 바로 잡아야지 인의를 바로 잡아서는 안 된다는 것입니다. 인의를 행해야 임금이 될 수 있다고 주장하는 것은 임금이 공자처럼 되기를 바라고 백성들이 그 제자 같이 되기를 바라는 것과 매한가지입니다. 모든 사람이 그렇게 되는 것은 비현실적이죠.

한비자는 당대의 현실적 문제를 직시하고 있었고 그 해결책 또한 현실에서 나와야 함을 잘 알았습니다. 농사를 이야기하는 사람은 많지만, 쟁기를 만드는 사람은 적고, 병법을 이야기하는 사람은 많지만, 무기를 드는 사람은 적다는 것이 빈곤과 혼란의 원인이라 생각했습니다. 채찍에 화려한 새의 그림과 아름다운 모양들을 새겨넣는다 한들 쓸모로 말하면 보통 채찍과 다를 것이 없습니다. 허울 좋은 말만 늘어놓을 것이 아니라 현실에 산적한 문제를 해결할 수 있는 구체적 대안을 제시하라는 말입니다.

한비자는 당시 한나라를 갉아먹는 좀벌레로 다섯을 꼽았습니다. 그 다섯은 유가 학자, 유세가, 협객, 측근, 상공인들입니다.

먼저 유가 학자들은 인의를 강조하고 겉치레를 화려하게 해야 한다고 말솜씨를 꾸며서 군주의 마음을 헷갈리게 합니다. 이것은 법에 따른 명확한 통치에 혼돈을 줍니다.

유세가는 헛된 말로 임금을 현혹하고 외세의 힘을 빌려 자기 욕심을 채우는 이들입니다. 당시 유세가들은 자기 생각을 받아주는 사람을 찾아 여러 나라를 돌아다녔습니다. 어떤 나라에서든 자기 말을 인정해주면 기꺼이 일했고, 그들의 관심은 오직 자기 이익이었습니다.

협객들은 무리 지어 다니며 조직을 만들고 세를 과시하면서 법을 무용지물로 만듭니다. 왕을 모시는 자들도 권력자에게 빌붙어 뇌물과 아부로 이익을 도모합니다. 장사치들 또한 좋지 않은 물건을 비싸게 팔고, 농민들의 이익까지 빼앗아가죠.

당시 상황을 짐작할 수 있는 이야기입니다. 한비자의 현실 인식은 냉정했습니다. 현대에 적용해봐도 흠잡을 데 없이 정확한 분석입니다. 예나 지금이나 인간의 본성은 바뀌지 않았습니다.

인간관이 중요한 이유

인간관이 중요한 것은 사람을 어떻게 보느냐에 따라 문제에 대처하는 방법이 달라지기 때문입니다. 사람이 선하다면 선함을 살리는 정책이 필요하고, 악하다면 악을 제어하는 방법을 찾아야 합니다. 한비자의 대안은 이기적인 인간에 대한 통제였습니다. 인간은 현실적 이익을 중요하게 여기기 때문에 그것에 초점을 맞추어 다스려야 효과를 볼 수 있다는 것입니다. 그 수단이 상과 벌이죠.

한비자가 스승과 다른 점은 순자가 예에 집중한 데 비해 한비자는 법치를 제시했다는 것입니다. 이익을 따지는 인간을 제어할 수 있는 가장 유용한 방법이 법이기 때문입니다. 자기 이익을 추구하는 인간에게 윤리나 도덕을 앞세우는 것은 소용없습니다. 부모의 사랑이 자식을 제대로 가르치지 못하는 경우는 얼마든지 있죠. 넘치는 사랑으로 자란 아이는 버릇없는 경우가 많습니다. 손자에게 예쁘다고만 하면 할아버지 수염을 뽑으려 합니다. 이것을 너무 잘 알고 있었던 한비자는 부모의 사랑이 아닌 관청의 엄한 형벌이 필요하다고 보았습니다. '사람이 사랑에는 기어오르고 위협에는 굴복하기 때문'이라고 냉정하게 말합니다.

한비자와 함께 자주 언급되는 마키아벨리가 남긴 말입니다.

"사랑을 느끼게 하는 것보다 두려움을 느끼게 하는 것이 더 안전하다."

— 마키아벨리, 《군주론》

34강. 법가란 무엇인가?

예와 법

《예기》에 "예는 서민에게까지 내려가지 않고, 형벌은 대부에게까지 미치지 않는다"라는 말이 있습니다. 고대사회는 예(禮)와 형(刑)이라는 통치 규범 두 가지로 유지되었습니다. 예는 지배계급의 윤리입니다. 하늘에 제사를 지내는 의례적 행위는 지배계급의 특권이었지요. 하늘의 자손인 천자와 그를 따르는 친족만이 제사를 지낼 특권을 가졌고 이것은 지배계층을 하나로 묶는 윤리로 작용했습니다. 공자는 노나라에서 군주가 제사 후에 음식을 나누지 않는 것을 보고 그곳을 떠납니다. 예를 잃었다고 생각했기 때문입니다.

그에 비해 형벌은 내부 구성원을 단속하고, 전쟁에서 패배한 종족에게 가하는 징벌적 성격이 강했습니다. 곤장이나 유배, 사형 등 오

형이라고 불리는 형벌이 있었고 이것은 질서를 유지하기 위해 필수적인 것으로 여겨졌습니다. 예가 서민에게까지 내려가지 않고, 형벌은 대부에게까지 미치지 않는다는 것은 지배계층의 윤리와 피지배계층의 그것이 다르다는 의미입니다.

이런 이분법적 체계는 동주, 춘추전국시대로 접어들면서 붕괴하기 시작합니다. 지배계급 내부에서 시작된 혼란으로 천명론이 부정되고, 토지제도인 정전제가 무너졌으며, 철기시대로 접어들어 생산력이 급격히 향상됩니다. 이런 변화는 성문법을 제정해 예를 대체하는 것으로 이어졌습니다. 대부가 왕을 범할 수 있음을 실감하게 된 군주가 그들을 통제하는 방법으로 눈여겨본 것이 법입니다. 예는 힘을 가진 세력들을 묶어둘 능력을 상실했고 오직 법만이 그들을 강제할 수 있었습니다. 지배계층까지 법을 적용하자는 법가의 논리가 군주 입맛에 맞을 수밖에 없는 이유입니다.

전국시대에 접어들면서 늘어난 토지와 백성들을 효과적으로 통제할 필요성이 대두됩니다. 부락 정도의 작은 집단에서는 법이 큰 의미가 없지만, 넓은 땅을 가진 대국이 효과적으로 백성을 통치하려면 법만큼 유용한 것이 없습니다. 게다가 전쟁을 위해 강력한 힘을 가진 중앙집권 체제가 필요합니다. 백성을 관리하고 군대를 통솔하기 위해서라도 정부 기능과 구조는 복잡해질 수밖에 없었습니다.

귀족 연합정치 시절에는 예가 중요한 기능을 했습니다. 강력한 왕권이 필요한 시대에는 법이 필요하죠. 예는 귀족들 사이에서만 통용되었고 법은 일반 백성들을 제어하는 용도였습니다. 한비자는 법 적용 영역을 모든 계층으로 확장하려 했습니다.

법가의 선구자들

관중(기원전 730년~기원전 645년)은 환공을 보좌하여 제나라를 일약 패자의 지위에 올려놓은 인물입니다. 환공이 나라를 다스리는 데 거슬리는 것이 무엇인지를 묻자 관중은 '사당의 쥐'와 '사나운 개'라고 대답합니다. 군주의 측근들이 권세로 백성의 것을 빼앗아 이득을 얻고, 패거리를 지어 군주에게 악을 행하는 상황을 '사당의 쥐'라고 한 것입니다. 여기에 신하가 권력을 장악하여 마음대로 법을 휘둘러 자기에게 이득이 되는 자를 곁에 두고 사익을 취하니 이것이 '사나운 개'입니다. 사당의 쥐와 사나운 개로 인해 법술이 통하지 않고 나라가 망함을 지적한 것입니다.

관중은 경제력 증강을 위해 제염업에 공을 들여 소금을 대량생산하여 경제적 부흥을 이룹니다. 경제력을 바탕으로 군사력을 증강하고 신상필벌을 중시하여 공을 세운 자에게 큰 상을 내리는 정책으로 강력한 군사력을 얻게 됩니다. 이런 관중의 방식은 법가적 방법의 선구로 이해되곤 합니다.

기원전 536년 정(鄭)나라 재상 자산(子産)은 귀족 중심 정치를 해체하기 위해 성문법을 만들어 공포합니다. 농지를 정리하고, 토지 규모에 맞게 세금을 매겼으며 미신적인 행사를 없애버렸습니다. 중국 최초의 성문법 집행자였습니다. 그의 법치는 귀족과 백성의 반발을 불러왔지만, 개혁을 멈추지 않았습니다. 그가 재상이 된 지 1년이 넘자 노인들이 무거운 짐을 들지 않아도 되었고, 2년이 넘자 상인들이 물건값을 속이지 않았으며, 3년이 지나자 길에 떨어진 물건을 줍는 사람이 없었다고 하죠. 객관적 법으로 나라를 다스리며 우직하게 밀고 나간 덕분이었습니다. "충성스럽게 백성을 위해 좋은 일을 행하면, 백성의 원성은 줄어든다"라는 자산의 말에서 진정한 개혁의 의미를 이해할 수 있습니다.

관중과 자산은 왕권의 강화와 관료적 시스템의 강화, 객관적 법으로 부국강병을 추구한 법가의 선구자들이었습니다.

상앙의 신법

고대 국가의 안정을 위해 가장 중요한 것은 무엇일까요? 먼저 필요한 것은 강력한 왕권입니다. 왕을 중심으로 중앙집권적 권력 구조를 갖추면 나라가 일사불란하게 움직일 수 있습니다. 그러자면 신하들을 통제할 수 있어야겠죠. 신하를 통제하려면 신하들에게 엄격한 상벌이 적용되어야 합니다. 군주의 명령과 법에 따라 조직된 튼튼한 관료제는 나라를 운영하는 뼈대가 됩니다.

상앙(商鞅, 기원전 390년~기원전 338년)은 한비자 이전에 진나라 효공이 등용해 '상앙의 신법(新法)'이라고 불리는 개혁을 단행한 사람입니다. 토지국유화를 단행하고, 군현제를 추진하여 행정력을 지방까지 확대합니다. 농업과 기술을 장려하고 생산량이 많아 세금을 많이 내면 부역을 면제해주기도 했습니다. 높은 지위에 있다고 해도 기술을 갖거나 일을 하지 않으면 평민으로 강등시켰죠. 성문법을 제정하고 백성들에게 널리 공포해서 알려야 한다는 공개성을 주장했습니다.

정책 성공 여부는 백성의 신뢰에 달려 있습니다. 상앙의 시대만 해도 백성들은 관청이 공표하는 법에 익숙하지 않았습니다. 법을 공포해도 믿지 않으니 실효성이 있을 리 만무합니다. 고심하던 상앙이 아이디어 하나를 냈습니다. 도성 남문 근처에 커다란 나무 기둥 하나를 세우고 방을 붙였습니다.

"이 기둥을 북문으로 옮겨다 놓는 자에게는 10금(十金)을 준다."

역시 시큰둥할 뿐 별 반응이 없었습니다. 남문 나무 기둥을 북문으로 옮기는 것이 힘들기도 했거니와 이런 일로 상을 줄 것 같지 않았기 때문이죠. 다음날 상앙은 상금을 50금으로 올렸습니다. 그러자 혹시나 하는 마음에 어떤 사람이 나무 기둥을 둘러메고 북문으로 옮겨다 놓았습니다. 그러자 상앙이 약속대로 50금을 상으로 주었습니다. 그런 후 법령을 공포하자 백성들은 조정을 믿고 법을 충실히 따르게 되었습니다.

사마천의 《사기》에 나오는 이목지신(移木之信)입니다. '나무 기둥을 옮겨 신뢰를 얻는다'라는 뜻이지요. 정치와 법은 신뢰가 필수적입니다. 법을 지키면 이득이 되고, 어기면 손해라는 믿음이 있어야 합니다. 상앙의 강력한 법 시행 덕분에 서쪽 귀퉁이의 진나라는 일약 강대국으로 탈바꿈하게 됩니다.

한비자의 종합

한비자는 상앙의 법사상을 계승 발전시키고 신불해의 술(術), 신도의 세(勢) 이론을 받아들여 법가 사상을 법, 술, 세로 종합합니다.

술과 세에 대해서는 다시 상세히 알아보겠습니다. 여기서 통치 중심이라고 할 수 있는 법은 세상에 널리 공포된 성문법을 의미합니다. 해야 할 것과 해서는 안 될 것을 법으로 정해두고 백성들이 그것을 따르도록 한 것입니다. 그렇게 되면 아무리 백성이 많다고 해도 잘 다스릴 수 있게 됩니다.

> "잘 다스려지고 강해지는 것은 법에서 생기고, 약하고 어지러워지는 것도 바르지 못한 법에서 생긴다."
> ―《한비자》〈외저설 우하外儲說右下〉

한비자가 말하는 법은 군주의 기분에 의해 만들어진 것이 아닙니다. 일정한 기준과 원칙에 의해 상황에 맞게 제정된 것입니다. 한비자는 법 제정 원칙을 아래와 같이 제시합니다.

첫째, 법은 명확하고 분명해야 한다.

둘째, 세상 흐름에 맞아야 하고 나라의 이익과 부합되어야 한다.

셋째, 상은 두텁게 하고 벌은 엄하게 한다. 상이 후해야 백성이 이득으로 여겨 따르고, 벌이 중해야 백성이 두려워하기 때문이다.

넷째, 상과 벌에 대한 집행권은 모두 군주가 쥐고 있어야 한다. 그래야만 관리와 백성을 효과적으로 통제할 수 있다.

한비자가 법에 따른 통치를 주장한 이유는 백성들에게 행동 기준을 명확하게 제시하기 위함입니다. 법은 객관적입니다. 객관적인 법을 버리고 주관적인 덕으로 나라를 다스리면 어떻게 될까요? 같은 상황인데도 상과 벌의 내용이 달라집니다. 사람이 누구냐에 따라 상을 받기도 하고 벌을 받기도 합니다. 이렇게 되면 어떤 기준에 따라 행동해야 할지 알 수 없게 되죠. 법에 따른 통치만이 통치의 객관성을 확보하고 효율성도 높일 수 있습니다.

법치의 또 다른 장점은 군주의 역량이 특별하지 않아도 된다는 점입니다. 법은 천하에 알려진 원칙이기에 이것만 이해하고 따르게 하면 나라를 운영하는 데 어려움이 없습니다. 이때 군주의 덕망이나 도덕적 모범은 중요하지 않죠. 유가가 강조하는 인품으로 신하와 백성을 감화시키는 것은 힘든 일이기도 하지만, 그 효과를 장담하기 어렵습니다. 법과 관료제 운영만으로도 얼마든지 나라를 잘 통치할 수 있습니다.

법불아귀

법불아귀(法不阿貴), 승불요곡(繩不撓曲), '법은 신분이 귀한 자에게 아첨하지 않고, 먹줄은 굽은 것을 따라 휘지 않습니다'라는 뜻으로 신분의 고하를 막론하고 상벌이 엄격하게 적용되어야 함을 강조하는 말입니다.

《한비자》에 춘추시대 진(晉)나라를 춘추오패 중 하나로 만든 문공 이야기가 등장합니다.

진나라 문공이 '어떻게 하면 백성들이 잘 싸울 수 있는지' 묻자 호언이라는 신하가 대답합니다.

"상을 주되 명확히 하고, 벌을 주되 빠짐없이 하면 싸우게 할 수 있습니다."

호언의 말을 옳다고 여긴 문공은 다음 날 사냥을 하도록 명령을 내리면서 지각하는 자는 군법에 따라 처단하겠다고 선언합니다. 그런데 하필 문공의 충신 전힐이라는 자가 지각을 하고 말았습니다. 관리가 처벌을 청하자 문공은 눈물을 흘리며 슬퍼합니다. 관리가 계속 청하자 문공도 어쩔 수 없이 백성들 앞에서 전힐을 죽입니다. 이를 본 백성들이 말합니다.

"군주가 전힐을 대단히 아끼셨는데도 법을 집행하셨다. 앞으로 우리에게도 용서가 없을 것이다."

얼마 후, 문공은 백성들이 싸울 준비가 되었음을 직감하고 군사를 일으켜 원나라와 위나라 등 여덟 나라와 싸워 승리합니다. 이렇게 할 수 있었던 것은 호언의 조언을 따르고 전힐을 베었기 때문입니다.

법은 공개해 널리 알려져야 한다고 했습니다. 법의 공개성은 그 적용에 있어 사사로움이 없어야 한다는 의미를 내포하고 있습니다. 인터넷이 정보의 민주화를 가져왔듯이 공개성은 차별을 없애고 공평무사함을 담보할 수 있는 중요한 조건입니다. 유전무죄 무전유죄라는 말이 통용되는 우리 현실을 생각해보면 법불아귀의 중요성을 강조한 한비자의 통찰에 새삼 고개를 끄덕이게 됩니다.

35강. 호랑이가 개를 굴복시킬 수 있는 이유

법, 술, 세

춘추전국시대는 경영을 공부하는 사람에게 매력적인 시대입니다. 난세를 통해 경영의 맥을 짚을 수 있는 시대이기 때문입니다. 빈번한 전쟁과 치열한 경쟁, 생산력의 향상과 새로운 도구의 개발 등 현대 경영 환경과 유사한 점이 많습니다.

개인적으로 생각하는 한비자 최고의 매력은 통치 혹은 경영을 시스템으로 접근했다는 점입니다. 개인 능력이나 카리스마, 수완의 발휘가 아닌 조직 구조를 만들고 법으로 엮어 목표 달성을 위해 효과적으로 움직이게 한 것입니다. 군주를 피라미드 조직의 최정점에 두고 관료를 직접 통제하여 국가 기능을 최적화했습니다. 요즘 말로 시스템 경영이죠.

능력이 뛰어난 사람이 있다면 회사 운영에 도움이 됩니다. 그 사람이 탁월하다면 큰 성과도 낼 수 있을 겁니다. 하지만 그런 사람을 마냥 기다릴 수만은 없습니다. 게다가 조직이 한 사람의 능력에 의존하는 경우 그가 실책을 범하거나 다른 데로 가버린다면, 조직은 미래를 장담할 수 없게 됩니다. 그런 점에서 시스템을 만드는 것은 안정적으로 조직을 운영하는 데 꼭 필요하다고 할 수 있습니다.

한비자가 유가의 덕치를 공격하는 이유도 이런 맥락과 관련이 있습니다. 왕이 탁월하다면 좋겠지만, 그런 군주가 나타나기를 기다릴 수만은 없습니다. 오히려 평범한 왕이라 해도 나라를 잘 다스릴 수 있는 시스템을 갖추는 것이 훨씬 낫습니다. 큰 나라를 다스려야 한다면 시스템은 더욱 중요해지겠죠. 이때, 군주가 나라를 잘 다스릴 수 있는 시스템이 관료제이고, 그 관료를 잘 통솔할 수 있는 방책이 법, 술, 세입니다.

신불해

신불해(申不害)는 정나라 말단 관리였는데 법가를 익혀 한나라 소후(昭侯)에게 유세하여 상국(相國)의 자리에 올랐던 인물입니다. 정치제도와 교육을 정비하고 주변 제후들과 친선을 도모하면서 15년간 개혁을 진두지휘하죠. 그의 노력으로 한나라는 경제가 성장하고 군대가 강해져 주변국이 침공하지 못했습니다. 이때 신불해가 강조한 것이 술(術)입니다.

술과 법은 다릅니다. 법은 전체 백성을 적용대상으로 하지만, 술은 관리들을 대상으로 합니다. 법은 군주 신하 모두 지켜야 하는 것으로 널리 알려야 하지만, 술은 군주가 독점하는 것으로 관리가 모르게끔 해야 합니다. 법은 명확해야 힘이 있고, 술은 드러나지 말아야 효과를 볼 수 있습니다.

신불해는 군주의 술을 두 가지 원칙으로 설명합니다. 하나는 정명책실(正名責實)입니다. 이름을 바르게 하고 책임을 명확하게 하는 것이죠. 다른 하나는 정인무위(靜因無爲)입니다. 군주의 생각이나 의도를 신하들에게 보여서는 안 된다는 것입니다.

신불해의 술에 대해 한비자는 '법에 능숙하지 못하고 법을 통일시키지 못했다'라고 비판합니다. 군주에게 술을 쓰게 하는 데는 성공했는데, 관리들이 법을 따르게 하지는 못했다는 것입니다.

술

법이 철저하게 잘 갖추어지면 국가 기구가 튼튼해지고 관리들 또한 객관적 기준으로 업무에 임하게 됩니다. 하지만 법의 존재만으로는 성과를 얻기 어렵습니다. 법이 잘 집행될 수 있는 여러 방법이 필요하죠. 그래서 중요한 것이 군주의 통치술입니다. 법의 운용만 알고 있으면 아무리 평범한 군주라 하더라도 훌륭하게 정치를 해낼 수 있다는 것이 한비자 생각입니다. 이때 술(術)은 관리의 임무에 따라 벼슬을 주고 일의 결과를 따져 신하를 다스리는 수단을 말합니다.

한비자는 상앙은 술이 부족했고, 신불해는 법을 몰랐다고 평합니다. 상앙과 신불해의 주장 중에서 어느 것이 더 중요하냐는 질문에 한비자는 먹는 것과 입는 것이 둘 다 중요한 것처럼 상앙의 법과 신불해의 술은 하나라도 없으면 안 되는 것이라고 말합니다. 군주에게 술이 없으면 눈이 가려지고, 신하에게 법이 없으면 어지러워지기 때문입니다.

왕이 모든 것을 혼자 할 수 없기에 관리의 역할이 중요합니다. 군주는 관리들을 잘 통제하여 법에 따라 일을 추진하도록 통제해야 합니다.

> "술이란 역량에 따라 관직을 주고, 명분에 따라 실적을 책임지게 하며, 생사여탈권을 가지고 여러 신하의 능력을 감독하는 것이다. 이것은 군주가 가지고 있어야 한다."
>
> —《한비자》〈정법定法〉

술은 군주가 독점하는 것으로 이를 통해 관리를 통제할 수 있습니다. 한비자는 군주가 신하를 관리하는 방법을 다양하게 제시합니다.

첫째, 무위술(無爲術). 군주는 신하에게 자신의 마음을 드러내서는 안 됩니다. 군주가 자기 마음을 드러내면 신하는 그것을 이용하여 자기 이익을 추구하려 듭니다.

둘째, 형명술(刑名術). 신하의 주장과 행동, 계획과 결과가 잘 들어맞는지 따지는 것입니다. 신하에게 일의 계획서를 제출하게 한 후 그것에 따라 일을 맡기되, 일의 결과가 계획과 일치하는지 비교합니다. 이에 따라 상과 벌을 주어 신하를 통솔합니다.

셋째, 참오술(參伍術), 신하나 주변 사람의 말만 듣고 판단하지 말고 사실을 제대로 확인하는 것입니다.

넷째, 용인술(用人術), 사람을 등용하고 사용하는 방법에 관한 것입니다.

한비자는 군주가 신하를 다스리는 다양한 술에 관해 상세히 서술하고 있습니다. 여기서 한비자가 특별히 강조하는 것이 무위술입니다. 무위술은 신불해의 주장에서 가져온 것으로 군주가 자신의 속마음을 밖으로 드러내지 않으면서 비밀리에 신하를 통제하는 것을 말합니다. 군주의 마음이 드러나면 신하들이 이를 이용할 수 있기 때문입니다. 이것은 결국 군주가 술을 독점해야 함을 의미합니다.

형명참동

공자는 왕은 왕답고, 신하는 신하다워야 한다는 정명론을 제기했습니다. 게다가 "그 직위에 있지 않으면 그 직위의 일을 꾀해서는 안 된다"라고 말하기도 했습니다. 각자가 맡은 역할에 충실하면 사회는 안정적으로 잘 돌아갈 수 있다는 믿음입니다. 한비자는 공자의 정명론을 형명론으로 대체합니다. 이것이 형명참동(刑名參同)의 논리입니다.

> "일하려는 자가 뜻을 진언하면 군주는 의견에 따라 임무를 맡기고 마땅한 성과를 내도록 한다. 얻은 성과가 임무와 합치하는지 말과 임무가 일치하는지 살핀다."
> ─《한비자》〈주도主道〉

형은 신하가 이루어낸 일의 결과를 말하고, 명은 업의 계획을 말합니다. 일과 말의 내용이 일치하는가를 살피는 것이 형명참동입니다. 인간은 이기적인 존재이기 때문에 자기 이익에 맞게 말을 고칩니다. 군주가 그들의 말만 믿고 상을 주는 것은 신하에게 휘둘리는 것입니다. 이를 막기 위해 신하가 한 일과 한 말을 명확히 비교하고 판단하여 공과 책임을 분명히 합니다. 공이 일에 합당하면 상을 주고 합당하지 못하면 벌을 주는 것이죠.

이때 신하가 계획한 것보다 성과가 지나치게 큰 경우에도 반드시 벌을 주어야 합니다. 자신의 실적을 부풀리기 위해서 목표를 애초에 낮게 잡을 수도 있기 때문입니다. 그래서 처음 제출한 신하의 계획이 현실과 일치하는지 확인해봐야 합니다. 이렇게 신하에게 제대로 일을 부과하고 그 결과에 따라 상을 내리고 벌을 주는 과정을 반복하면 자연스럽게 조직의 규율이 제대로 서게 되죠. 그 결과 무능력하거나 자신이 없는 자는 관직을 준다고 해도 사양하게 됩니다. 무능력한 자들이 제거되고 능력 있는 자들만 남습니다.

이병

"현명한 군주가 신하를 제어하기 위해 의존할 것은 자루 두 개[二 柄]뿐이다. 자루 두 개란 형(刑)과 덕(德)이다. 처벌하고 죽이는 것을 형이라 하고, 칭찬하고 상 주는 것을 덕이라 한다."

—《한비자》〈이병二柄〉

이병은 자루 두 개로 상과 벌을 말합니다. 군주가 술을 행할 때 그 원천이 상과 벌입니다. 신하는 죽임을 당하거나 벌 받는 것을 두려워하고 상 받는 것을 좋아합니다. 군주가 직접 이병을 집행하면 신하는 그 위세가 두려워 군주에게 복종하겠죠. 그래서 이병은 군주가 독점해야 합니다.

권한 위임은 위험합니다. 신하에게 상벌권을 넘기면 온 나라 사람들이 신하를 두려워하게 되고 군주를 쉽게 봅니다. 신하에게 권력이 향하고 군주는 힘을 잃습니다. 이것은 군주가 상벌권을 이양함으로써 생기는 환란입니다. 호랑이가 개를 굴복시킬 수 있는 까닭은 발톱과 어금니 때문입니다. 호랑이에게 이 두 가지가 없다면 개에게 굴복당할 것입니다.

이병에서 중요한 것은 벌은 무겁게 하고 상은 적게 하는 것입니다. 그래야 백성이 상을 타기 위해 목숨을 겁니다. 상은 많고 벌이 가벼우면 백성은 상을 위해서 죽지 않습니다.

군주의 이익과 신하의 이익은 다릅니다. 임금은 유능한 인물을 쓰는 것이 이익이지만, 신하는 능력이 없으면서도 관직을 맡는 것이 이익입니다. 군주의 이익과 백성의 이익도 다릅니다. 군주는 세금을 제대로 거둬야 이익이지만, 백성은 많은 돈을 벌고도 세금을 내지 않는 게 이익입니다. 서로의 이익이 다른 까닭에 임금은 신하와 백성을 통제해야 합니다. 그 수단이 이병입니다.

36강. 세,
군주의 수레

구름을 타는 용

"날아다니는 용은 구름을 타고, 오르는 뱀은 안개 속에서 논다. 구름이 흩어지고 안개가 걷히면, 용과 뱀은 지렁이나 개미와 같아진다. 의탁할 데가 없기 때문이다. 현인이 어리석은 자에게 굽히는 것은 권세가 가볍고 지위가 낮기 때문이다. 어리석은 자가 현인을 굴복시키는 것은 권세가 무겁고 지위가 높기 때문이다."

―《한비자》〈난세難勢〉

법이 잘 집행되고 힘을 발휘하려면 그것을 뒷받침할 힘이 필요합니다. 그것이 세(勢)입니다. 아무리 잘 만들어진 법이라도 시행할 힘이 없다면 아무런 소용이 없어집니다. 교통 범칙금을 내지 않으면 수많은 교통 단속 카메라는 의미가 없습니다. 이때 법을 집행하고 실효성 있게 만드는 힘이 세입니다. 한마디로 권력이지요.

한비자는 세상이 혼란해지는 원인이 시대 상황에 있다고 보지 않습니다. 세상이 혼란한 이유는 군주의 권력이 약하기 때문입니다. 군주가 신하와 백성을 다스릴 힘이 없다면 통치는 불가능합니다. 부국강병은 꿈도 꿀 수 없겠지요. 군주보다 신하나 세도가의 힘이 강하면 나라는 망할 수밖에 없다는 것이 한비자의 논리입니다.

나라는 군주가 끄는 마차이고, 세는 군주의 말입니다. 마부는 말을 다루는 능력, 술이 필요합니다. 하지만 말의 힘을 빌리지 않으면 말을 다루는 능력도 쓸모가 없어집니다. 세야말로 나라를 이끄는 근본적인 동력이라는 말입니다. 힘이 없는 군주가 어떻게 나라를 다스릴 수 있을까요?

세는 구체적으로 무엇을 말하는 것일까요? 지대 높은 산꼭대기 작은 나무가 천 길을 굽어볼 수 있는 것은 자리 때문입니다. 그 나무가 평지에 있다면 눈앞의 것밖에 보지 못하겠죠. 높은 자리에 있으면 자연히 세가 형성되고 세상을 움직이는 힘이 생깁니다. 그런 점에서 세는 지위라고 할 수 있습니다. 폭군 걸왕과 주왕이 천하를 통치할 수 있었던 이유도 그가 왕이라는 지위에 있었기 때문입니다.

흔히 계급이 깡패라고들 하지요. 나이, 지식, 학벌, 능력보다 훨씬 중요한 것이 계급입니다. 일단 높은 지위를 차지하면 모든 것이 무시됩니다. 대통령, 시장, 국회의원, 당 대표 같은 자리에 수많은 사람이 달려드는 이유가 무엇일까요? 자리가 힘이기 때문입니다. 국가와 사회가 인정한 공식적인 권력을 갖게 되어 자원을 배분하고 사람을 부릴 수 있는 강력한 힘을 발휘할 수 있습니다. 세는 개인적 능력이 아니라 정치적 지위가 결정합니다.

레임덕을 막는 방법

흔히 정권 말기에 일어나는 현상으로 레임덕을 지목합니다. 레임(lame)은 '다리를 저는, 절름발이의'라는 뜻입니다. 최고 결정권자의 권위나 명령이 제대로 먹히지 않는 권력 누수 현상을 말합니다. 레임덕을 막으려면 어떻게 해야 할까요? 군주가 강력한 힘을 오랫동안 가져야 합니다. 레임덕은 권력이 만기에 가까웠을 때 생기는 현상이기 때문입니다.

한비자가 모든 권력을 군주가 독점하고 신하들에게 나누지 말라고 하는 이유가 이것 때문입니다. 권력은 한 사람에 집중되어야 합니다. 상과 벌이라는 이병을 군주가 독점하는 것이 중요하죠. 호랑이가 개를 복종시킬 수 있는 것은 발톱과 이빨 때문이라고 했습니다. 현명한 군주는 이병을 손에 쥐고 처벌을 분명하게 합니다.

신하가 군주를 따르게 하는 힘, 백성이 법을 지키도록 만드는 위세는 어디에서 올까요? 그것은 위력에 대한 수락에서 옵니다. 상대방이 위력을 받아들이고 복종하면서 비로소 강제력이 작동합니다. 군주의 위력에서 나온 상대방을 복종시키는 힘이 곧 세인 것입니다.

신하는 언제든 군주를 제거할 기회를 엿봅니다. 군주의 힘이 약해지거나 빈틈이 보이면 권력을 찬탈하려 합니다. 조선 시대 단종이 수양대군에게 권력을 빼앗긴 것, 광해군이 서인 일파에 의해 쫓겨난 것이나 고려 시대 무신들이 의종을 폐했던 것이 그 예입니다.

군주의 세력이 신하를 교화하기에 부족하거나 신하가 거부하는 경우는 어떻게 해야 할까요? 신하를 죽입니다. 그래야 군주의 세를 유지할 수 있기 때문입니다. 세는 위험한 것입니다. 현자가 세를 쓰면 천하가 다스려지고 어리석은 자가 세를 쓰면 천하기 어지러워집니다. 현자는 적고 어리석은 자는 많은 것이 현실입니다. 호랑이에게 날개를 달아주지 말고 권세를 가지고 힘을 떨치려는 자는 싹을 잘라 버려야 한다는 것이 한비자의 충고입니다.

구맹주산

권세를 가진 신하의 문제는 왕권을 위협하는 것만이 아닙니다. 정보를 숨기거나 거짓 정보를 흘려 왕을 혼란하게 만듭니다. 구맹주산(狗猛酒酸)이라는 말이 있습니다. '개가 사나우면 술이 시어진다'라는 뜻입니다.

술 파는 사람이 있습니다. 술잔을 깨끗이 준비하고 간판도 잘 보이게 걸었는데 술이 시어질 때까지 손님은 오지 않습니다. 마을 사람들에게 이유를 물어보니 "당신 개가 너무 사나워서 손님이 술을 사러 들어가면 달려들기 때문이다"라는 대답이 돌아왔습니다. 간신이 권력을 장악하면 어질고 재능 있는 신하들은 군주의 곁에 오지 못합니다. 군주가 눈을 현혹하는 간신들을 걷어내야 비로소 여론을 바르게 파악할 수 있고 제대로 통치할 수 있겠지요.

역사를 돌아보면 한 나라가 망할 때 반드시 국정을 농단하는 세력이 있음을 발견할 수 있습니다. 외척이나 환관 같은 왕의 측근인 경우도 있고, 조선의 세도정치처럼 세도가나 특정 붕당인 경우도 있습니다. 어느 경우든 시스템을 무시한 비정상적 권력은 나라를 멸망의 길로 몰고 가는 주요 원인이었습니다.

세에 의지한다

삶이 힘겨운 백성들은 오랫동안 어진 군주가 나타나기를 기다립니다. 이런 생각은 구원자를 바라는 열망에 기인하는 것이지만 덕을 강조해온 유가 사상의 산물이기도 합니다. 성군(聖君)을 바라는 유가의 이상은 아름답습니다. 하지만 현실적이지는 않습니다. 조선 역사만 봐도 성군은 손에 꼽을 정도입니다. 권력을 지키기 위해 세력을 키우고, 백성들을 핍박하며, 심지어 자식도 죽였습니다.

마음이 좋은 사람은 권력을 얻기 어렵습니다. 권력이 없으면 덕을 베푸는 것도 군주의 지위를 유지하는 것도 불가능하죠. 조선 시대 성군으로 불리는 정조가 백성을 위한 정치를 펼치면서도 고전했던 반면, 세종대왕은 자기 정치를 맘껏 펼칠 수 있었습니다. 아버지 태종의 과감한 숙청작업 덕분이었죠.

한비자는 인과 세가 모순되는 것으로 보았습니다. 창과 방패의 논리처럼 공존하기 어렵습니다. 인한 사람은 세를 얻기 어렵고, 세를 가지려면 인해서는 안 됩니다. 나라를 운영하는 군주라면 인이 아닌 세에 의지하는 것이 바람직하다는 게 한비자의 논리입니다.

37강. 법가의
빛과 그늘

리어왕의 실책

브리튼의 왕 리어에게는 고네릴, 리건, 코델리아라는 세 명의 딸이 있었습니다. 나이가 많은 리어왕이 나라를 물려주기 위해 딸들을 불러 물었습니다.

"너희가 나를 얼마나 사랑하는지 말해주렴. 나를 사랑하는 만큼 땅을 나누어주마."

"아버지, 저는 말로 다 할 수 없을 만큼 아버지를 사랑합니다. 아버지가 세상에서 가장 중요하고 소중한 분입니다. 돌아가실 때까지 아버지를 정성을 다해 모시겠습니다."

큰딸과 둘째 딸의 말에 감동한 리어왕은 각각 나라의 삼분의 일을 나누어줍니다. 그런데 막내 코델리아는 결혼하게 되면 남편도 사랑해야 하기에 오직 아버지만 사랑한다고 말씀드릴 수 없다며 솔직하게 말합니다. 코델리아에 실망한 리어왕은 그녀에게는 한 푼도 주지 않고 남은 땅을 첫째와 둘째에게 나누어준 뒤 자신은 기사 100명을 거느리고 두 딸 집에서 번갈아 지내겠다고 선언하죠. 충실한 신하 켄트 백작이 리어왕의 결정이 잘못되었다고 다시 생각해볼 것을 권하다가 오히려 브리튼에서 추방당합니다. 막내 코델리아도 프랑스 왕과 결혼해서 브리튼을 떠납니다.

리어왕은 어떻게 되었을까요? 큰딸과 둘째 딸은 물론 하인들조차 그를 무시했습니다. 분노와 후회, 상실감에 정신이 혼미해진 리어왕은 폭풍우가 치는 들판으로 뛰어나가 비탄에 잠긴 소리로 울부짖다가 반쯤 미치고 맙니다. 언니들의 악행을 알게 된 코델리아는 아버지를 만나고 군대를 몰아 브리튼과 싸우다 죽음을 맞이합니다. 리어왕도 충격으로 괴로워하다가 비참한 삶을 마감하죠.

리어왕의 비극은 어디에서 기인할까요? 권력을 스스로 내려놓았기 때문입니다. 그는 혈육의 정을 믿었습니다. 자신이 딸을 사랑하는 만큼 딸로 그럴 것이라 짐작했죠. 하지만 권력을 내려놓자마자 아무것도 아닌 늙은이로 전락하고 광야를 헤매다 비참한 죽음을 맞이합니다.

한비자가 리어왕의 모습을 보았다면 땅을 치고 탄식했을 것입니다. 군주의 핵심인 세(勢)를 스스로 내려놓았기 때문입니다. 세는 지위에서 옵니다. 지위를 내려놓은 왕은 허수아비에 불과하죠. 세를 잃으면 술(術)도 의미를 상실합니다. 리어왕은 스스로 힘을 나눠주고 자신을 파멸로 몰고 갔을 뿐만 아니라 나라를 혼돈의 소용돌이

속으로 몰고 간 어리석은 군주였습니다.

《리어왕》에서 유가의 인과 관련된 인물이 리어왕과 코델리아입니다. 하지만 유가에서 강조하는 인은 현실이라는 벽 앞에서 산산이 부서집니다. 권력은 냉혹하다고 하죠. 권력 앞에서는 인륜도 가족도 없습니다. 조선의 군왕들이 형제는 물론 자식까지 죽인 사례는 허다합니다. 리어왕의 실책은 냉혹한 권력과 따뜻한 가족의 사랑이라는 엄연히 다른 두 세계를 혼동했다는 것입니다.

맹강녀 전설

법가의 실용성은 어디에서 올까요? 강한 현실성입니다. 아름다운 윤리나 낭만적인 사랑이 아닌 냉정한 현실을 직시하고 그것에서 대안을 모색했습니다. 사람을 이기적인 존재로 보고 이를 통제하기 위한 힙리적인 길을 법에서 찾았죠. 법가를 받아들인 진나라는 부국강병을 이루었고 덕분에 천하를 통일합니다.

통일 제국의 왕이 된 시황제는 법가의 정책을 유지합니다. 강력한 군주의 힘으로 모든 군현에 지방관을 파견하는 군현제를 시행했고, 문자와 도량형을 통일하여 중국을 하나로 만드는 데 크게 이바지합니다. 이민족의 침입을 막기 위해 만리장성도 건설하죠. 문제는 법가의 정책을 통일 이후에도 유지했다는 것입니다. 강을 건넜으면 뗏목을 버려야 하는데 그러지 못했습니다.

만리장성과 관련된 맹강녀 전설이 있습니다. 맹강(孟姜) 남편은 진나라 장군 몽염이 만리장성을 쌓을 때, 부역에 동원되었다가 죽습니다. 어느 날 밤, 맹강의 꿈에 남편이 나타났다 사라지죠. 이상한 생각이 든 맹강은 손수 옷을 지어 천 리를 찾아가 남편의 생사를 수소문합니다. 끝내 소식을 듣지 못한 맹강은 멀리 장안을 바라보며 울다가 돌로 변하고 말았습니다.

맹강녀 전설은 만리장성 축조와 관련된 백성의 아픔을 고스란히 담고 있습니다. 천하가 통일되었다고 하지만 아직 나라는 안정을 찾지 못했고 민심도 혼란했습니다. 이런 상황에서 진나라는 거대한 토목공사를 일으켜 힘없는 백성들을 동원했고 높은 산과 험한 계곡에서 수많은 사람이 죄없이 목숨을 잃었습니다. 가혹한 노역과 세금 부담을 이기지 못한 백성들이 들고일어나는 것은 당연했습니다. 진승과 오광이 난을 일으켰고, 우리가 잘 아는 유방과 항우도 뒤를 이었습니다. 결국, 진나라는 백성들의 반란으로 망하고 말죠. 나라를 지키기 위해 쌓은 장성이 나라를 망하게 한 꼴이었습니다. 한나라 시절 만들어진 책 《회남자淮南子》는 그때 상황을 이렇게 표현하고 있습니다.

"죽은 자를 헤아릴 수 없어 시체가 천 리이고, 흐른 피가 전답을 이루었다. 반란에 가담하려는 백성이 열 가구 중 다섯 가구나 되었다."

법가의 그늘

공자와 제자들이 길을 가다 무덤 앞에서 슬피 우는 부인을 만났습니다. 연유를 물으니 가족이 무서운 호랑이에게 물려 죽었다고 했습니다. 공자가 왜 다른 곳으로 떠나지 않느냐고 했더니 부인이 말했습니다.

"이곳은 가혹한 정치가 없기 때문입니다."

부인의 말을 들은 공자가 제자들을 돌아보며 말합니다.

"가혹한 정치는 호랑이보다 더 무서운 것이다."

여기서 나온 고사성어가 가정맹어호(苛政猛於虎)입니다.

가혹한 정치, 이것이 법가의 그늘입니다. 진나라를 장성 축조에 백성을 동원하면서 엄격한 법을 적용했습니다. 달아나거나 의무를 게을리하는 사람을 무참히 죽였습니다. 진나라의 몰락은 상황이 달라졌는데도 이전의 방법을 그대로 사용한 탓입니다. 진나라를 몰아내고 새롭게 천하의 주인이 된 한나라는 유가를 받아들입니다. 법가의 폐해를 눈으로 보았기 때문이죠.

그렇다고 법가가 사라진 것은 아닙니다. 이후 위정자들은 법가를 바탕에 두고, 유가를 활용했습니다. 명목상으로 유교적 이상을 내세우면서 실제로는 법으로 백성을 통제하고 압박한 것입니다. 이런 모습은 지금 우리 정치와 크게 다르지 않죠.

철학은 역사에서 배웁니다. 그런 후 역사를 만들죠. 한비자는 공자의 실패에서 깨달음을 얻었고, 한나라는 진나라의 몰락에서 철학의 필요성을 발견합니다. 자칫 공허할 수 있는 철학에 현실의 생명력을 부여하는 것이 역사입니다.

7부

불교, 고통을 넘어선
행복한 삶의 길

38강. 싯다르타, 해탈의 철학을 말하다

철학과 종교

철학은 논리적인 학문입니다. 사물의 이치를 따지고 근원을 탐구해 진리를 규명합니다. 그에 비해 종교는 믿음과 관련이 있습니다. 진리이기 때문에 믿는 것이 아니라, 믿기 때문에 진리입니다. 그런 점에서 종교는 맹목적입니다.

세계 여러 종교 가운데 가장 철학적인 종교가 불교입니다. 이유는 인생의 문제를 근본적으로 파헤쳐 문제를 찾은 후, 원인과 대응 방법을 논리적으로 설파하기 때문입니다. 삶은 고통이다, 고통의 원인은 욕망과 집착에 있다, 욕망에서 벗어나려면 올바른 방법으로 수행해야 한다, 수행과 정진을 통해 깨달음과 해탈에 이를 수 있다. 이것이 불교의 기본적인 논리입니다.

불교 논리는 단순하게 보면 쉬운 듯하지만, 자세히 보면 만만치가 않습니다. 다양한 개념과 사유들이 연결되어 거대한 세계관을 형성하고 있기 때문입니다. 이럴 때는 주변의 것을 걷어내고 중심 맥락을 잡아 접근하는 것이 최선입니다. 고타마 싯다르타의 메시지를 중심으로 깨달음을 중심에 두고 그 논리를 철학적 관점으로 다가가는 것입니다. 이것이 불교를 쉽게 이해하는 길이라 믿습니다. 다만 공부가 좀 필요합니다. 고통 없이는 얻는 것도 없다[No Pains, No Gains]는 말처럼, 수행뿐만 아니라 공부도 고생한 만큼 남습니다.

고타마 싯다르타

인도의 작은 왕국에서 아름다운 아내와 아들까지 얻은 고타마 태자는 부족한 것이 없는 삶을 살았습니다. 그런 그가 스물아홉 나이에 모든 것을 버리고 출가를 결심합니다. 이유는 '인생은 고통이라는 사실'을 자각했기 때문입니다.

웬만한 사람이라면 술이나 한잔하고 말 일을 왜 심각하게 받아들인 것일까요? 여러 경전에 따르면 그는 아주 섬세한 심성을 타고난 사람이었습니다. 타인의 아픔에 대한 공감과 세상의 허무에 대한 자각이 컸던 사람이지요. 그래서 아버지 숫도다나 왕은 그가 병든 사람과 죽어가는 사람을 보지 못하도록 철저히 통제했다고 합니다. 하지만 운명은 거스를 수 없는 법, 성문을 나선 태자는 병든 사람과 늙은이, 죽어가는 사람들의 비참한 모습을 목격하고 맙니다. 이것은 평생 고통을 모르고 살아온 태자에게 커다란 충격이었습니다.

프랑스 철학자 알랭 바디우는 새로운 삶의 계기가 되는 경험을 '사건'이라고 부릅니다. 사건은 기존의 질서를 파괴하고 새로운 진리 앞에 우리를 데려갑니다. 이때 사건이 품고 있는 내용이 진리입니다. 진리를 통해 삶은 변합니다. 그날 고타마 태자가 만난 것이 사건이었습니다.

"인생은 왜 이렇게 고통으로 가득한가? 고통에서 벗어날 방법은 무엇인가?"

그날 이후 태자는 이 질문에서 벗어날 수 없었습니다. 그리고 고통의 근원과 해법을 찾아 궁을 떠나 출가수행자의 길에 들어섭니다. 아름다운 아내 야쇼다라와 아들 라훌라를 떠날 만큼 그의 의지는 굳건했습니다.

> "태어남도 고통이며, 늙음도 고통이고, 병듦도 고통이며, 죽음도 고통이고, 좋아하지 않는 것과 만나는 것도 고통이며, 좋아하는 것과 헤어지는 것도 고통이고, 원하는 것을 얻지 못하는 것도 고통이다. 요컨대 집착의 대상인 오온(五蘊)이 모두 고통이다."
>
> ─《전법륜경》

성을 떠난 그는 다른 수행자들처럼 고행의 길을 걷습니다. 그러다 문득 고행이 해탈에 이르는 길이 아님을 깨닫고 멈춥니다. 그때 그와 함께하던 수행자 다섯이 그가 변절했다고 믿고 떠나죠. 그들이 떠난 후 고타마는 보리수 아래에 앉아 명상 수행에 전념합니다. 그렇게 6년 세월을 고행과 수행에 전념한 결과 깨달음에 도달합니다.

그리고 싯다르타가 됩니다. 싯다르타는 '모든 것을 이룬 자'라는 뜻입니다.

부처는 붓다(Buddha)라는 산스크리트어에서 기원한 말입니다. 한자로는 불(佛) 혹은 불타(佛陀)라고 하지요. 부처는 '깨달은 자'를 뜻합니다. 무엇을 깨달았다는 말일까요? 고통의 원인과 그것에서 벗어나는 방법입니다. 곧 해탈의 길이지요. 불교는 절대 신을 모시는 종교가 아닙니다. 누구나 스스로 깨달아 부처가 될 수 있는 열린 종교입니다.

사성제

사성제(四聖諦)와 팔정도(八正道)는 부처가 깨달은 내용을 바탕으로 수행의 방법을 제시한 원시 불교의 핵심입니다. 고타마 싯다르타 입적 후 불교는 많은 시간을 거쳐 성장하고 발전합니다. 그런 과정에서 본래 모습이 많이 퇴색되기도 했겠지요. 한때 원시 불교로 돌아가자는 운동이 벌어지기도 했습니다. 사성제와 팔정도는 고타마 싯다르타가 경험한 사건의 내용이라는 점에서 불교의 뼈대라고 할 수 있습니다.

사성제부터 살펴보겠습니다. 사성제는 네 가지 성스러운 진리라는 뜻으로 고타마 싯다르타가 깨달은 진리의 내용을 말합니다. 고집멸도(苦集滅道)라는 네 글자에 핵심이 담겨 있죠.

첫 번째, 고(苦)는 인생이 고통이라는 의미입니다. 고타마 태자가 출가를 결심한 이유가 인생이 고통이라는 자각 때문이었습니다. 어떤 점이 고통일까요? 사람은 백 년도 살지 못하고 죽습니다. 그 과정에서 온갖 고통을 경험합니다. 늙고 병듦이 그것입니다. 물론 일시적인 기쁨도 있습니다. 하지만 기쁨의 이면에는 항상 고통이 도사리고 있죠. 기쁨을 얻기 위해 노력하는 과정, 행복 후에 닥치는 불행까지 모두가 고통입니다. 고타마는 일시적인 행복과 불행을 넘어서 삶 자체를 근본적으로 바라보고 문제에 접근합니다. 그렇게 그가 얻은 결론은 생로병사(生老病死) 자체가 고통이라는 것입니다.

삶이 고통이라면 우리는 어떤 선택을 할 수 있을까요? 죽을 수도 있고, 쾌락에 빠져 지낼 수도 있습니다. 고타마 태자의 선택은 수행이었습니다. 죽음은 도피이고, 향락은 일시적인 방편에 지나지 않습니다. 수행은 좀 더 근본적인 해결책을 찾는 것입니다. 지금도 수많은 수행자가 책을 들추고 고요와 명상으로 삶의 문제와 대결하고 있죠. 불교가 철학적인 까닭은 사유를 통해 문제의 근원에 도달하려 했기 때문입니다.

두 번째 집(集)은 고통의 원인에 관한 것입니다. 한자로 '모을 집(集)'이죠. 고타마 태자는 다섯 수행자와 헤어진 후 보리수 아래에서 수행을 통해 고통의 원인에 대한 깨달음을 얻습니다. 그것이 바로 갈애(渴愛)입니다. 목마른 사람이 물을 찾는 간절한 마음이지요. 사람들은 무엇인가에 집착하고 그것을 간절히 원합니다. 얻지 못하면 괴로워하고, 얻었다 해도 잃을까 두려워합니다. 인간은 무엇인가를 얻기 위해서 애쓰고 그것을 지키기 위해 평생을 괴롭게 삽니다.

갈애는 욕망이라는 말로 바꿀 수 있습니다. 식욕, 수면욕, 성욕 등 인간의 욕망은 다양합니다. 욕망은 삶에 꼭 필요하죠. 먹지 않고 잠자지 못하면 살아갈 수 없습니다. 성욕이 없다면 인류 문명 유지가 불가능합니다. 욕망이 없다면 삶 자체가 불가능한데 무엇이 문제일까요? 욕망이 고통을 불러오기 때문입니다.

우리가 사는 세상을 욕계(慾界)라 부릅니다. 욕망으로 가득 찬 곳이라는 의미죠. 염세주의 철학자로 알려진 쇼펜하우어는 상인이 되기를 바랐던 아버지의 뜻으로 세계를 여행하면서 비참하게 살아가는 노예들의 삶을 보고 인생에 대한 깊은 회의를 느끼게 됩니다. 그리고 "인생은 왜 이렇게 괴로운가?"라는 문제에 천착하죠. 오랫동안 문제를 고민한 후 이런 결론을 내립니다.

"인생은 욕망과 권태 사이를 오가는 시계추와 같다."
— 쇼펜하우어, 《의지와 표상으로서의 세계》

인간은 누구나 원하는 것을 얻으려는 욕망을 가졌습니다. 원하는 것을 얻는 것은 무척 힘든 일이죠. 게다가 얻은 후에는 권태가 찾아옵니다. 시간이 지나면 또 다른 욕망이 솟아오르죠. 욕망은 끝이 없고 그것을 채우려고 온갖 애를 쓰면서 죽어가는 게 인간의 삶입니다. 어차피 죽을 목숨인데 왜 이렇게 욕망에 휘둘리며 괴로워해야 하는가? 이것이 쇼펜하우어의 문제의식이었고 그것은 고타마 태자의 고뇌와 일치했습니다.

쇼펜하우어는 생명이 가진 맹목적인 삶의 본능을 '의지'라는 말로 표현했습니다. 의지는 원하는 것을 얻으려는 욕망이며, 삶에 대한 집착입니다. 그 집착이 고통의 원인이 되죠. 하지만 인간은 욕망이 없으면 살아갈 수가 없습니다. 삶에 필수 불가결한 욕망을 어떻게 다루어야 하는가? 이것이 문제입니다.

사성제의 세 번째 항목은 멸(滅)입니다. 멸은 고통이 사라진 상태입니다. 욕망이 주는 고통에서 벗어나 영원한 행복의 경지에 드는 것입니다. 해탈 혹은 열반이라고 하지요. 불교에 대한 오해 중에 큰 부분을 차지하는 것이 해탈과 열반에 대한 것입니다. 열반을 이전과는 전혀 다른 신세계에 도달한 것으로 착각하는 경향이 있습니다. 기독교의 천국과 같은 느낌으로 이해하기 때문이겠지요. 해탈과 열반은 그런 신세계를 말하는 것이 아닙니다. 자기를 괴롭히던 욕망에서 벗어난 자유로운 삶을 의미할 뿐입니다.

그렇다면 멸은 도대체 무엇을 의미하는 것일까요? 고통의 원인은 욕망에 있다고 했습니다. 당연히 그 욕망을 멸하는 것이겠지요. 사람은 누구나 자기 생각을 지니고 살아갑니다. 태어나서 배우고 경험하면서 얻게 되는 관념들이지요. 식욕, 수면욕, 성욕, 소유욕 등은 모두 이런 관념들과 관련이 있습니다. 맛있는 음식을 보면 먹고 싶어지고, 멋진 자동차를 보면 갖고 싶죠.

이런 욕망의 가려진 본래 모습을 보는 것이 해탈과 열반입니다. 대상의 본질을 보는 것이지요. 서양철학에서는 이것을 현상과 본질이라는 개념으로 이해합니다. 현상은 겉으로 드러난 사물의 모습입니다. 본질은 그것을 만들어내는 근본 원인 혹은 참모습이죠. 철학은 현상을 통해 본질을 규명하는 활동입니다. 고타마 싯다르타는 수행을 통해 인간의 욕망 때문에 가려진 세계의 참모습을 발견합니다. 있는 그대로 사물을 보고 있는 그대로 느끼는 상태에 도달한 것입니다.

우리의 감각은 좋음과 싫음, 기쁨과 슬픔, 즐거움과 괴로움을 구분하는 데 익숙합니다. 이때 작용하는 것이 감각입니다. 감각적 경험은 즐거웠던 것만을 좇으려 합니다. 그런데 그것이 쉽지 않습니다. 그래서 괴롭습니다. 해탈과 열반은 우리의 감각이 만들어낸 좋음과 싫음의 환상을 걷어낸 상태입니다. 감각을 떠나 있는 그대로의 사물을 보는 경지죠. 고타마 싯다르타는 열반과 해탈을 '청정하다, 고요하다'라는 말로 표현합니다. 감각이 주는 온갖 희로애락에서 벗어난 상태를 말하지요. 제가 좋아하는 스님의 책 제목이 《날마다 좋은 날》입니다. 불가에서 자주 사용되는 말인데 이 말처럼 열반과 해탈을 선명하게 전하는 말도 없을 것입니다. 해가 뜨든, 비가 오든, 시험에 합격하든 떨어지든, 돈을 벌든 잃든, 날마다 좋은 날입니다. 좋고 나쁨이라는 감각의 구속에서 벗어나 세상을 대하기 때문입니다.

지금까지 이야기를 정리해보겠습니다. '인생은 고통이다. 인생이 고통인 이유는 욕망과 집착 때문이다. 여기에서 벗어나면 날마다 좋은 날을 만날 수 있다.' 그렇다면 어떻게 날마다 좋은 날을 만날 수 있을까요? 그것을 푸는 열쇠가 네 번째 항목 도(道)입니다. 올바른 도에 따라 수행하면 욕망이 가로막은 수풀을 헤치고 참된 진리의 세계에 도달할 수 있습니다. 고타마 싯다르타는 그것을 여덟 가지의 바른길을 통해 제시합니다. 이것을 팔정도라고 하지요. 도성제(道聖諦, 삶의 괴로움을 없애 열반으로 가는 길)가 팔정도입니다. 팔정도를 다음 장에서 만나 보겠습니다.

39강. 해탈로 가는
여덟 가지 바른 길

무명

"나방이 불을 향해 달려드는 것은 날개가 타는 고통을 미처 깨닫지 못했기 때문이다. 물고기가 낚싯바늘을 삼키는 것은 그 때문에 자기 몸이 멸망하게 될 것이라는 점을 모르기 때문이다. 그런데 인간은 육욕에 의해 삶이 파멸할 수 있다는 사실을 잘 알면서 이 자학과도 같은 쾌락에 일생을 허비한다."

— 톨스토이,《인생의 길》

나방이 불을 향해 달려들고, 물고기가 낚싯바늘을 삼키고, 인간이 파멸로 이끄는 쾌락에 빠지는 이유는 무엇일까요? 자기가 하는 행동이 어떤 결과를 가져올지 모르기 때문입니다. 이런 상태를 무명(無

明) 혹은 무지(無知)라고 합니다. 사성제 중에서 고(苦)가 중요한 것은 삶의 참모습이 고통임을 알아야 그에 대한 원인과 소멸 방법을 찾을 수 있기 때문입니다. 자기가 병에 걸렸다는 것을 모르면 의사를 찾지 않지요. 그런 사람은 자기도 모르게 점점 병을 악화시킬 뿐입니다.

무명에 사로잡힌 사람은 오염된 눈으로 세상을 보기 때문에 있는 그대로의 세상을 볼 수 없습니다. 욕망의 굴레에 빠져 끝없는 고통을 반복합니다. 어떻게 무명을 떨쳐낼 것인가? 고타마 싯다르타는 지혜를 밝혀 무명과 무지를 몰아내고 해탈에 이르는 방식으로 정견(正見)·정사유(正思惟)·정어(正語)·정업(正業)·정명(正命)·정정진(正精進)·정념(正念)·정정(正定)의 팔정도를 제시했습니다. 불교의 핵심이라고 할 수 있는 중요한 내용이니 하나씩 살펴보도록 하겠습니다.

❶ 정견

정견(正見)은 말 그대로 '바른 견해'입니다.

> "인간은 있는 그대로 보는 것이 아니라 보고 싶은 대로 본다."
> ─ 쇼펜하우어, 《의지와 표상으로서의 세계》

우리는 일종의 망상(妄想)에 빠져 있습니다. 그러면서도 세상을 객관적으로, 잘 보고 있다고 착각합니다. 보고 싶은 대로 보면서 그것이 전부라고 생각하죠. 우리는 의식하지 못하는 의지에 따라 움직이고, 의지는 우리가 무엇을 보고 어떻게 판단하는지를 결정합니다.

이때, 의지는 본능적 욕망을 뜻합니다.

직장동료 중에서 유달리 꼴 보기 싫은 사람이 있습니다. 이기적이고 독단적이고 무능합니다. 그런데 다른 사람들은 그와 잘 지냅니다. 여러 사람의 칭찬도 받습니다. 이쯤 되면 그가 나쁜 사람이라기보다는 그를 보는 나의 눈에 문제가 있다고 봐야 합니다. 하지만 나는 그에 대한 태도를 바꿀 생각이 없습니다. 왜 그럴까요? 나의 의지가 그것을 허락하지 않기 때문입니다.

나의 의지는 우리가 배운 것, 경험으로 알게 된 것, 생각으로 깨달은 것 등으로 이루어집니다. 내 생각이 옳다, 이것이 바람직하다는 생각이 그것입니다. 한마디로 세상에 대한 나의 견해죠. 이런 견해는 오랫동안 형성되고 굳어진 것이기 때문에 쉽게 바뀌지 않습니다. 정치나 종교처럼 신념과 연관된 것이라면 더욱 그렇습니다. 정견은 이런 생각의 습관을 씻어내고 있는 그대로의 세상을 보는 것을 말합니다. 세상을 연기적으로 보고, 모든 것이 실체가 없다는 공으로 보며, 어디에도 치우치지 않고 보는 것입니다. 그 시작은 우리 눈이 오염되었음을 인정하는 것이지요.

정견은 세상이 고통임을 알고 자신의 모습을 바로 보는 것입니다. 깨달음을 추구하는 불교에서 바른 견해를 갖는 것은 매우 중요합니다. 바른 견해를 가져야 사성제의 진리를 알고 그에 따라 정진할 수 있기 때문입니다.

❷ 정사유

정사유(正思惟)는 정사(正思)라고도 하는데, 바른 의도와 바른 결심을 뜻합니다. 바른 견해를 바탕으로 감각적 욕망에서 벗어나 성내지 않고 올바르게 행동하려는 의도입니다.

공자는 "열다섯에 학문에 뜻을 두었다[吾十有五而志于學]"라고 했습니다. 뜻을 둔다는 것은 이렇게 하겠다고 결심하는 것을 말합니다. 어떤 말이나 행동을 하기 전에 의지를 세우고 결의를 밝히는 것이죠.

그러자면 바른 생각과 바르지 않은 생각을 잘 가려내야 합니다. 바른 견해는 바른말과 바른 행동의 바탕이기 때문에 중요합니다. 이때 '바르다'라는 것은 '있는 그대로 보고 받아들인다'라는 의미입니다. 불교에서 '바르다'는 '있는 그대로'를 의미하는 경우가 많습니다. 정견은 있는 그대로 보는 것이고, 정사유는 바른 의도를 갖는 것입니다.

출근길에 차가 밀리면 화가 납니다. 왜 그럴까요? 지각할까 걱정되기 때문입니다. 혹은 시간이 아깝거나 불편하기 때문입니다. 이때 정견은 나의 처지와 떨어져서 보는 것을 의미합니다. 그냥 '거리에 차가 많음'을 보는 것입니다. 정사유는 그것을 보고 화를 내거나 불평하지 않는 것입니다. 정견이 섰기 때문에 정사유도 가능합니다. 이렇게 정견과 정사유는 떨어진 것이 아니라 서로 연결되어 영향을 미칩니다. 정견이 서고 정사유가 가능하면 자기 관점을 내려놓고 있는 그대로 볼 수 있습니다. 성냄이나 탐욕, 상대방에 대한 불평불만을 내려놓게 되죠. 성냄이나 탐욕을 내려놓으니 바르게 보는 힘도 생깁니다.

❸ 정어

정어(正語)는 바른 말입니다. 거짓말이나 나쁜 말, 이간질하는 말, 아첨이나 중상을 하지 않고, 진실하고 유익한 말을 하는 것입니다. 나쁜 말이나 이간질, 아첨하는 말들은 욕망이 깃든 경우가 많습니다. 이익을 보거나 상대를 속이려는 의도가 담겼기 때문입니다. 고타마 싯다르타는 "진실이 아니고 유익하지 않으며 유쾌하지 않은 것은 말하지 말라"고 했습니다. 그러면서도 "진실이고 유익하며 유쾌한 것이라면 언제 말할지 알고 말하라" 하고 가르쳤습니다. 비구들이 모였을 때 "수행에 도움이 되는 법담(法談)만을 나누어야 한다. 그렇지 않을 때는 차라리 성스러운 침묵을 지키는 것이 낫다"라고도 했습니다. '언제 말할지 알고 말하는 것'이야말로 말을 잘하는 것입니다.

이것은 언어의 한계와도 관련이 있습니다. 노자는 "아는 사람은 말하지 않고, 말하는 사람은 알지 못한다"라고 했습니다. 아는 사람은 말하고 싶어도 말할 수 없습니다. 아는 사람은 자기가 아는 것이 전체가 아닌 일부라는 것을 알기 때문입니다. 그래서 말하는 사람은 알지 못한다고 한 것입니다. 내가 아는 작은 것을 침소봉대해서 제대로 아는 것처럼 포장하는 태도야말로 모른다는 증거입니다. 한마디로 무명이죠. 비트겐슈타인 말처럼 말할 수 없는 것에 대해서는 침묵하는 편이 낫습니다.

이 문제는 선불교로 연결됩니다. 진리는 말로 담을 수 없기에 다른 방법으로 전달하려는 시도가 선불교입니다. 그렇다고 말을 하지 않을 수는 없습니다. 말이 진리를 모두 담을 수는 없지만, 말이 없으면 불편하고 혼란스럽습니다. 원효대사는 "진리는 말을 떠나기도 하되 말에 의지하기도 한다"라고 했습니다. 말을 조심스럽게 다루면서 진리에 다가가라는 의미죠.

❹ 정업

정업(正業)은 바른 행위를 뜻합니다. 살생, 도둑질, 삿된 음행을 하지 않는 것입니다. 나쁜 행동 대신 선량한 행동을 실천하는 것이죠.

불교는 생명을 중요하게 여깁니다. 태어난 것은 다 이유가 있고, 서로 연관되어 있기 때문입니다. 나와 타자는 하나라는 자타불이(自他不二)는 불교의 핵심입니다. 타인을 사랑하는 것이 곧 나를 사랑하는 행위란 뜻입니다.

기후 변화라는 21세기 최대 위기 상황에서 자타불이는 중요한 철학적 의미가 있습니다. 멸종 위기종을 보호하고, 남획을 막으며, 생물 다양성을 지키는 일은 인간의 삶과도 직결됩니다. 서양의 근대적 사유가 비판받는 이유는 인간과 자연을 주체와 대상으로 분리하고 자연을 지배하려 했기 때문입니다. 불교적 세계관에서 인간은 자연 일부이며 둘이 아니라 하나입니다. 살생을 금하는 이유가 여기에 있습니다.

바른 행위는 도둑질이나 음행뿐만 아니라 게으름과 권력 행사와도 관련됩니다. 게으른 사람과 권력을 휘두르는 사람은 욕망에 지배당한 사람입니다. 게으름에 지배당하면 저급한 욕망을 추구하게 되고 그것은 괴로움을 불러옵니다. 더 자고 싶은데 왜 방해하느냐며 상대방에게 화를 내게 되지요.

권력을 휘두르는 사람, 요즘 말로 갑질하는 사람은 천한 욕망에 사로잡힌 사람입니다. 힘을 과시하여 위세를 떨쳐 만족을 느끼는 사람은 세상과 자기를 제대로 보지 못합니다. 남을 깔아뭉개고 그 위에 서려는 심사지만, 이를 통해 얻는 것은 보잘것없는 자기 모습뿐입니다. 자신의 부족한 모습을 감추기 위해 권력을 휘두르고 있기 때문입니다.

고타마 싯다르타는 출신에 의해 귀함과 천함이 결정되는 것이 아니라, 그의 행위로 결정된다고 했습니다. 엄격한 계급 사회였던 당시의 인도 문화에 던지는 혁명적 철학이었습니다. 이때 행위란 생명을 귀하게 여기고 타인을 존중하며 정업을 실천하는 바른 태도를 말합니다.

❺ 정명(正命)

정명(正命)은 바른 생활 혹은 바른 생계로 이해됩니다. 사람은 생명입니다. 생명은 다른 생명을 먹어야 살아갈 수 있습니다. 생계를 위해 일을 해야 하는 것이 사람의 운명이죠. 이때 어떤 일을 할 것이냐는 중요한 문제입니다. 먹고 사는 문제는 인간의 욕망과 깊은 연관이 있기 때문입니다.

바른 생계란 무엇을 의미할까요? 무기나 마약, 술 같은 것의 판매, 인신매매 등을 해서 먹고사는 것은 안 된다는 뜻입니다. 남에게 해를 끼치는 일을 선택해서는 안 된다는 의미겠지요. 타인과 내가 서로 연결되어 있다는 불교 논리상 당연합니다. 타인에게 해를 입히면 나도 해를 입습니다. 대부분 이런 일들은 돈이 되기 때문에 큰 부를 쌓을 수 있습니다. 부를 쌓는 일은 세속적 욕망을 증폭시킵니다. 필요를 넘어선 부의 축적은 해탈에서 멀어지게 합니다.

당시 수행자들은 탁발을 통해 얻은 음식을 큰 통에 담아 나누어 먹었습니다. 많이 얻고 적게 얻는 것이 중요하지 않았습니다. 음식은 수행에 필요한 최소한이면 충분했습니다. 배부르기 위해 먹은 것도, 남은 것을 팔기 위해 모은 것도 아니었습니다.

이것은 올바른 직업관으로 연결됩니다. 돈을 위해서 일하느냐, 살기 위해서 일하느냐, 수행을 위해 일하느냐는 다른 문제입니다. 직업을 비롯한 삶의 모든 영역에 정견과 정사유가 필요합니다. 이를 바탕으로 정어, 정업, 정명이 이루어지기 때문입니다. 정견과 정사유가 바른 세계관이라면, 정어, 정업, 정명은 구체적인 생활 지침, 즉 계율이라고 할 수 있습니다.

❻ 정정진

정정진(正精進)은 바른 노력입니다. 선한 마음을 계발하고 그것을 실천하는 것입니다. 물론 선함과 선하지 않음에 대한 견해가 먼저 서야겠지요. 그래서 정견과 정사유가 중요합니다.

아무리 바른 생각을 해도 그것을 실천하지 않으면 소용이 없습니다. 수행은 일상입니다. 작은 행동 하나에서 해탈이 시작됩니다. 생활 현장은 이론이 아닙니다. 아침에 눈을 떴을 때부터 당장 일어날 것인가 5분만 더 잘 것인가를 다투는 욕망과 의지의 전장입니다. 정정진은 욕망에 맞서 올바른 행동을 끊임없이 선택하는 것입니다. 바른 견해와 사유에 따라 의지를 내어 노력하고 정진하면서 마음을 그곳으로 쏟는 것입니다. 욕망의 노예가 아닌 주인이 되기 위한 노력입니다.

이렇게 실천하며 정진하다 보면 몸이 바른 생활을 기억합니다. 6시에 일어나는 사람은 알람이 울리기도 전에 눈이 뜨입니다. 바른말을 하고 바른 행동을 하는 사람은 굳이 애쓰지 않아도 자연스럽게 선한 길로 나아갑니다. 몸으로 실천한 사람만이 평온을 느끼고 스스로 안식을 찾을 수 있습니다. 공자가 일흔 살에 이르러 '하고 싶은 대로 해도 법도에 어긋나지 않았다'라고 했을 때의 경지라 할 만합니다.

❼ 정념

정념(正念)은 바른 의식 혹은 알아차림이라고 이해됩니다. 바른 의식은 정신이 맑고 깨끗한 상태를 말합니다. 제행이 무상(無常)함을 잊지 않고 무아(無我)를 깨우친 상태를 유지하는 것입니다. 세상 모든 것은 무상합니다. 고정불변하는 것은 없습니다. 나고 자라고 소멸합니다. 우리도 곧 늙고 죽을 것입니다.

우리가 '나'라고 생각하는 것도 실체가 없는 일종의 환영입니다. '내 생각', '내 가족', '내 집', '내 자존심'은 일종의 착각입니다. 고정된 '나'가 있다는 생각은 현실적 욕망에 휘둘리는 지름길입니다. '나에' 대한 험담을 들었을 때, '내가' 손해 보고 있다는 생각이 들었을 때, 알아차려야 합니다. '나'라는 실체가 없는데 '나'를 생각하고 있다는 사실을 깨닫는다면 눈앞의 대상을 욕망 없이 있는 그대로 바라볼 수 있습니다.

'내가 욕심을 내고 있구나', '내가 집착하고 있구나'를 깨달을 때 대상을 향한 갈애를 멈출 수 있습니다. 알아차림은 중요한 수련입니다. 소크라테스 말처럼 '내가 모른다는 사실을 아는 것'이 지혜의 시작이기 때문입니다.

쇼펜하우어는 "의지가 어떻게 표상으로 나타나는지를 알 때 고통에서 벗어날 수 있다"라고 했습니다. 눈에 보이지 않는 본능과 욕망이 세상을 비뚤어지게 보게 만든다는 사실을 깨달아야 한다는 말입니다. 우리는 자기 뜻대로 되지 않으면 화를 냅니다. 이때 자기 뜻이란 본능과 욕망을 말합니다. 그때 '내가 욕망대로 하려는구나'를 깨닫는 것이 정념입니다. 그것을 깨달을 때 자기를 직시할 수 있고 의지의 작용을 간파할 수 있습니다. 자기중심적 사고에서 벗어날 수 있는 것입니다.

❽ 정정

정정(正定)은 바른 삼매로 번역됩니다. 삼매는 바른 알아차림을 통해서 마음의 평정에 도달한 상태입니다. 외부의 대상 때문에 마음이 흔들리지 않고 두려움이나 동요가 사라진 상태로 수행의 최종 도달점이라고 할 수 있지요. 있는 그대로 세상을 보기에 대상과 주체가 분리되지 않고 하나가 됩니다. 물아일체라는 말이 정정을 대변해줍니다.

바른 삼매에 이르려면 나를 뒤흔드는 욕망의 대상과 여러 현상에서 떠나와야 합니다. 결별에는 또 다른 기쁨과 행복이 있습니다. 돈과 명예를 좇는 불나방 같은 이들을 보며 씩 웃어주는 사람의 모습을 떠올리면 이해가 빠를 듯합니다. 세속에서 중요하게 여기는 것들이 큰 의미로 다가오지 않습니다. 기쁨과 행복의 기준이 달라졌기 때문입니다. 모든 것이 기쁨이고 행복이며 지극한 편안함이죠. 대상이 기쁨과 행복을 주는 것이 아니라 존재 자체가 기쁨과 행복이 됩니다. 기쁨과 행복의 근거가 완전히 바뀌었습니다.

팔정도는 깨달음에 이르는 수행의 방법을 제시하고 있습니다. 누구나 팔정도를 제대로 수행하면 해탈에 이를 수 있고 부처가 될 수 있습니다. 이를 위해 바른 견해와 바른 사유를 갖추고 바른말, 바른 행위, 바른 생계를 잘 지켜야 합니다. 그런 후 바른 정진을 통해서 제대로 보고 제대로 실천합니다. 바른 알아차림을 통해 지혜를 높이고 마음의 평정에 도달하면 삼매에 들 수 있습니다. 이렇게 괴로움은 소멸이 되고 열반에 이릅니다.

이것이 고타마 싯다르타가 깨달은 팔정도의 내용입니다. 초기 불교의 핵심이지요. 사성제와 팔정도는 깨달음의 세계, 피안으로 가는 뗏목입니다.

40강. 불교의 세계관, 연기란 무엇인가?

연기

불교의 세계관을 한마디로 연기(緣起)라는 말로 표현할 수 있습니다. 연기는 '연하여 일어난다'라는 뜻입니다. 하나에 의해 다른 하나가 생겨나고, 다른 하나에 의해 또 다른 하나가 발생합니다. 이렇게 끝없이 연쇄하여 서로 일어나는 것이 연기입니다. 다시 말해 서로 의존하며 존재합니다. 연기는 하나의 원인에 의해 결과가 일어남을 의미하기 때문에 인과법칙 혹은 인과법이라고도 부릅니다.

"이것이 있기에 저것이 있고, 이것이 일어나기 때문에 저것이 일어난다."

—《잡아함경》

고타마 싯다르타는 연기가 우주에 본래부터 존재하는 보편적 법칙이라고 했으며 부처는 그것을 깨달은 사람이라고 했습니다. 연기를 깨닫는 것이 왜 그토록 중요할까요? 세상을 끊임없이 변하는 그 자체로 보기 때문입니다. 변하지 않고 그대로 있는 것은 없으며, 오직 무상(無常)만이 있을 뿐입니다. 모든 것이 생성, 변화, 소멸한다는 것이죠.

이런 사유가 뻔하다고 생각될 수도 있습니다. 하지만 우리 생각 저편에 숨어 있는 본질에 대한 애착을 생각한다면 무상함을 보는 불교의 철학은 예사롭지 않습니다. 서양철학 2500년 역사는 변하는 것 뒤에 가려진, 현상의 이면에 숨어 있는 본질과 실체를 찾으려는 노력이었습니다. 플라톤의 이데아에서부터 데카르트의 코기토, 21세기의 놀랍도록 발전한 과학까지 학문은 그 자체가 변하지 않는 법칙을 발견하려는 시도였죠.

하지만 21세기에 이른 지금, 우리는 깨달았습니다. 변하지 않는 진리는 없다는 것을. 노자는 이미 도라고 말할 수 있는 도는 항상 그러한 도가 아니라는 '변화의 도'를 설파했습니다. 불교와 노자는 세상의 원리를 변화 그 자체라고 보았고 양자역학을 비롯한 현대 과학과 철학 또한 그 논리에 동의하는 모습입니다.

무아와 자유

모든 것이 연기되었다는 세계관은 필연적으로 본성에 대한 부정으로 이어집니다. 서로 연하여 일어나고 존재한다면 고정불변하는 성질은 불가능합니다. 일시적으로만 특정 모습으로 존재할 뿐 영원할 수는 없습니다. 잠시 머물러 있는 성질을 본성이라고 할 수는 없지요.

어린 시절 집에 두꺼운 잡지가 몇 권 있었습니다. 시간이 날 때면 대청마루에 드러누워 잡지를 뒤적거리다 잠들곤 했습니다. 얼마 후 할머니가 그것을 부엌으로 가져가 몇 장을 찢은 뒤 성냥을 그어 불쏘시개로 사용했습니다. 그 후 아예 부엌 한구석에 던져두고 계속 사용하셨죠. 저에게는 읽을거리였던 것이 할머니에게는 불쏘시개였습니다. 불에 타버린 뒤에는 재가 되었겠지요. 잡지, 불쏘시개, 재 중에서 무엇이 본성일까요?

이것을 무상(無常) 혹은 무아(無我)라고 합니다. 혹은 '자성(自性)이 없다'라는 말로 표현하기도 하죠. 존재는 일정한 조건에 의해 형성되었을 뿐 인연이 다하면 전혀 다른 모습으로 바뀝니다. 지금 나의 존재 또한 일시적이고 무상한 것입니다. 내가 '나'라고 느끼는 것이 있지만 그것은 매 순간 모습이 바뀌고 내용도 달라집니다. 일시적인 것을 붙잡고 '나'라고 여기는 태도, 이것은 우리 감각이 낳은 일종의 착각입니다.

무아는 고정된 '나'가 없다는 의미입니다. 고정된 나, 본성, 정체성이 없다는 것을 다르게 보면 수많은 본성이 존재한다는 말로 바꿀 수 있습니다. 순간마다 새로운 본성을 가질 수 있기 때문입니다. 인연이 닿으면 무엇이든 될 수 있지요. 그런 점에서 연기적 사유는 새로운 존재로 탈바꿈할 수 있는 개방성과 가능성을 의미하기도 합니다. '이것이 나'라는 생각을 버리고 새로운 나를 찾아 나갈 수 있는 것입니다.

십이연기

연기는 '이것이 있으므로 저것이 있고, 이것이 없으므로 저것이 없음'을 의미합니다. 사물은 서로의 관계에 의존해서 존재한다는 것이죠. 고타마 싯다르타의 깨달음을 구성하는 핵심이라고 할 수 있습니다. 이것을 설명하기 위해 사용한 것이 십이연기입니다. 삶과 죽음, 늙음 같은 고통의 연관성을 알기 쉽게 설명합니다.

고타마 싯다르타는 십이연기를 깨달아 생로병사의 고통에서 벗어난 해탈에 이르렀습니다. 십이연기는 ❶무명, ❷행, ❸식, ❹명색, ❺육처, ❻촉, ❼수, ❽애, ❾취, ❿유, ⓫생, ⓬노사의 단계입니다. 불교가 고통의 인과를 설명하는 중요한 내용이므로 자세히 살펴보겠습니다.

❶ 무명

무명(無明)은 지혜가 없는 상태입니다. 연기법이나 무아, 무상의 진리를 알지 못하는 무지의 상태를 말합니다.

❷ 행

행(行)은 행위와 그것에 의해 쌓이는 업(業)을 말합니다. 무지로 인한 행동들입니다.

❸ 식

식(識)은 어떤 것을 다른 것과 구분하는 것입니다. 불교에서 말하는 분별로 지혜와 반대됩니다.

④ 명색

명색(名色)은 사물에 이름을 붙인다는 뜻으로 물질에 대한 정신 작용을 의미합니다. 물질에 의미를 부여하는 것이기 때문에 괴로움의 원인이 됩니다.

⑤ 육처

육처(六處)는 눈과 코 같은 여섯 가지 감각 기관과 작용을 뜻합니다. 감각 기관을 통해 외부와 관계를 맺고 세상을 파악합니다.

⑥ 촉

촉(觸)은 감각 기관과 대상의 접촉을 말합니다.

⑦ 수

수(受)는 접촉에 따라 감각된 느낌을 뜻합니다.

⑧ 애

애(愛)는 감각된 느낌으로 의해 생기는 애증입니다. 좋은 느낌을 주는 것을 좇으려고 하고, 그렇지 못한 것을 피하려고 합니다.

⑨ 취

취(取)는 원하는 것을 얻었는데도 계속 원하는 상태입니다. 집착이지요.

⑩ 유

유(有)는 있음을 의미합니다. 집착으로 인해 원하는 그것이 실제로 있다고 믿게 됩니다.

⑪ 생

생(生)은 태어남입니다. 있다는 생각으로 인해 관념이 만들어지는 것이죠. '나'라는 믿음도 그중 하나입니다.

⑫ 노사

노사(老死)는 늙음과 죽음입니다. 모든 것은 쇠락하고 죽습니다.

십이연기를 연결해서 살펴보겠습니다.

지혜가 없는 무명의 상태에서 사람은 행위와 경험으로 세상을 인식하고 분별합니다. 분별은 감각 기관에 의한 외부 접촉의 결과로 좋고 나쁨을 느끼고 좋은 것을 좇고 나쁜 것을 피하려는 애증을 만듭니다. 원하는 것을 얻었는데도 계속 원하는 집착이 발생하고 이로 인해 원하는 것이 실제로 있다고 믿게 되죠. 나와 사물의 실체가 있다는 믿음을 갖고 늙음과 죽음의 괴로움 속에서 살아갑니다.

싯다르타는 이 연기법을 깨닫고 삶의 고통이 생기는 이유를 연기적 인과관계를 통해서 설명했습니다. 연기와 무아에 대한 무지로 인해 행위가 쌓이고 그것이 결국 노사로 귀결된다는 것입니다. 그런 점에서 무지는 깨달음과 해탈에 이르기 위해 극복해야 하는 중요한 대상입니다. 십이연기가 진행되는 과정을 제대로 알아야 괴로움의 원인을 밝혀 그 악순환에서 벗어날 수 있기 때문입니다.

늘 깨어 있으라

무지는 불교에서 중요한 개념입니다. 연기를 깨닫지 못한 상태이기 때문입니다. 무지와 반대되는 개념으로 지식을 떠올리기 쉽습니다. 하지만 지식은 오히려 분별과 관련됩니다. 무지에서 깨달음으로 가려면 지식을 내려놓고 세상을 있는 그대로 보고 받아들여야 합니다. 감각에 의한 경험과 교육으로 얻은 지식이 가리고 있는 무상한 세계의 모습을 보는 것이지요.

불가에서는 "연기를 보는 자가 법을 본다, 법을 보는 자가 연기를 본다, 법을 보는 자가 부처를 본다"라고 합니다. 법(法)은 세상의 원리와 그것을 깨달은 사람이 전하는 가르침입니다. 결국, 모든 것이 연하여 일어난다는 연기가 '법'의 핵심이라고 할 수 있습니다.

삼보(三寶)는 '귀중한 세 가지 보배'라는 의미로 깨우친 사람들인 불(佛), 깨우친 사람들의 가르침인 법(法), 그 가르침을 따르고 수행하는 승(僧)을 말합니다. 간단히 불법승이라고도 하지요. 삼보에 귀의하는 것을 삼귀의라고 합니다. 괴로운 세상에서 의지할 곳이 없는 중생은 돈과 지위에 의존하는 경향이 강합니다. 실체가 없는 돈과 지위에 대한 의존은 끝없는 갈증과 허무를 양산합니다. 이것 또한 무명에 따른 행의 반복으로 고통을 불러오죠.

가끔 '죽으면 아무것도 가져갈 수 없으니 욕심부리지 마라'라는 말을 듣습니다. 그 순간 우리는 잠시 깨달은 사람이 됩니다. 문제는 일상에서 쉽게 그것을 잊는다는 것입니다. 한번 깨달음이 영원하지는 않습니다. 깨달음도 무상합니다. 깨달은 사람도 금세 이전의 습관에 따라 무지로 되돌아갑니다. 그래서 수행이 중요합니다. 수행은 무아를 체득해가는 과정입니다. 생활이 곧 수행이고 삼귀의입니다. 세상의 무상함을 보고 무지와 무명에서 벗어나는 것이죠. 선승들의 말처럼 '늘 깨어 있는 것'입니다.

41강. 있는 것이 없다고?
무상, 무아, 공

제행무상

모든 것이 서로 의존하여 존재한다는 연기는 자연스럽게 제행무상(諸行無常)으로 연결됩니다. 제행무상은 세상 모든 것은 고정되어 있지 않고 항상 변한다는 뜻입니다. 변한다는 것은 덧없으니 붙잡지 말라는 의미이기도 하지요. 존재하는 것 중에 그대로 있는 것은 없습니다. 잠시도 쉬지 않고 움직이면서 모양을 바꿉니다. 성한 것은 쇠하고, 젊은 것은 늙어갑니다. 그러니 지금 보는 것이 곧 쇠하고 사라질 것을 알아야 합니다.

이것은 자칫 허무주의로 흐르기 쉽습니다. '다 부질없으니 되는 대로 살자'라는 것이 허무주의입니다. 인생이 고통이니 살 의미가 없다는 오해와도 관련되죠. 불교는 인생이 고통이니 살 의미가 없다거나 노력이 부질없음을 말하는 종교가 아닙니다. 오히려 지금 고통의 원인을 잘 살펴보고 그것을 바로잡아 건강한 삶을 살자는 긍정주의에 가깝습니다.

우리가 겪는 고통은 대부분 좋은 것에 대한 집착에 원인이 있습니다. 돈, 직장, 건강, 연인, 친구 등이 그렇습니다. 종국에는 삶 자체에 집착하죠. 영원할 수 없는 것을 영원히 누리고 싶은 욕망이 고통의 원인이며 그것의 무상함을 알 때 깨침이 일어납니다. 자신이 보고 경험하는 모든 것을 무상하게 대할 수 있게 됩니다. 이 순간이 고통이든 즐거움이든 곧 지나갈 것이니 그것을 귀하게 여길 수 있게 되는 것입니다.

사람은 좋은 것은 갖고 나쁜 것은 피하려 합니다. 이런 애착이 고통의 원인임을 모른 채 살아갑니다. 좋은 것만 갖고 나쁜 것은 피하는 일은 불가능하죠. 불가능한 것을 바라는 것만큼 어리석은 일도 없습니다. 이것이 무지 혹은 무명입니다.

지식의 무지

인간의 역사는 지식의 역사라고 해도 과언이 아닙니다. 세상 원리와 법칙을 찾아내 활용하고 그것으로 문명을 일구었습니다. 문화인류학자 레비스트로스는 인간은 '지식본능'을 가졌다고 말합니다. 알고자 하는 본능입니다. 지식본능의 시작은 구분입니다. 먹을 수 있는 것과 없는 것, 나는 것과 뛰는 것, 따뜻한 것과 차가운 것 등으로 사물을 나누는 것입니다. 이렇게 사물을 수없이 나누고 나누면 복잡한 지식이 가능해집니다.

지식은 우리가 살아가는 데 도움을 줍니다. 한편으로는 우리를 고정된 것에 머물게 하죠. 삶에 도움을 주는 지식이 집착을 불러오고 괴로움의 원인이 됩니다. 흔히 말하는 고정관념이 그렇습니다. 상(常)을 찾아 똑같은 모습으로 보려는 태도나 경향을 무지라고 부릅니다. 지식이 곧 무지입니다. 깨달음은 지식의 무지를 깨치는 것입니다. 멈춘 것에서 움직임을 보고, 같아 보이는 것에서 차이를 발견하는 것이죠. 그런 점에서 불교는 차이와 변화의 철학이라고 할 수 있습니다.

사람은 본능적으로 변화에 대한 두려움을 가지고 있습니다. 변화가 예측하기 어려운 상황을 불러올 수 있기 때문입니다. 카오스보다는 코스모스에서 더 안정감을 느낍니다. 지식은 혼돈의 세계에서 질서를 찾으려는 시도입니다. 하지만 세상의 진짜 모습은 혼돈도 질서도 아닙니다. 질서와 혼돈이라는 구분은 인간이 붙인 이름, 개념일 뿐입니다.

혼돈에 대한 거부반응은 고정된 지식이나 정체성에 대한 집착을 가져옵니다. 우리 머릿속에는 '인간은 사회적 동물이다', '사람은 배려심이 있어야 한다', '학생은 공부에 집중해야 한다'라는 생각으로 가득 차 있습니다. 그 기준에 속하지 못하면 인간 이하 혹은 나쁜 학생으로 규정당합니다. 심한 경우 제거 대상이 되기도 하지요.

인도의 경제학자이자 철학자이며 아시아인으로서 최초로 노벨 경제학상을 받은 아마르티아 센은 《정체성과 폭력》이라는 책에서 "세계의 무수한 갈등과 만행은 정체성이라는 환영을 통해 유지된다"라고 말합니다. 내가 누구인지에 대한 정보가 정체성입니다. 내가 누구인지를 아는 게 나쁜 것은 아닙니다. 하지만 그 의식이 강해지면 차이의 불허와 타자에 대한 폭력으로 변질이 될 수 있습니다. 이슬람 전통과 문화, 교리를 준수하고 이슬람 공동체의 순수성을 지키려는 운동을 이슬람 근본주의라고 합니다. 팔레스타인 지역에 유대인 국가를 건설하려는 민족주의 운동을 시오니즘 혹은 유대주의라고 부릅니다. 중동에서 일어나고 있는 전쟁과 테러, 기아는 정체성에 대한 지나친 강조로 차이를 허용하지 않기 때문에 발생한 것입니다. 나와 다른 것을 허용하지 않는 태도는 차이에 대한 공격으로 쉽게 변질이 되고 맙니다.

이런 경향은 멀리서 찾지 않아도 됩니다. 우리 사회도 남과 북, 수도권과 지방, 정규직과 비정규직, 소위 명문대와 그렇지 않은 대학, 남녀노소까지 정체성 갈등의 문제로 첨예하게 대립하고 있으니까요. 이런 문제가 지식을 쌓는다고 해결될까요? 오히려 지식을 내려놓고 정체성을 개방하는 게 더 낫지 않을까요?

정체성과 동일성의 진짜 문제는 실상을 못 보게 한다는 것입니다. 무상이 실상입니다. 무상을 보지 못하는 것이 무지죠. 지식은 무지를 강화합니다. 지식이 부족해 실상을 보지 못하는 것이 아니라 지식에 의존하기 때문에 실상을 왜곡하는 것입니다.

제법무아

아마르티아 센의 말처럼 정체성은 일종의 환영입니다. 인간의 머리가 창조한 허구죠. 환영과 허구를 허물고 실상을 보는 것이 제행무상의 진정한 의미입니다. 제행무상은 자연스럽게 무아(無我)로 연결됩니다. 정체성이 환영이라면 고정불변하는 '나'라는 관념도 허구니까요.

무아는 제법무아(諸法無我)의 줄임말입니다. 제법무아는 '모든 존재는 고정된 실체가 없다'라는 뜻입니다. '지금 내가 여기 있는데 무슨 소리를 하냐'고 할 수도 있습니다. 이때 '나'는 고정된 실체로서의 나를 말합니다. 제법무아는 '고정된 나'가 없다는 의미지, 현재의 내 몸이 없다는 뜻이 아닙니다. 분명히 내 몸은 여기 있습니다. 그런데 그 몸이 변합니다. 내 모습은 일시적일 뿐 영원할 수 없습니다. 매일 변하고 언젠가 사라져 자연으로 돌아갈 겁니다.

우리는 상식으로 세상을 대합니다. 보고 듣고 느끼는 대로 이해합니다. 내가 살아 있고 움직이기 때문에 실체가 있다고 생각합니다. 그래서 그것을 영원한 것으로 생각하고 그것을 붙들려 합니다. 이로 인해 고통이 생기죠. 반대로 지금의 내 몸, 내 생각, 내 재산이 모두 일시적이라고 생각하면 집착을 내려놓을 수 있습니다. 마음이 평화로워지고 홀가분해집니다.

우리는 '내 생각'을 강조합니다. 자기 생각임을 강조해야 똑똑한 사람처럼 보이기 때문입니다. 하지만 '내 생각'이라는 것이 과연 있을까요? 태어날 때 생각을 하면서 태어나지는 않습니다. 자라면서 경험하고 배워서 생각을 갖추게 됩니다. 그렇게 우리는 타인의 생각을 내 것처럼 여깁니다.

구조주의는 20세기 후반을 풍미한 현대 철학의 중요한 흐름입니다. 구조주의적 관점에 따르면 인간과 사물의 의미는 독립된 개체가 아닌 구조 속 관계에 따라 결정됩니다. 모든 개체는 홀로 있을 수 없고 관계로 존재하기 때문입니다. 내가 가진 생각은 내 것이 아닌, 내가 속한 국가나 사회집단, 시대의 것입니다. 조금만 살펴봐도 알 수 있습니다. 심하게 말하면 '내 생각'은 나의 것이 아니라 네이버나 유튜브의 생각입니다. 나의 정체성도 내가 아닌 사회 구조가 결정합니다. 내가 누구인지는 부모님이 누구냐, 어디서 일하느냐에 따라 달라집니다. 결국, 사람은 고정된 정체성을 가지고 태어나는 것이 아니라 그가 사는 환경과 구조에 의해 영향을 받아 만들어진다는 것이 구조주의의 결론입니다. 구조가 바뀌거나 다른 관계 속으로 들어가면 정체성이 달라지겠죠. 구조주의적 사유는 불교의 무아를 이해하는 데 큰 도움을 줍니다.

공이란 무엇인가?

세상이 연기로 존재한다고 했습니다. 에이(A)가 있기에 비(B)가 있고, 비(B)가 있기에 시(C)가 있습니다. 이런 연기로 인해 존재는 '공(空)'입니다. 존재가 연기로 결정된다면 연기 이전에는 무엇이었을까요? 아무런 본성도 없는 텅 빔입니다. 텅 비어 있어 연기, 인연, 관계에 따른 규정성을 얻게 됩니다. 그런 점에서 공은 아무것도 없음이라기보다 있음의 가능성이라고 해야겠습니다. 비어 있기에 채울 수 있고, 채움이 있기에 비울 수 있지요. 새로운 인연을 만나 새로운 정체성을 얻는 일이 반복됩니다. 공즉시색(空卽是色) 색즉시공(色卽是空)

입니다.

사르트르는 인간을 '무(無)'라고 말합니다. 인간의 정체성이 정해져 있지 않기 때문입니다. 이것을 "실존이 본질에 우선한다"라고 표현하죠. 실존은 우리가 현실에 존재하는 것, 혹은 존재의 의미를 찾는 태도입니다. 본질은 정체성 혹은 삶의 목적 같은 것입니다. 인간은 목적을 가지고 태어나는 것이 아니라 태어난 후에 목적을 찾습니다. 나의 정체성을 태어난 이후에 찾아가는 것이죠. 정체성이 정해져 있지 않으니 무입니다. 무이기 때문에 다양한 정체성을 가질 수 있습니다.

사르트르는 '인간은 자유'라고 했습니다. 정해진 길을 따라가는 제약된 존재가 아니라 새로운 길의 가능성을 가진 존재이기 때문입니다. 그런데도 우리는 정해진 길만을 고집하는 경향이 있습니다. 익숙하고 안전하다고 믿기 때문입니다. 그때 새로운 삶의 가능성은 사라집니다.

'내 생각', '내 몸', '내 것'이라는 관념은 망상입니다. 망상을 깰 때, 무한한 가능성의 세계가 열립니다. 이 지점에서 무아와 공은 자유와 만납니다. 연기를 받아들이고 가능성의 문을 여는 것이 제법무아의 사유이기 때문입니다. 내 생각을 고집하지 말고, 내 직업에 사로잡히지 말고 새로운 조건과 상황을 긍정한다면 새롭고 재미있는 삶을 만날 수 있겠지요.

삼법인

삼법인(三法印)은 불교의 핵심 교의입니다. 제행무상(諸行無常), 일체개고(一切皆苦), 제법무아(諸法無我)의 세 가지입니다. 간단히 무상(無常), 고(苦), 무아(無我)라고도 합니다. 고타마 싯다르타는 세계가 고통이라는 일체개고의 문제의식에서 출발했습니다. 인간은 시시각각 변하는 제행무상의 세상을 올바로 보지 못하고 불변하는 것으로 보려 합니다. 고정된 '나'가 없는 데도 아상(我相)을 버리지 못합니다. 이것이 고통의 원인입니다. 깨달음은 제행무상과 제법무아를 보고 그 고통이 나에게서 비롯되었음을 아는 것입니다. 그때 욕망과 집착에서 벗어나 탁한 연못의 맑은 연꽃처럼 좋은 삶을 맞이할 수 있습니다.

42강. 업과 윤회,
   윤회는 없다

업이란?

업(業)과 윤회는 싯다르타 이전부터 인도 전통 종교에 널리 퍼진 개념입니다. 업에 의해 인간의 운명이 결정되고 윤회의 세계에서 생과 사를 끝없이 되풀이한다는 논리입니다. 업은 산스크리트어로 카르마(karma)입니다. 넓은 의미로 존재의 활동 자체를 말하는데, 보통은 인간이 살아가면서 짓는 행위를 뜻합니다. 좋든 싫든 우리가 하는 행동은 다른 것에 영향을 미칩니다. 그것에 따라서 선업이 되기도 하고 악업을 쌓기도 하죠. 그래서 업은 인과율이 적용됩니다. 선한 일을 하면 선한 결과가, 악한 일을 하면 악한 결과가 따라옵니다.

고타마 싯다르타는 살생, 도둑질, 거짓말, 험담, 아첨, 탐욕, 성냄 등이 악업이라고 했습니다. 악업에는 나쁜 결과가 따르겠지요. 당연히 인생이 괴로워집니다. 악업이 고통의 원인입니다. 물론 악업을 행하는 이유는 무명과 무지입니다. 우리는 자신이 악업을 쌓는 줄도 모르고 습관적으로 행하고 있습니다. 마치 같은 작업을 반복하는 기계 같습니다.

직장인들이 가장 힘들어하는 것이 꼴 보기 싫은 인간입니다. 얼굴만 봐도 속이 부글부글 끓어오릅니다. 저 인간만 없으면 직장이 천국일 것 같습니다. 그를 차갑게 대하거나 없는 자리에서 험담도 합니다. 상대방이 모를 리 없습니다. 나를 대하는 태도에 불손한 느낌이 느껴집니다. 툭 쏘는 말에 기분도 상합니다. 그렇게 앙숙이 되죠. 아침에 '그 인간' 때문에 일어나기 싫습니다. 직장이 지옥입니다.

업은 업과(業果)를 낳습니다. 비난과 험담이 업이라면 관계와 생활이 고통스러운 것은 업과입니다. 아이에게 공부 안 하냐고 야단을 쳤습니다. 아이가 말이 통하지 않는다며 엄마를 멀리합니다. 낮잠을 실컷 잤습니다. 밤에 잠을 못 자는 바람에 다음날 회사에서 힘들었습니다. 담배를 수십 년 피웠습니다. 폐암이 찾아왔습니다. 이것이 선악의 인과 혹은 자기 인과입니다.

윤회는 없다?

불교를 모르는 사람에게도 윤회는 익숙한 말입니다. 흔히 육도윤회라고 하지요. 여섯 가지 세계를 돈다는 뜻입니다. 축생, 아귀, 지옥, 아수라, 인간, 천상의 세계입니다. 악업을 지은 인간이 해탈하지 못하고 죽어서 다시 태어남을 반복합니다. 삶은 고통인데 그것이 반복되는 것입니다. 윤회 개념은 자연스럽게 죄를 지으면 지옥 간다는 논리로 연결됩니다. 실제로 불자 중에는 지옥 가지 않기 위해 절에 다닌다는 분들도 있습니다.

윤회는 깨닫지 못한 중생들이 업에 의해 돌고 도는 것을 말합니다. 그런데 무아인데 어떻게 윤회할 수 있을까요? 내가 없는데 어떻게 다시 태어날 수 있을까요?

무아의 개념이 윤회설과 충돌하는 것처럼 보일 수도 있습니다. 하지만 윤회란 '나'라는 실체가 죽고 다시 태어나고 죽는 일을 반복한다는 의미가 아닙니다. 분별과 업으로 오염된 보이지 않는 연기에 의한 반복을 의미합니다. 깨닫지 못한 중생들이 자기 업에 의해 돌고 도는 것이죠.

한 개체가 죽고 태어나기를 반복한다는 일반적인 윤회 관념은 주체에 대한 오해에 기인합니다. 세상은 주체에 의해 움직이는 것이 아닙니다. 그냥 어떤 조건들에 의해 이루어지는 것입니다. 내가 살고 죽는 것이 아니라 나를 구성하는 인연들이 펼쳐지는 것이죠. 이것이 연기입니다. 서로 연관되어 일어나는, 하나로 연결된 거대한 관계망입니다. 여기에는 주체도 객체도 없습니다. 그렇기에 윤회도 없습니다.

경전에 윤회가 있다고 했는데 없다고 하니 이상하게 생각되실 겁니다. 윤회가 있다면 있고, 없다 하면 없습니다. 깨치지 못하면 있는 것이고, 깨치면 없는 것입니다. 그러니 있다고 해도 맞고 없다고 해도 맞습니다. 깨치면 '나'가 없는데 어떻게 윤회가 있겠습니까?

이것이 불교의 놀라운 점입니다. 서양철학처럼 주체와 객체, 나와 타자를 구분하지 않습니다. 불교는 주체와 객체의 관념을 떠나 있습니다. 세계는 주체도 없고 객체도 없습니다. 연기로, 관계로 존재할 뿐입니다. 연기는 필연성이 아닙니다. 오히려 우연에 가깝습니다. 어느 조건이 어떻게 만날지 알 수 없습니다. 엄청난 경우의 수 중에서 하나가 만나 다른 하나가 나옵니다. 이것이 인연입니다. 수많은 인연의 반복으로 연기되는 세계입니다.

업과 윤회는 인도 전통 브라만교에서 강조된 것입니다. 업은 인도 계급제도인 카스트와 관계된 일종의 숙명론입니다. 현재 신분은 과거의 업과 윤회에 따른 결과이니 그것을 수용하고 따라야 한다는 것입니다. 지배계급의 논리입니다. 이를 깬 사람이 고타마 싯다르타였습니다. 운명에 대한 순종이 아니라 깨달음으로 업과 윤회의 사슬을 끊을 수 있다고 한 것입니다.

브라만교 윤리는 니체가 말하는 '낙타의 정신'을 떠올리게 합니다. 낙타가 사막을 건널 때 필요한 덕목은 의무감과 인내입니다. 현재를 참고 견디면 언젠가 좋은 날이 올 것이라는 희망으로 삽니다. 돈만 모이면, 승진만 하면, 로또만 되면, 이런 희망으로 살지만 날마다 괴로운 날입니다. 그에 비해 고타마 싯다르타는 '아이의 정신'을 가르칩니다. 아이는 기존의 도덕에 얽매이지 않습니다. 놀이와 유희처럼 삶을 즐기고 새로운 가능성을 환영합니다. 춤추며 걷는 아이에게 삶은 날마다 좋은 날입니다.

윤회보다 중요한 것

사람은 물질로 이루어진 생명입니다. 죽으면 부패해서 사라집니다. 그 과정에서 미생물 먹이가 되기도 하고 나무에 영양을 공급하기도 합니다. 일부는 공기 중으로 흩어져 또 다른 물질을 만나게 될 겁니다. 그렇게 '나'는 미생물 먹이가 되고, 나무의 영양분이 되고, 다른 물질의 일부도 됩니다. 에너지 불변의 법칙에 따라 나를 구성하는 에너지는 다른 에너지로 변합니다.

우리는 윤회에 대해 '무지'합니다. 한 개체가 윤회한다는 생각은 종교적으로 이해될 수는 있겠지만, 철학적으로는 모순입니다. '나'가 있다는 착각에서 벗어나는 것이 깨달음이라고 했습니다. '나'가 있다 해도 일시적입니다. 곧 자연으로 돌아가 다른 사물로 재구성될 겁니다. 그렇다면 내가 윤회하는 것이 아니라 나와 다른 사람, 다른 모든 존재가 함께 윤회한다고 봐야 합니다. 우주 전체가 연기되는 것입니다. 그렇게 보면 무아가 곧 연기이고, 연기가 곧 무아입니다. 철학적 입장에서 윤회는 개체가 태어나고 죽기를 반복하는 것이 아니라 전체가 연기되어 순환되는 것입니다. 이것을 무아연기(無我緣起) 혹은 무아윤회(無我輪廻)라고 합니다.

윤회에 관해 불교 내에서도 다양한 의견이 있습니다. 불자들 사이에서는 윤회를 믿느냐 아니냐로 믿음의 깊이를 따지기도 하지요. 하지만 해탈이라는 불교의 근본으로 돌아가 보면 윤회가 있느냐 없느냐는 크게 중요하지 않습니다. 윤회를 피하려고 불공을 드리든, 인생이 괴로워서 수행하든 도달하고자 하는 곳은 같습니다. 중요한 것은 깨치는 일이지요.

깨치면 윤회가 끝난다고 했습니다. 이때 윤회는 업에 의한 고통스러운 삶의 반복을 의미합니다. 연기, 무아, 공을 깨치면 업의 윤회는 끝납니다. 무아를 깨친 사람은 어떤 행동을 할까요? 고통의 원인을 알았기에 그것을 푸는 일을 행합니다. 배려와 사랑을 실천하고 보시를 베풀 겁니다. 이것은 선업(善業)입니다. 당연히 선과(善果)가 따릅니다. 좋은 날이 되는 것입니다. 깨달은 사람에게는 날마다 좋은 날입니다. 다시 태어나든 그렇지 않든 모두 좋습니다. 날마다 좋은 사람에게 윤회는 아무런 의미가 없습니다. 그래서 윤회는 없습니다.

윤회 개념을 조금 확대해보면 나쁜 습관에 의한 고통의 반복도 일종의 윤회로 볼 수 있습니다. 늦게 일어나는 습관은 하루를 바쁘고 버겁게 합니다. 책을 읽지 않는 습관은 갇힌 생각으로 인한 소통의 어려움을 가져옵니다. 세상을 어둡게 보는 습관은 우울증이나 화를 유발합니다. 낭비하는 습관은 경제적 곤란에 처하게 합니다. 이런 문제는 새벽에 일어나고, 책을 많이 읽고, 밝게 생각하는 것만으로는 해결이 어렵습니다. 새벽에 일어나 더 바쁘게 살거나, 책에서 더 여러 가지 지식만 얻으려 하거나, 나쁜 행동도 좋게만 보려고 할지 모릅니다. 습관은 업입니다. 선입관과 편협된 지식도 업입니다. 습관의 윤회를 끊으려면 고통의 원인을 바로 봐야 합니다. 무아를 깨칠 때 나쁜 습관은 깨어지고 업과도 사라집니다.

선과 과보

어느 보살이 스님께 물었습니다.

"저는 선하게 사는데 왜 선한 과보를 받지 못할까요?"

스님이 되물었습니다.

"악을 행했다고 바로 벌을 받는 것 보셨습니까?"

"아니요."

"선을 행했다고 바로 상을 받을까요?"

"아니요."

"상을 받기 위해서 선한 일을 하지 마십시오. 그것은 분별입니다. 그냥 하십시오. 선한 일을 하면 내가 좋습니다. 내가 행복합니다. 그것으로 충분하지 않을까요?"

좋은 결과가 오든 나쁜 결과가 오든 지금 바른 일을 하는 것이 깨달은 사람의 행동입니다. 그는 결과를 떠나 있고, 윤회는 끝났습니다.

43강. 자비와 보시의 의미, 사랑하면 행복하다

마음은 없다

"스승님, 제 마음이 불편합니다. 마음을 편안하게 하는 법을 알려주십시오."

"너의 마음을 가져오너라. 그러면 편하게 해주겠다."

"마음을 찾을 수가 없습니다."

"내 이미 너의 마음을 편안하게 해주었다."

달마대사와 혜가의 선문답입니다. 삶이 고통이라고 했을 때 고통을 느끼는 것이 무엇일까요? 우리 마음입니다. 달마대사는 그 마음을 가져오라고 합니다. 혜가는 아무리 찾아도 마음을 찾을 수가 없습니다. 무아, 없는 마음을 어떻게 찾을 수 있겠습니까.

일체유심조(一切唯心造)라고 합니다. 모든 것은 마음이 만든다는 뜻이죠. 모든 것은 마음이 만드니, 마음먹기에 따라 나쁜 일도 좋은 것으로 여길 수 있습니다. 마음에 따라 저승도 되고, 극락도 되는 것이지요. 실제로 우리가 보고 느끼는 세상은 본래 세상이 아닙니다. 우리 마음이 만든 세상입니다. 세상과 나 사이에는 감각이라는 장애물이 있습니다. 감각을 통해서만 세상을 보고 느낄 수 있습니다. 우리는 객관적 세상을 만날 수 없습니다. 우리가 경험할 수 있는 세상은 우리가 감각할 수 있는 세계뿐이지요.

일체유심조는 마음을 잘 다스리라는 말로 이해됩니다. 기왕이면 긍정적으로 보고, 밝게 대하라는 뜻 아닐까요. 그런데 마음이 없는데 마음을 다스리라니 논리상 맞지 않습니다. 연기법에 따르면 무아입니다. 무아인데 마음이 있을 리 없죠. 그렇다면 이 말을 어떻게 이해해야 할까요?

무심

내 마음은 내 마음이 아닙니다. 내 생각도 내 생각이 아닙니다. 길을 가다가 햄버거 가게를 보았습니다. 갑자기 먹고 싶다는 마음이 들었습니다. 이것은 내 마음일까요? 햄버거를 보고 먹고 싶은 마음이 드는 것은 머리가 반응했기 때문입니다. 햄버거는 내가 좋아하는 것이라는 심상을 이미 가지고 있습니다. 이런 심상은 이전의 경험에 기초합니다. 예전에 햄버거를 먹었을 때 맛있었다는 경험이 지금 햄버거를 먹고 싶게 한 것입니다. '햄버거는 맛있다'라는 관념을 가지고 태어나는 사람은 없습니다. 태어난 후의 경험이 햄버거가 맛있다고 느끼게 했습니다.

내가 어떤 행동을 한다면, 그것은 그런 행동을 하게 만든 무엇 때문입니다. 그것은 나를 찾아와 나의 감각과 인식을 심어준 어떤 것들이죠. 그것이 모여 지금 나의 마음을 만들었습니다. 그러니 내 마음이라고 할 게 없습니다. 밖에 있던 것들이 내 안으로 들어와 마음이라는 장을 펼쳐놓았기 때문입니다. 그런 점에서 마음은 연기입니다.

마음은 텅 비어 있습니다. 인연에 따라 여러 자극이 밀려와 지금의 마음을 만들었습니다. 새로운 자극이 오면 다른 마음이 생길 겁니다. 마음은 한결같지 않고 새로운 내용으로 대체됩니다. 그래서 무심(無心)입니다. 텅 빈 마음에 외부의 것이 들어와 모양을 만들었을 뿐이지요. '모든 것은 마음먹기 달렸다'라는 마음을 제대로 봐야 한다는 뜻으로 이해해야 합니다.

마음은 내 마음이 아니라, 내 마음에 들어온 것들의 마음입니다. 마음을 생각으로 바꾸면 이해가 쉽습니다. 지금 내가 가진 생각은 그렇게 생각하게 만든 것들로 이루어졌습니다. 아버지의 말씀, 선생님의 가르침, 친구의 충고, 유튜브의 정보가 재구성된 것이죠. 단지 그것들이 내 생각이라는 형식을 빌려 머무르고 있을 뿐입니다.

마음을 닦는 것

일체유심조는 마음을 닦으라는 의미로 이해됩니다. 없는 마음을 어떻게 닦을 수 있을까요? 우리 마음은 어떤 일관성을 따릅니다. 이

랬다저랬다 할 때도 있지만, 대체로 어떤 경향성을 갖지요. 성격, 취향, 개성이라고 할 수도 있을 겁니다. 이런 경향성과 일관성 때문에 마음이 있다고 느끼게 되죠.

마음을 닦는다는 것은 내 마음의 일관성과 경향성을 발견하는 것과 관련됩니다. 이전의 생각과 행동을 반복하지 않고, 무아와 무심으로 돌아가 올바로 보고 반응하는 것입니다. 이를 통해 다른 선택을 하고 새로운 삶의 길로 나아갈 수 있습니다. 예전 같았으면 화를 냈을 상황에서 지긋이 웃고 넘어갈 수 있게 되는 것입니다. 이것은 업의 순환을 끊는 것과도 연관됩니다.

톨스토이는 "당신이 불안하고 초조하다면 무엇인가 잘못된 생각을 하는 것이다"라고 했습니다. 불안과 초조는 내가 원하는 방향으로 일이 이루어지지 않을지도 모른다는 걱정 때문에 생깁니다. 욕망에 사로잡힌 마음이 평화로울 리 없지요. 악업이란 잘못된 반응을 반복하는 것입니다. 선업은 마음을 열고 연기와 무상을 보며 자비와 보시를 하는 것입니다. '마음이 곧 부처'입니다.

자비, 부처의 마음

"나는 모든 고통이 무지에서 기인한다고 믿습니다. 사람들은 자신의 행복과 만족을 추구하기 위해 다른 이들에게 고통을 주고 있습니다. 참된 행복은 타인을 위한 사랑과 자비와 함께 이기심과 탐욕 제거를 통해 달성되는 평화와 만족감에서 옵니다. 지구상 어디에서 왔건 우리는 모두 똑같은 인간입니다. 우리는 근본적으로 인간애를 가지고 실천해야 합니다. 종교가 있건 없건 누구나 사랑과 자비를 행한다면 서로를 발전시킬 수 있다고 확신합니다."

— 달라이 라마 14세, 〈법보신문〉

자비(慈悲)는 고통을 덜어주고 기쁨을 나누는 사랑을 뜻합니다. 당연히 무아(無我)에 바탕을 두고 있지요. 모든 것이 연기되므로 나와 너는 연결된 하나입니다. 자타불이죠. 상대방을 사랑하는 것이 나를 사랑하는 것입니다. 서로 연기되어 있으므로, 선업이 선과로 이어집니다. 함께 자비를 행할 수 있다면 온 누리가 평화와 사랑이 넘치는 곳이 될 겁니다.

조심할 것은 친구나 가족, 가까운 사람에게만 잘해서는 안 된다는 것입니다. 그것은 오히려 집착에 가까울 수 있습니다. 친구에게 밥을 잘 사는 사람이 있습니다. 함께 행복해지자는 뜻이면 괜찮지만, 친구가 나를 좋게 생각해주기를 바라는 마음이라면 곤란합니다. 자비가 아닌 거래이기 때문이죠. 자비는 모든 생명을 평등하게 사랑한다는 것입니다. 모든 중생이 고통에서 벗어나 기쁨을 누리기를 바라는 것입니다.

불교 공부를 하면서 모든 것이 무상과 무아, 공인데 왜 다른 사람에게 친절해야 하는가를 고민한 적이 있습니다. 혼자 깨치면 끝나는 것 아닌가? 연기와 무상이 진실이라면 선과 악이라는 윤리는 의미가 없는 것이 아닌가? 이런 의문 때문이었습니다. 한참이 지나서야 그것은 머리로만 불교를 익혔기 때문임을 알게 되었습니다.

공자는 "내가 하고 싶지 않은 것을 남에게 시키지 말라"라고 했습니다. 이것이 서(恕)입니다. 서는 인(사랑)의 실천입니다. 내 마음에 비추어 상대방의 마음을 이해하는 것이지요. 사람은 물론이고 세상의 모든 생명 중에 괴로움과 고통을 즐기는 존재는 없습니다. 내가 괴로움과 고통이 싫다면 상대방도 싫습니다. 그런 사람을 만난다면 발 벗고 나서서 도와야 합니다. 이것이 인연이고, 인연은 자타불이에 기초한 사랑의 실천을 요구합니다.

자비의 실천이 보시입니다. 조건 없이 주는 것이죠. 보시는 내가 가진 물욕과 탐욕까지 버리는 것을 포함합니다. 가끔 '나는 다른 사람을 도와주는데 그 사람은 나를 돕지 않는다'며 배은망덕하다고 투덜거리는 사람을 봅니다. 이것은 보시가 아닙니다. 주면서 받을 생각을 이미 하고 있기 때문입니다. '보답은 없더라도 고마워는 해야 한다'라는 무의식이 은연중에 있습니다. 내가 베풀었는데 왜 내가 괴로울까요? 보답을 받으려는 마음이 남아 있기 때문입니다.

보시의 행복

줄 때는 두 가지를 염두에 두어야 합니다. 첫 번째는 주는 것으로 끝내는 것입니다. 감사하든 되돌려주든 그것은 상대방의 일입니다. 내 일은 주는 것입니다. 아무런 조건 없이 그냥 하는 것이 보시입니다. 그러면 배은망덕으로 인한 실망이나 배신감은 느끼지 않아도 되겠지요. 이것이 무주상보시(無住相布施)입니다.

두 번째는 상대방에 대한 배려입니다. 마치 큰 은혜를 베푼다는 듯이 주면 어떻게 될까요? 상대방은 자존심이 상할 겁니다. 마음에 상처가 될 수도 있겠죠. 아메리카 인디언들은 쿨라(Kula)라는 선물 교환 풍습이 있습니다. 자기들이 쓰던 귀한 물건을 다른 부족 마을에 가서 마치 버리듯이 던지고 옵니다. 쓸모없는 것이니 가지든 말든 마음대로 하라는 겁니다. 왜 그럴까요? 상대방의 자존심을 상하지 않고 주기 위해서입니다.

처음 만났는데도 온화한 미소로 마치 오래 사귄 친구처럼 편하게 대하는 사람이 있습니다. 몸에서 따뜻한 에너지가 느껴집니다. 당연히 상대방도 즐겁게 대합니다. 짧은 시간에 정겨움과 행복이 오갑니다. 돌아서는 발걸음도 경쾌합니다.

자비를 실천하고 보시를 행하면 누가 좋을까요? 내가 좋습니다. 사람은 좋은 일을 했을 때 뿌듯함과 충만감을 느낍니다. 그 순간 말로 표현할 수 없는 행복이 밀려오죠. 그렇게 삶은 의미로 풍성해집니다. 이것이 자비와 보시가 우리 삶을 행복하게 하는 원리입니다.

행복의 비밀

톨스토이는 행복의 비밀이 타인을 사랑하는 것이라고 믿었습니다. 그가 쓴 〈사람은 무엇으로 사는가〉라는 단편에 착한 남편과 아내가 등장합니다. 아내가 남편에게 묻습니다.

"우리는 남을 도와주는데, 왜 아무도 우리를 도와주지 않는 건지 몰라요."

남편이 웃으며 대답합니다.

"아무려면 어때."

44강. 이고득락, 영원한 행복에 이르는 길

지금까지 살펴본 불교 교리를 정리해보겠습니다.

인생은 고통이다.

고통의 원인은 집착에 있다.

사람은 좋아하는 것과 싫어하는 것을 구분하고, 원하는 것을 얻으려 한다.

이런 행위는 업이 되어 삶을 고통으로 이끈다.

삶이 고통인 이유는 세상을 바로 보지 못하기 때문이다.

세상은 끊임없이 변하고, 만물은 서로 의존하여 존재한다.

고정불변하는 '나'는 없고, '나'라는 관념은 허상이다.

연기와 무상, 무아를 깨친 사람은 세상을 있는 그대로 본다.

있는 그대로 보면 분별에서 벗어나 세계를 긍정할 수 있다.

존재와 차이에 대한 긍정으로 자비와 보시를 행한다.

깨달음에 이른 사람에게 세상은 그냥 좋다.

이고득락

불교의 핵심은 이고득락(離苦得樂)이라는 네 글자로 정리할 수 있습니다. 고통과 결별하고 즐거움을 얻는 것이죠. 고타마 싯다르타는 괴로움에서 벗어나기 위해 출가하여 깨달음을 얻고 사성제와 팔정도로 이고득락의 길을 제시했습니다.

이고득락의 핵심은 분별심에서 벗어나는 것입니다. 분별은 조건이나 환경에 대한 선호입니다. 비 오는 날은 싫고, 맑은 날은 좋다. 돈이 많으면 좋고, 없으면 싫다. 나한테 잘해주는 사람은 좋고, 그렇지 않은 사람은 싫다. 이것이 분별입니다. 분별이 생기면 좋은 것을 얻으려는 마음이 강해지고, 싫어하는 것을 피하려 합니다. 이것이 고통을 불러오죠.

깨달은 사람은 분별에서 벗어나 자유롭습니다. 비 오는 날은 세상이 깨끗해져서 좋고, 맑은 날은 산책할 수 있어 좋습니다. 돈이 많으면 다른 사람과 함께 나눌 수 있어 좋고, 돈이 없으면 소박하게 지낼 수 있어 좋습니다. 나한테 잘해주는 사람은 마음이 맞아서 좋고, 나를 싫어하는 사람은 내 잘못을 깨닫게 해주어서 좋습니다. 세상에는 좋고 나쁜 것이 정해져 있는 것이 아니라 내 마음이 그렇게 만드는 것입니다. 깨달은 사람은 분별을 잊고 지금, 이 순간을 긍정합니다.

지혜로운 사람

어리석은 사람은 비가 오면 얼굴을 찌푸리고, 돈이 없으면 걱정부터 하고, 싫은 사람을 미워합니다. 그러면 누가 피해를 볼까요? 자신입니다. 어리석은 사람은 어리석은 행동으로 자기를 피해자로 만듭니다. 이런 상태가 무명이고 무지입니다. 그 과정이 곧 업이죠. 비가 와도 좋고, 돈이 없어도 괜찮고, 싫어하는 사람에게 배운다면 좋은 과보가 쌓여 좋은 결실로 돌아옵니다. 세상을 긍정하고 타인을 사랑하는 것이 내 행복이 되는 이유입니다.

불행한 이유를 찾자면 백 가지 정도는 말할 수 있을 겁니다. 세상은 괴로운 일이 많으니까요. 이런 세상을 어떤 사람은 고통으로 살고, 어떤 사람은 희열로 삽니다. 이유가 무엇일까요? 다른 사람에게는 괴롭고 힘든 일이 그에게는 별 영향을 미치지 못하기 때문입니다. 자기가 알든 모르든 그런 사람이야말로 깨달은 사람입니다.

깨달음도 영원하지 않습니다. 금방 본래 마음으로 되돌아갑니다. 공부와 수행은 생활입니다. 좋은 마음을 지키려는 꾸준한 노력이 쌓이면 크게 노력하지 않아도 맑은 마음을 견지할 수 있게 됩니다.

오래된 경전《숫타니파타》의 문장으로 불교 철학을 마치려고 합니다.

소리에 놀라지 않는 사자처럼
그물에 걸리지 않는 바람처럼
진흙에 더럽혀지지 않는 연꽃처럼
무소의 뿔처럼 혼자서 가라.

맺음말

'왜 무언가가 있는가?'

'왜 사는가?'

두 질문은 철학의 큰 화두입니다. 세상에 무엇인가 있습니다. 돌, 나무, 사람, 우주까지. 왜 있을까요? 광대한 우주에 사람이 삽니다. 왜 살까요? 지나치게 형이상학적 질문이라 답하기 쉽지 않습니다. 아니 영원히 답을 찾을 수 없을지도 모릅니다.

답이 없을 것 같다는 이유로 형이상학을 포기할 수는 없습니다. 이런 질문이 생각을 키워주기 때문입니다. 왜 생각이 크면 좋을까요? 생각이 좁아지면 작은 일로 고통받습니다. 이익과 손해를 따지게 되고, 나 중심으로 세상을 보기에 타인과 좋은 관계를 맺기 어렵습니다. 인간 역사에서 벌어진 비극은 대부분 생각의 차이에서 비롯된 것이었습니다.

서양철학은 존재와 진리라는 형이상학적 주제에 집중했습니다. 동양철학은 어떻게 살 것인가, 현실의 문제에 천착했지요. 두 세계의 만남으로 알게 되었습니다. 존재와 진리에 대한 탐색은 '어떻게 살아야 하는가'라는 현실의 문제와 직결된다는 것을.

지식이 많으면 문제 해결에 도움이 된다고 믿어왔습니다. 이에 대해 노자는 '위도일손'을 이야기합니다. 도는 아는 것을 덜어내는 것입니다. 지식이 지혜를 가릴 수 있기 때문입니다.

지식이 없는 것은 무식(無識)입니다. 지혜가 없는 것은 무지(無智)입니다. 지식은 돈벌이에 필요합니다. 지혜는 좋은 삶에 도움을 줍니다. 철학은 지식을 넘어 지혜를 생각합니다. 지식이 위험한 것은 그것이 옳다는 독선 때문입니다. 교조화된 지식은 지혜를 가로막습니다. 텍스트에 머물지 말고 개념의 한계를 넘어서야 합니다.

노자가 옳고 공자가 틀린 것이 아닙니다. 노자와 공자의 철학은 충돌하는 것처럼 보이지만, 다른 관점으로 인간과 세상을 보고 있을 뿐입니다. 자연의 관점에서 인간을 볼 것이냐, 사회의 관점에서 볼 것이냐에 따라 이해의 맥락은 달라집니다. 노자도 옳고 공자도 옳을 수 있습니다.

공자와 한비자는 가족과 조직, 개인과 사회라는 관점에서 서로를 보완합니다. 불교는 변화를 긍정하고 우리가 붙잡은 지식과 욕망의 무상함을 깨닫게 하여 현실적 고통을 중화시킵니다. 노장과 공맹, 성리학과 법가, 불교의 철학까지 다양한 동양의 생각을 들여다보는 것은 사고의 지평을 넓히는 좋은 방법입니다.

철학은 과정입니다. 하나에 머물지 않고 다음으로 흘러야 합니다. 철학은 시대의 산물이고, 시대는 변합니다. 이전의 것을 기반으로 새로운 것을 흡수하며 나아가는 것이 바람직한 공부입니다. 통합과 순환으로 동양철학을 들여다보실 것을 권해봅니다.

참고문헌

동양고전

공자, 《논어》, 김원중 옮김, 휴머니스트, 2019

——, 《논어》, 오세진 옮김, 홍익출판사, 2022

공자, 《춘추번로》, 남기현 옮김, 자유문고, 2005

노자, 《노자 도덕경》, 김원중 옮김, 휴머니스트, 2018

——, 《노자 도덕경과 왕필의 주》, 김항목 옮김, 홍익출판사, 2012

——, 《도덕경》, 오강남 풀이, 현암사, 1995

맹자, 《맹자》, 박경환 옮김, 홍익출판사, 2005

묵자, 《묵자》, 권오석 편역, 홍신문화사, 1994

사마천, 《사기열전 1, 2》, 김원중 옮김, 민음사, 2020

순자, 《순자》, 신동준 옮김, 인간사랑, 2021

열자, 《열자》, 신동준 옮김, 인간사랑 2021

——, 《열자》, 정창영 옮김, 시공사, 2001

윤찬원, 《한비자》, 살림출판사, 2005

이필원, 《사성제 팔정도》, 민족사, 2010

일묵, 《사성제》, 불광출판사, 2020

임건순, 《묵자》, 시대의창, 2013

장자, 《장자》, 김학주 옮김, 연암서가, 2010

——, 《장자》, 오강남 엮음, 현암사, 1999

한비, 《한비자 1, 2》, 한길사, 2002

한비자, 《한비자》, 김원중 옮김, 휴머니스트, 2016

——, 《한비자》, 마현준 평역, 풀빛, 2010

김창환, 《완역 대학장구·중용장구》, 명문당, 2018

주희 편, 《대학·중용》, 김미영 옮김, 홍익출판사, 2022

한정섭, 《잡아함경》, 한국불교정신문화원, 2015

《바가바드 기따》, 김병채 엮음, 슈리크리슈나다스아쉬람, 2021

《바가바드 기타》, 함석헌 옮김, 한길사, 1996

《숫따니빠따》, 일아 옮김, 불광출판사, 2015

《숫타니파타》, 법정 옮김, 샘터, 1999

현대 동양철학

김사엽, 《인문학을 좋아하는 사람들을 위한 불교수업》, 불광출판사, 2017

김상현, 《성리학의 한국적 수용과 전개》, 교육과학사, 2023

김성환, 《회남자》, 살림출판사, 2007

김학주, 《공자의 생애와 사상》, 명문당, 2003

담마디파 스님, 《부처님께 깨달음의 길을 묻다》, 도영 스님 편역, 비움과소통, 2017

대한불교조계종 포교원 편, 《불교입문》, 조계종출판사, 2017

신정근, 《맹자의 꿈》, 21세기북스, 2021

안유경, 《성리학이란 무엇인가》, 새문사, 2015

이진경, 《불교를 철학하다》, 휴, 2016

장휴예위, 《술은 익어가고 도는 깊어지고》, 최인애 옮김, 영림카디널, 2009

최진석, 《노자의 목소리로 듣는 도덕경》, 소나무, 2001

최현,《공자의 생애》, 범우사, 2002

탕런룽,《공자, 사람을 말하다》, 이은미 옮김, 에버리치홀딩스, 2006

푸레이룽,《장자 교양강의》, 심의용 옮김, 돌베개, 2011

서양철학 등

김화성,《형이상학》, 민음인, 2009

니콜로 마키아벨리,《군주론》, 강정인·김경희 옮김, 까치, 2015

레프 톨스토이,《사람은 무엇으로 사는가》, 이순영 옮김, 문예출판사, 2015

──,《인생의 길》, 동완 옮김, 신원문화사, 2007

리처드 도킨스,《이기적 유전자》, 홍영남·이상임 옮김, 을유문화사, 2018

아르투어 쇼펜하우어,《의지와 표상으로서의 세계》, 권기철 옮김, 동서문화사, 2008

아리스토텔레스,《니코마코스 윤리학/정치학/시학》, 손명현 옮김, 동서문화사, 2007

──,《정치학》, 천병희 옮김, 숲, 2009

아마르티아 센,《정체성과 폭력》, 이상환·김지현 옮김, 바이북스, 2020

장 폴 사르트르,《실존주의는 휴머니즘이다》, 박정태 옮김, 이학사, 2008

질 들뢰즈,《차이와 반복》, 김상환 옮김, 민음사, 2004

프리드리히 니체,《차라투스트라는 이렇게 말했다》, 정동호 옮김, 책세상, 2000

플라톤,《소크라테스의 변명》, 황문수 옮김, 문예출판사, 2013

찾아보기

미치게 친절한 동양철학

초판 1쇄 발행	2024년 8월 30일
지은이	안상헌
펴낸곳	(주)행성비
펴낸이	임태주
편집총괄	이윤희
책임편집	조세진
디자인	[서 — 랍]
마케팅	배새나
출판등록번호	제2010-000208호
주소	경기도 김포시 김포한강10로 133번길 107, 710호
대표전화	031-8071-5913
팩스	0505-115-5917
이메일	hangseongb@naver.com
홈페이지	www.planetb.co.kr

ISBN 979-11-6471-271-7 03150

행성B는 독자 여러분의 참신한 기획 아이디어와 독창적인 원고를 기다리고 있습니다.
hangseongb@naver.com으로 보내 주시면 소중하게 검토하겠습니다.